应用型本科市场营销专业精品系列教材

消费者行为学

（第2版）

主　编　冉陆荣　李宝库
副主编　佘谨秋　何　雯　刘萍萍

北京理工大学出版社
BEIJING INSTITUTE OF TECHNOLOGY PRESS

内 容 简 介

本书在保留消费者行为学理论、方法和策略的基础上，紧密围绕高校市场营销专业人才培养目标，坚持创新、改革思路，运用新的课程体系、教学内容和能力培养方式，对消费者行为学课程进行重新梳理，构建"消费者行为理论基础—消费者决策形成过程—消费者行为影响因素"的框架体系，阐述了消费者心理与行为的主要特征和一般规律。

本书具有系统性、严谨性、实用性、科学性、前瞻性等特征。读者可以从本书各知识模块中，系统学习消费者行为的特点及规律性。本书注重实践应用能力的培养，能有效提升读者对消费者行为研究的思考逻辑和研究技能。本书可以作为本科院校市场营销专业的专业基础课程消费者行为学的教材，也可以作为本科院校其他经济管理类专业的教辅。

版权专有　侵权必究

图书在版编目（CIP）数据

消费者行为学／冉陆荣，李宝库主编． —2版． --北京：北京理工大学出版社，2020.8（2024.8 重印）
　ISBN 978-7-5682-8649-7

Ⅰ．①消… Ⅱ．①冉… ②李… Ⅲ．①消费者行为论－高等学校－教材 Ⅳ．①F713.55

中国版本图书馆 CIP 数据核字（2020）第 115604 号

责任编辑：李慧智	**文案编辑**：李慧智
责任校对：周瑞红	**责任印制**：李志强

出版发行　／	北京理工大学出版社有限责任公司
社　　　址　／	北京市丰台区四合庄路6号
邮　　　编　／	100070
电　　　话　／	（010）68914026（教材售后服务热线）
	（010）68944437（课件资源服务热线）
网　　　址　／	http://www.bitpress.com.cn
版 印 次　／	2024年8月第2版第3次印刷
印　　　刷　／	涿州市新华印刷有限公司
开　　　本　／	787 mm×1092 mm　1/16
印　　　张　／	17.25
字　　　数　／	405千字
定　　　价　／	50.00元

图书出现印装质量问题，请拨打售后服务热线，负责调换

第 2 版前言

企业竞争的前沿阵地是市场。从营销的角度来看，市场是消费者的集合，企业营销的制胜点在于全面了解目标市场消费者的相关特点，从而采取行之有效的营销手段激发和促进消费者进行购买。随着现代经济发展，越来越多的企业重视专业营销，而消费者行为学作为营销基础学科，受到越来越多的重视。消费者行为学是研究在消费者需求、购买、使用商品或劳务的过程中消费行为心理现象的产生、发展和一般规律的科学。

二十大报告强调了坚持以人民为中心的发展思想，这为企业营销提供了新的指引。在深入研究消费者行为学时，应更加关注消费者的真实需求与心理变化，力求在营销策略中体现人文关怀和社会责任。在此背景下，本书综合运用了心理学、社会学、经济学、人类学、市场营销学等相关学科的理论和方法，充分吸收和借鉴了国内外消费者行为学研究和营销应用的最新成果，全面、深入地阐述了消费者行为学研究的基本理论和主要的研究内容。

本教材突出了以下几点特色：

第一，本土特色。教材充分结合中国的政治、经济、社会与文化环境等对我国企业营销活动的影响，结合中国的国情与中国企业的思考方式来编排课程的内容。尽可能采用适合中国本土企业、符合中国人心理特征的案例，来对学生进行进一步的训练。

第二，案例教学。教材中每一章节都采用大量的案例作为引导与内容理解支持。能形象生动地使学生理解知识点，掌握章节要点。

第三，实操性强。教材对专业理论方面的知识运用简单易懂的语言进行分析与解释，并且每一章节都附有案例训练。在每章的能力培养方面采用的均是具有可操作性的问题与技能练习。

第四，融理铸才。教材将课程思政理念融入其中，旨在培养具有社会责任感和市场敏锐度的营销人才，这不仅是对学生专业知识的培养，更是对他们价值观和社会责任感的塑造。

本书自 2016 年 10 月出版以来，得到广大师生和读者的认可与支持。根据消费者行为学理论发展、消费者和消费者行为研究与实践中出现的新的发展趋势，我们在第 1 版的基础上，对本书进行了修订。

本次修订基本保留了原书的基本特征和体系结构，修订内容如下：

调整了部分内容安排，增加了消费者行为和消费者研究、情境影响与消费者体验章节，网络营销与消费者行为、消费者沟通内容整合到相关内容章节中，使内容更加连贯和完整；

每章节的学习目标更加具体，并注重引导学生将所学知识应用于实际的市场营销中，体现学以致用的理念；

对部分章节的引导案例和扩展阅读进行更新，确保内容的时效性和准确性；

对每章节技能实训进一步凝练，聚焦于书本知识的应用能力，提升学生的实践能力和职业素养；

对第1版中存在的疏漏和不当之处进行修订和完善。

本书经过全面的更新和修订，可以更好地适应消费者行为变化中的环境。书中参考和引用了众多专家和学者的大量研究成果和珍贵资料，在此向有关同行专家表示衷心的感谢！在书稿编写中得到了多位同仁和北京理工大学出版社多位领导和编辑的关心、帮助与指导，在此一并表示感谢！

由于编者水平有限，书中难免仍有疏漏与不足之处，敬请广大读者和专家谅解，并不吝赐教。

冉陆荣

第1版前言

《消费者行为学》以市场营销学、社会心理学、行为学、社会学、人类文化学等相关学科理论为基础，在保留消费者行为学的理论、策略和方法的前提下，以消费者心理和行为为研究对象，提炼出消费者行为研究中最本质、最精华的内容，充分吸收和借鉴国内外消费者行为学研究及应用的最新理论和成果，博采众长并加以创新。书中紧密围绕高校市场营销专业人才培养目标，坚持创新、改革的思路，运用新的课程体系和培养方案，对消费者行为学课程进行重新梳理，构建"消费者行为理论基础—消费者决策形成过程—消费者行为影响因素体系"的框架，阐述了消费者心理与行为的主要特征和一般规律，以期为广大读者提供一本较为全面、系统地学习消费者行为学课程的教材。

本书编者在总结多年教学经验的基础上，结合近年教学改革实践成果，根据消费者行为学课程特点，结合市场营销专业人才培养目标，构建起本教材框架内容。

本书具有如下特征：

(1) 框架清晰，系统性强，易于理解

全书共四部分，十四章内容。书中既对消费者行为学原理、策略、方法进行深入、全面的阐述，又提供了消费者行为学课程的最新发展动态，对前沿问题进行了系统、全面的介绍。

第Ⅰ部分为消费者行为理论基础篇。该篇共3章，其中第1章为消费者行为概述，第2章为消费者行为理论模型，第3章为消费者行为与消费者研究。

第Ⅱ部分为消费者决策的形成过程篇。该篇共2章，其中第4章为消费者购买决策概述，第5章为消费者购买决策过程。

第Ⅲ部分为影响消费者行为的内部因素篇。该篇共4章，其中第6、7、8、9章为消费者一般心理活动过程、消费者需要与动机、消费者学习与态度以及个性、自我概念与生活方式。

第Ⅳ部分为影响消费者行为的外部因素篇。该篇共5章，其中第10、11、12、13、14章为社会群体与消费者行为、社会阶层与消费者行为、文化因素与消费者行为、营销组合因素与消费者行为、情境影响与消费者体验。

(2) 章节设计严谨，注重理论学习和技能提升相结合

本书结构严谨，各章均由学习目标、引导案例、本章知识点、本章小结、练习与思考、技能实训、扩展阅读组成，读者通过学习，能够系统地掌握消费者行为学的基础理论、策略、方法，并有效提升对消费者行为的研究技能。

（3）实用性强，注重培养学生解决问题的能力

本书在编写过程中，注重提升实用性，主要体现在两方面：一方面通过引导案例和扩展阅读引入了大量中外市场营销案例，有效地把营销实战展现在读者面前，并结合理论，对案例进行分析，注重理论与实践结合。另一方面通过技能实训环节的加入，使读者在学习之后，能够及时检验和巩固学习效果，提升读者理论联系实践、解决实际问题的能力。

（4）科学性强，注重研究方法的学习

消费者行为学的相关研究以定性研究为主，定量研究方法较少。本书在介绍消费者行为学理论的基础上，侧重介绍了相关概念指标的测量方法，使读者在学习过程中不仅停留在一般了解层次，而且上升到技能提升层面。定性研究和定量研究相结合的研究方法更具有科学性。

（5）前瞻性强，注重前沿理论，注重能力培养

本书通过阐述消费者行为学理论基础，借鉴国内外市场营销领域中消费者行为的最新研究成果，结合国内外最新市场营销实战案例来进行各章节编写，以期提高读者理论联系实践的能力。

本书在编写中得到了多位同仁和北京理工大学出版社多位领导和编辑的关心、帮助与指导，在此表示谢意！

书中参考和引用了众多专家和学者的珍贵资料，在此向有关作者表示谢意！

由于编者水平有限，书中难免存在错误和疏漏，敬请广大读者和专家批评指正。

冉陆荣

2016 年 6 月

目 录

第一篇 消费者行为理论基础篇

第1章 消费者行为概述 (3)
- 1.1 消费者行为学的研究对象 (4)
  - 1.1.1 研究对象 (4)
  - 1.1.2 核心概念 (4)
  - 1.1.3 现实意义 (8)
- 1.2 消费者行为学的起源与发展 (9)
  - 1.2.1 市场基础 (9)
  - 1.2.2 学科基础 (10)
- 1.3 消费者行为学在我国的发展 (12)
- 1.4 本书框架 (12)

第2章 消费者行为理论模型 (16)
- 2.1 人类一般行为模式 (17)
- 2.2 消费者行为理论模型 (17)
  - 2.2.1 彼得模型 (17)
  - 2.2.2 霍金斯模型 (18)
  - 2.2.3 霍华德-谢思模式 (19)
  - 2.2.4 恩格尔-科拉特-布莱克威尔模式 (20)
  - 2.2.5 刺激-反应模型 (21)
- 2.3 影响消费者行为的因素体系 (22)

第3章 消费者行为与消费者研究 (25)
- 3.1 消费者行为研究 (26)
  - 3.1.1 研究消费者行为的原则 (26)

    3.1.2 消费者行为研究的理论范式 …………………………………… (26)
    3.1.3 研究方法论 ………………………………………………………… (27)
    3.1.4 常见方法 …………………………………………………………… (27)
    3.1.5 消费者行为研究发展趋势 …………………………………… (28)
  3.2 消费者研究 …………………………………………………………………… (29)
    3.2.1 消费者研究的含义 ………………………………………………… (29)
    3.2.2 消费者研究的类型 ………………………………………………… (29)
    3.2.3 消费者研究的步骤 ………………………………………………… (30)
    3.2.4 消费者研究的道德准则 …………………………………………… (33)

第二篇 消费者决策的形成过程篇

第4章 消费者购买决策概述 …………………………………………………… (39)
  4.1 消费者购买决策的含义与分类 …………………………………………… (40)
    4.1.1 消费者购买决策的含义 …………………………………………… (40)
    4.1.2 消费者购买决策类型 ……………………………………………… (40)
  4.2 消费者购买决策理论 ……………………………………………………… (43)
    4.2.1 认知理论 …………………………………………………………… (43)
    4.2.2 信息加工理论 ……………………………………………………… (43)
    4.2.3 效用理论 …………………………………………………………… (44)
    4.2.4 风险减少理论 ……………………………………………………… (44)
    4.2.5 习惯建立理论 ……………………………………………………… (44)
    4.2.6 象征性社会行为理论 ……………………………………………… (45)
  4.3 影响消费者购买决策的因素体系 ………………………………………… (46)
  4.4 消费者购买决策过程 ……………………………………………………… (46)

第5章 消费者购买决策过程 …………………………………………………… (51)
  5.1 需求确认 …………………………………………………………………… (52)
  5.2 信息搜寻 …………………………………………………………………… (53)
    5.2.1 信息搜寻的方法 …………………………………………………… (53)
    5.2.2 影响消费者信息搜寻范围的因素 ………………………………… (54)
    5.2.3 消费者信息搜寻的数量决定 ……………………………………… (55)
    5.2.4 信息的加工处理 …………………………………………………… (55)
  5.3 方案评价 …………………………………………………………………… (56)
    5.3.1 购买评价与选择过程 ……………………………………………… (56)
    5.3.2 消费者评价方案所涉及的问题 …………………………………… (56)
    5.3.3 影响消费者评价方案的主要因素 ………………………………… (58)
    5.3.4 消费者评价方案的原则 …………………………………………… (58)

5.3.5	评价方法	(59)
5.4	购买决策	(60)
5.4.1	消费者决策的参与角色	(60)
5.4.2	消费者购买决策的内容	(61)
5.5	产品使用和消费体验	(61)
5.6	购后评价与购后行为	(63)
5.6.1	消费者让渡价值	(63)
5.6.2	消费者满意	(66)
5.6.3	购后的使用与处置	(67)

第三篇　影响消费者行为的内部因素篇

第6章　消费者一般心理活动过程 (75)

6.1 消费者的认识过程 (76)
- 6.1.1 消费者感觉 (76)
- 6.1.2 消费者知觉 (78)
- 6.1.3 消费者注意 (83)
- 6.1.4 消费者记忆 (84)
- 6.1.5 联想 (88)
- 6.1.6 思维 (88)

6.2 消费者的情绪和情感过程 (90)
- 6.2.1 情绪和情感的含义与关系 (90)
- 6.2.2 情绪和情感的分类 (90)
- 6.2.3 情绪理论 (92)
- 6.2.4 消费者购买活动的情绪过程 (92)
- 6.2.5 情绪和情感的影响因素 (93)

6.3 消费者的意志过程 (94)
- 6.3.1 意志的含义与特征 (94)
- 6.3.2 消费者的意志过程 (94)
- 6.3.3 消费者的意志品质 (95)

第7章　消费者需要与动机 (99)

7.1 消费者需要 (100)
- 7.1.1 消费者需要的含义、特征与分类 (100)
- 7.1.2 消费者需要的具体研究方法 (104)
- 7.1.3 消费者需要产生和发展变化的影响因素 (104)

7.2 消费者动机 (105)
- 7.2.1 动机的含义、功能和特征 (105)

7.2.2　动机的分类 ………………………………………………………（107）
　　7.2.3　关于动机的理论 …………………………………………………（110）
　　7.2.4　动机的测量 ………………………………………………………（113）

第8章　消费者学习与态度 …………………………………………………（119）

8.1　消费者学习 …………………………………………………………（120）
　　8.1.1　消费者学习的定义与功能 …………………………………………（120）
　　8.1.2　消费者学习理论 ……………………………………………………（123）
　　8.1.3　消费者学习的常见方法 ……………………………………………（132）
　　8.1.4　消费者学习的测量 …………………………………………………（133）

8.2　消费者态度 …………………………………………………………（134）
　　8.2.1　态度的含义、构成与特征 …………………………………………（134）
　　8.2.2　消费者态度形成的相关理论 ………………………………………（137）
　　8.2.3　态度的形成过程与影响因素 ………………………………………（139）
　　8.2.4　态度的测量 …………………………………………………………（141）
　　8.2.5　态度的改变 …………………………………………………………（144）

第9章　个性、自我概念与生活方式 …………………………………………（152）

9.1　个性 …………………………………………………………………（153）
　　9.1.1　个性的含义、内容、特征与分类 …………………………………（153）
　　9.1.2　个性理论 ……………………………………………………………（158）
　　9.1.3　人格测验常见方法 …………………………………………………（160）
　　9.1.4　个性与消费者行为 …………………………………………………（162）

9.2　自我概念 ……………………………………………………………（163）
　　9.2.1　自我概念的含义、特征与分类 ……………………………………（163）
　　9.2.2　自我概念理论 ………………………………………………………（166）
　　9.2.3　自我概念常见测量方法 ……………………………………………（167）
　　9.2.4　自我概念形成的主要影响因素 ……………………………………（168）
　　9.2.5　自我概念与消费者行为 ……………………………………………（169）

9.3　生活方式 ……………………………………………………………（169）
　　9.3.1　生活方式的含义与特征 ……………………………………………（169）
　　9.3.2　生活方式的常见测量方法 …………………………………………（171）
　　9.3.3　生活方式与消费者行为 ……………………………………………（174）

第四篇　影响消费者行为的外部因素篇

第10章　社会群体与消费者行为 ……………………………………………（181）

10.1　社会群体 …………………………………………………………（182）
　　10.1.1　社会群体的含义与特征 …………………………………………（182）

  10.1.2 社会群体的分类 ……………………………………………………… (183)
  10.1.3 社会群体的功能 ……………………………………………………… (183)
 10.2 参照群体 …………………………………………………………………… (185)
  10.2.1 参照群体的含义与特征 ……………………………………………… (185)
  10.2.2 参照群体的分类 ……………………………………………………… (186)
  10.2.3 参照群体对消费者的影响 …………………………………………… (188)
 10.3 家庭 ………………………………………………………………………… (191)
  10.3.1 家庭的含义与特征 …………………………………………………… (191)
  10.3.2 家庭生命周期与家庭购买角色 ……………………………………… (192)
  10.3.3 家庭购买决策 ………………………………………………………… (194)

第 11 章　社会阶层与消费者行为 ……………………………………………… (199)
 11.1 社会阶层的含义与特征 …………………………………………………… (200)
 11.2 社会阶层的影响因素 ……………………………………………………… (201)
 11.3 社会阶层的测定 …………………………………………………………… (203)
 11.4 社会阶层对消费的影响 …………………………………………………… (205)

第 12 章　文化因素与消费者行为 ……………………………………………… (209)
 12.1 文化与亚文化 ……………………………………………………………… (210)
  12.1.1 文化的含义、构成与特征 …………………………………………… (210)
  12.1.2 亚文化的含义与特征 ………………………………………………… (212)
  12.1.3 文化、亚文化与消费者行为 ………………………………………… (214)
 12.2 流行、时尚与习俗 ………………………………………………………… (215)
  12.2.1 流行与流行文化 ……………………………………………………… (215)
  12.2.2 消费流行 ……………………………………………………………… (216)
  12.2.3 时尚 …………………………………………………………………… (220)
  12.2.4 习俗与消费习俗 ……………………………………………………… (222)
 12.3 文化适应与文化变迁 ……………………………………………………… (224)
  12.3.1 文化适应 ……………………………………………………………… (224)
  12.3.2 文化变迁 ……………………………………………………………… (226)
 12.4 影响消费者行为的主要文化因素 ………………………………………… (227)

第 13 章　营销组合因素与消费者行为 ………………………………………… (231)
 13.1 产品策略与消费者行为 …………………………………………………… (232)
  13.1.1 产品生命周期 ………………………………………………………… (232)
  13.1.2 产品组合决策 ………………………………………………………… (233)
 13.2 价格策略与消费者行为 …………………………………………………… (235)
  13.2.1 消费者常见价格心理 ………………………………………………… (235)
  13.2.2 常见的定价目标 ……………………………………………………… (236)
  13.2.3 定价策略 ……………………………………………………………… (237)

13.3 渠道策略与消费者行为 ……………………………………………………………（240）
      13.3.1 渠道的概念 ……………………………………………………………………（240）
      13.3.2 分销渠道设计 …………………………………………………………………（240）
   13.4 促销策略与消费者行为 ……………………………………………………………（240）
   13.5 整合营销传播过程 …………………………………………………………………（241）

第14章 情境影响与消费者体验 ……………………………………………………………（246）
   14.1 情境 …………………………………………………………………………………（247）
      14.1.1 情境的含义与构成 ……………………………………………………………（247）
      14.1.2 情境类型 ………………………………………………………………………（252）
      14.1.3 情境影响 ………………………………………………………………………（253）
   14.2 消费者体验 …………………………………………………………………………（254）
      14.2.1 体验的含义 ……………………………………………………………………（255）
      14.2.2 消费者体验的心理基础 ………………………………………………………（255）
      14.2.3 体验营销 ………………………………………………………………………（256）

参考文献 ………………………………………………………………………………………（259）

第一篇　消费者行为理论基础篇

新世界史教科书　第一册

第1章

消费者行为概述

学习目标

①了解消费者行为学的研究对象。
②了解消费者行为学的起源与发展。
③了解消费者行为学在我国的发展。
④培养市场伦理和营销意识。

引导案例

山姆的选择

沃尔玛的创始人老山姆看到了碳酸饮料的巨大市场,决定推出自己的可乐品牌,并取名为"山姆的选择"。为了确保自己的可乐在口感上不输于可口可乐和百事可乐,山姆投入200万美金,给5万人做了测试,他把可口可乐、百事可乐、山姆的选择瓶子上的商标都撕掉,然后邀请被调查者品尝,并要求他们分辨出自己所饮用的可乐品牌。结果发现,消费者根本就分不清楚哪个是可口可乐,哪个是百事可乐,哪个是山姆的选择。山姆想既然顾客分不清,只要他的价格便宜还有渠道,那老百姓就会喝他的可乐。于是踌躇满志的山姆向市场推出了新可乐,其产品定价比可口可乐便宜了近40%,而其时沃尔玛在全美有近千家的连锁超市。但是当"山姆的选择"真正贴上标签摆上货架时却很少有人问津,人们仍然钟情于可口可乐和百事可乐。是什么原因让人们对可口可乐与百事可乐趋之若鹜呢?

(资料来源:叶敏,张波,平宇伟.消费者行为学[M].北京:北京邮电大学出版社,2016:1)

消费者行为学是营销学的重要基础或根基,了解、懂得和洞察消费者非常重要。以消费者的需要为核心,是现代营销理论和实践的精髓。消费者行为学就是解读或破解消费者行为密码的学问,只有了解和掌握消费者行为的相关知识,生产适销对路的产品与服务,才有可能成功地实现价值增值，获得利润回报。消费者行为学旨在解释消费者行为并在理论解释的基础上推动实践应用的提升。消费者行为特征的把握无论对于营销管理人员还是对于公共政策的制定者都具有十分重要的意义。

1.1 消费者行为学的研究对象

1.1.1 研究对象

消费者心理与行为作为一种客观存在的经济现象，有其固有的活动方式和内在运行规律。消费者行为学是关于如何改善行为的科学。对什么是消费者行为学，国内外学者从不同角度、不同侧面下过许多定义，可谓是仁者见仁，智者见智。主流观点认为，消费者行为学就是通过对消费者心理活动及其行为过程的观察、记述、分析和预测，探索和把握消费者在各种因素影响下的消费活动心理与行为特点及其规律，以便适应、引导、改善和优化消费行为的一门现代经营管理学科。消费者行为学的基本问题常被概括为3W2H，具体包括：

①消费者的特征辨析（Who）。
②消费者的心理行为（What）。
③如何解释消费者的行为（Why）。
④如何影响消费者（How）。
⑤消费者行为的变化趋势（How）。

面对这几个基本问题，不同学科流派出现了不同的理论框架和结构体系，涉及消费者个人心理特征、行为方式、消费群体、市场营销、社会文化环境等诸多方面和领域，这也反映出该学科的多元性。对消费者行为规律的探索和把握可以为政府部门制定宏观经济政策、企业制定营销战略和策略提供依据和有益的经验。

消费者行为学作为一门新兴的、应用性较强的边缘学科，它的成熟与发展必须借助和综合心理学、行为学、社会学、经济学、人类学、营销学等各相关学科的研究成果，博采众长、兼收并蓄而又自成体系。同时，管理学、广告学、商品学、生理学、哲学、美学等学科的研究成果都对消费者行为学的研究有借鉴意义。消费者行为学处于许多学科的结合点上，各学科相互间的渗透与交叉又促进了其学科自身的发展与深化。

1.1.2 核心概念

一、消费

消费一般是指人类社会对生产的物质资料和所提供的服务的实际耗用。即人们在物质资料和劳务的生产与生活中，对物质产品和劳动力的消耗过程。

1. 根据消费职能划分

根据消费职能可以划分为物质消费和劳务消费两种类型。

（1）物质消费

物质消费指人类社会对物质资料的耗用。通常表现为吃、穿、用、住、行等方面的消费，是人类最基本、最直接的消费，属于消费的低层次。

（2）劳务消费

劳务消费是指通过社会提供的直接劳动服务形式以满足消费者需要。包括人们在个人生活服务、教育培训、医疗保健、家务、文化娱乐、邮电通信等方面的消耗行为与过程。劳务消费不同于实物形态的物质商品消费，它不是消费某种实物，而只是一种服务性的劳务活动，以直接、具体的劳动来满足人们的消费需求。

物质消费是消费的基础形式，劳务消费则是物质消费的补充形式。

2. 根据消费性质划分

根据消费性质可以划分为生产消费和生活消费两种类型。

（1）生产消费

生产消费是指在生产过程中，对各种工具、设备、原材料和能源以及劳动力的使用、消耗及磨损。这种生产性消费是在生产领域中实现的，它同生产具有直接同一性，是生产本身的有机组成部分，也是维持生产过程连续进行的基本条件。

（2）生活消费

生活消费是指在生活过程中，人们为满足自身需要而消耗各种物质产品、精神产品和劳务的行为过程。生活消费是社会再生产过程的一个重要环节，是人们维持自身生存和发展的必要条件，也是保证社会再生产过程得以继续的前提。生活消费属于狭义的消费范畴。广义的消费实际上包括生产消费和生活消费，这两者之间联系密切。

研究生活消费可以更好地促进和推动生产，而研究生产消费则可以更好地满足消费者的利益。

二、消费者

消费者是进行生活性消费的实体，泛指现实生活中的人们。由于研究的角度不同，对消费者含义的理解也有不同的表述方式。

1. 根据消费过程划分

根据消费过程可以划分为狭义消费者和广义消费者两种类型。

（1）狭义消费者

狭义消费者是指购买各种商品或劳务的人。

（2）广义消费者

广义消费者是指参与消费者决策过程的各种角色，包括所有商品或劳务的发起者、影响者、决策者、购买者、使用者等。现实生活中，购买商品的人不一定是商品的需求者或使用者。例如，孩子常吃父母为他们购买的食品，丈夫穿着妻子买来的毛衣，某人用的是朋友送的文具等。作为动态过程的消费活动，每一个人都可以在其中扮演不同的角色。

2. 根据消费状态划分

根据消费状态可以划分为现实消费者、潜在消费者和非消费者3种类型。

（1）现实消费者

现实消费者是指对某种商品在目前有所需要，并通过现实的市场交换活动获得商品或亲自使用从中受益的人。这类消费者是企业服务的主要对象。

（2）潜在消费者

潜在消费者是指目前对某种商品尚无需要或购买动机，但在将来的某一时间有可能转变为现实消费者的人。对于这类消费者，企业应该特别重视，因为他们是其开发新的目标市场、在竞争中保持和提高市场占有率的潜在力量。

（3）非消费者

非消费者是指目前或将来都不会对某种商品产生消费需要或购买使用的人。这类消费者必须排除在企业的目标市场之外，否则，经营是徒劳无功的。

作为消费者在同一时间点上，可以是某种商品的现实消费者，也可以是其他商品的潜在消费者，还可以是另一种商品的非消费者。消费者实际上也处于一个动态的过程中。

3. 根据消费目的划分

根据消费目的可以划分为个体或家庭消费者、集团消费者和企业消费者3种类型。

（1）个体或家庭消费者

个体或家庭消费者是指为满足个人或家庭的最终需要而购买和使用商品的人。

（2）集团消费者

集团消费者是指为满足社会团体或群体的各种不同需要而购买和使用商品的组织。例如，政府机关、文艺单位、科教文卫等事业机构。

（3）企业消费者

企业消费者是指为转卖、出租或再加工而购买、消耗商品的组织。例如，产品制造企业、批发商业企业、零售商业企业、代理商等。

三、消费心理与消费者行为

1. 消费心理

"心理"一般是指"所思所想"，是人的一种内心活动。消费心理是指消费者在消费过程中发生的心理活动，即消费者根据自身需要与偏好，选择和评价消费对象的心理活动。

人作为消费者，在消费活动中的各种行为无一不受到心理活动的支配。例如，消费者购买决策的内容，是否购买某种商品，购买何种品牌、款式的商品，何时、何处购买，采用何种购买方式，以及怎样使用等，其中的每一个环节、每一个步骤都需要消费者做出相应的心理反应，并进行分析、比较、判断和决策。这一过程中消费者所有的表情、动作和行为，都是复杂的心理活动的自然流露。所以说，消费者的消费行为都是在一定心理活动支配下进行的，消费心理是消费行为的基础。消费者行为学作为系统地研究消费者行为的科学，不能不将消费心理作为其研究对象。

2. 消费者行为

"行为"一般指"所作所为"，是人受心理活动支配而表现出的外在的行为。由于所站角度不同，研究者对于消费者行为的概念也众说纷纭，在这里介绍两个比较典型的消费者行为概念。

恩格尔（1986）把消费者行为定义为："为获取、使用、处置消费物品所采取的各种行动，以及先于且决定这些行动的决策过程。"这一定义强调消费者行为是一个整体，是一个过程，获取或者购买只是这一过程的一个阶段。所以，当前研究消费者行为，既要了解消费者在获取产品和服务之前的需要、评价与选择活动，也应重视在获取产品后对产品的使用和处置活动。因为消费者消费产品或服务的体验，处置产品的方式和感受，均会影响消费者的满意度和是否产生重复购买。

美国市场学会把消费者行为定义为："感知、认知、行为以及环境因素的动态互动过程，是人类履行生活中交易职能的行为基础。"在这一定义中，至少包含了三层重要的含义：一是消费者行为是动态的。这意味着作为个体的消费者和作为群体的消费者，会随着社会历史的变迁和社会经济的发展变化而发生着或大或小、或慢或快的变化。二是它涉及了感知、认知、行为及与环境因素的互动作用。研究消费者行为就必须了解他们的心理活动，他们在想什么（认知），感觉如何（感知），他们要做什么（行为），掌握消费者的感知、认知和行为如何相互影响，与环境因素是如何起到互动作用的。把这些因素孤立起来的研究是片面的，不可取的。三是它涉及了交易。消费者行为包含了人类之间的交易，这一点使消费者行为的定义与市场营销的定义保持了一致性——市场营销就是通过系统地制定和实施营销战略和策略实现交易的。

研究消费者行为必须研究消费者心理。一方面由于消费者心理支配消费者行为，研究消费者心理就等同于研究消费者行为；另一方面又由于消费者行为受消费者心理支配，所以，在实际应用中，消费者心理与消费者行为可以不加区别，也可合起来称为消费者行为。作为学科名称，称为"消费者心理学"或"消费者行为学"都是可行的。不过，由于研究消费者心理的目的归根结底是为了把握消费者行为，所以，目前以后者作为学科名称的做法更加普遍。

消费者行为的特点：

（1）消费者行为的多样性与复杂性

消费者行为的多样性主要表现在两个方面：第一，同一消费者在不同的时期、不同的情境、不同的产品的选择上，其行为均呈现出很大的差异；第二，不同的消费者在需求、偏好以及选择产品的方式等方面各有侧重。消费者行为的复杂性一方面可以通过消费者行为的多样性、多变性反映出来，如买牙膏和买计算机的购买决策复杂性表现有很大差异；另一方面也体现在，消费者行为受很多因素的影响。这些因素不仅包括消费者自身的个体与心理因素，还包括影响消费者行为的外部因素，这些外部因素对消费者的影响有的是直接的，有的是间接的，有的是单独的，有的则是交叉或相互的。正是这些影响因素的多样性、复杂性，决定了消费者行为的多样性。

（2）消费者行为的多人参与特点

不管是简单的消费行为，还是复杂的消费行为，在整个消费决策过程中参与或影响决策的往往是许多人。按照购买角色理论，不同的人在整个消费决策中担任着不同的角色。

（3）消费者行为的动态性

消费者行为具有动态性，企业应根据消费者行为的这一特征有效地安排营销活动。一方面，消费者在获得、使用和处置产品时在时间上会遵循一定的顺序，这为企业洞悉和影响消费者提供了某种条件和可能。另一方面，消费者的动态性还表现在单个消费者的行为会随时间而变化。比如，随着年龄的增长、经验的丰富，消费者行为有诸多变化。

（4）消费者决策的多维性

消费者购买商品涉及一系列决策，包括是否买、买什么、为什么买、如何买、什么时候买、在哪里买、买多少、用什么支付方式等。诸如此类的问题，在消费者购买商品的过程中时时刻刻涌现在大脑中，等待做出选择。

（5）消费者行为的可诱导性

新产品以其新异性、促销产品以其低廉的价格促使消费者做出购买决定，消费者行为具有可诱导性。营销者应根据消费者购买产品或服务的原因和动机制定出相应的诱导性的营销策略。

四、消费者满意与消费者忠诚

1. 消费者满意

消费者满意是指一个人购买和使用某产品之后通过对该产品感知的效果与他的期望值相比较后，所形成的愉悦或失望的感觉状态。从本质上讲，消费者满意反映的是消费者的一种心理状态，是消费者的需求被满足后表现出的愉悦感。"满意"并不是一个绝对概念，而是一个相对概念，由于期望不同，同样产品不同消费者的满意度是不同的。消费者对产品期望的形成来源于过去的购买经验、朋友和伙伴的各种建议、销售者和竞争者提供的信息和许诺等。

从市场发展的趋势来看，当市场进入买方市场之后，"消费者满意"就成为成功企业最基本的战略、目标和竞争手段之一。进入 21 世纪，越来越多的企业关注"消费者满意"的战略意义。"满足消费者的要求和期望"将取代质量合格或服务达标而成为企业所追求的最高目标。在这个竞争非常激烈的时代，只有把握住这种趋势和方向，正确确立自己的发展战略目标，才能在竞争中立于不败之地。

2. 消费者忠诚

消费者忠诚是指消费者由于对某一品牌或供应商持有强烈的正面态度而产生的对品牌或供应商的承诺行为，其表现形式为持续性的重复光顾和购买。真正忠诚的消费者相对于普通消费者具有比较鲜明的特点，主要表现为以下几点：一是关注、信任企业及其产品或服务；二是重复购买，并扩大购买范围；三是向他人推荐、宣传；四是忽视竞争者的促销活动。

消费者忠诚的衡量方法主要有 3 种：一是消费者重复购买的意愿，即消费者购买后，多大程度上愿意再次购买；二是消费者的基本购买行为，包括消费者最近一次购买的时间、购买频率和购买的数量；三是消费者购买后的衍生行为，主要表现为口碑传播，即消费者在购买后推荐其他人来购买和使用该产品。第一种衡量方法主要测量消费者在情感上的忠诚度，后两种方法主要测量消费者行为上的忠诚度。

1.1.3 现实意义

研究消费者和消费者行为，有助于从以下几个方面帮助公司和组织理解他们的市场战略：一是消费者思考、感知、推理以及在不同替代选项（如品牌、产品和零售商等）之间进行选择的心理；二是消费者如何受其环境（如文化、家庭、语言、媒体等因素）影响的心理;三是消费者在购买或做出其他营销决策过程时的行为;四是消费者知识或信息处理能力的不足对其决策和市场结果的影响;五是针对不同重要程度或不同兴趣的产品,消费者的动机和决策策略有何差异;六是营销人员如何适应并改进其营销活动和战略,以使其营销活动和战略更符合消费者的实际需要。在未来,消费者行为规律的挖掘将起到越来越重要的作用,其应用领域也会越来越广。

1.2 消费者行为学的起源与发展

1.2.1 市场基础

在商品经济条件下,市场是生产与消费的媒介。消费者行为学的研究,同企业面临的市场环境有着直接的关系。20世纪以来,世界上商品经济比较发达的国家,大都经历了市场观念演变的过程。这一演变过程是商品经济发展的必然结果,而能够反映这一过程各个阶段特征的一个重要标志,就是消费者地位的变化。

1. "以生产为中心"的市场观念阶段

从19世纪末到20世纪初。当时资本主义经济和技术发展尚比较落后,社会产品供不应求,企业生产大多品种单一,销售也不费力。企业只要将注意力集中于与生产相关的要素方面,如原材料、劳动力、机器设备的购买,增加生产,提高质量,降低成本,企业生产出来的产品不愁卖不出去,所以无须在推销或消费者身上多做文章。这种"供给创造需求"的态势,正是这一时期的主要特点。因此,这一时期是由消费者适应生产者,消费者处于被动与基本无权选择的地位上。这一时期被称为"以生产为中心"的市场观念阶段。

2. "以销售为中心"的市场观念阶段

从20世纪初至第二次世界大战。这个时期各主要资本主义国家,特别是美国,由于生产技术水平的不断提高,劳动生产率大幅提高,交通和传播工具的发展促使市场规模急剧扩大。生产能力的增长速度开始超过市场需求的增长速度,市场上商品急剧增多,此时商品销售状况成了事关企业生死存亡的头等大事。这种市场形势的变化迫使企业把注意力由生产转向销售。这时的消费者由于面临可供选择的商品品种和数量增多,因而在购买商品的时间、地点、方式、款式、品质、数量等方面的自主权日益增大。企业为了大量推销商品,开始对推销员的素质进行研究,对消费者的需要和愿望进行调查,消费者行为学便应市场之运、应企业之需萌生了。这一时期被称为"以销售为中心"的市场观念阶段。

3. "以消费者为中心"的市场观念阶段

20世纪50年代以后。第二次世界大战以后,各资本主义国家,特别是美国的军事工业迅速转向民用消费品的生产。科学技术日新月异,劳动生产率迅速提高,市场上生产和消费的矛盾越来越尖锐,企业向消费者强行推销产品,但仍不能根本扭转销售困境。因为随着商品的日益丰富,消费者的选择性加强,消费水平不断提高,满足生活基本需求的消费支出随着货币收入的增加,其比重不断下降,取而代之的是追求生活多样化,高层次的心理需求所占比重不断上升,消费过程逐渐变成了消费者积极地创造自己、塑造自己、实现自我的过程。消费者的心理与行为取向作为一只"看不见的手",无形地控制着市场,掌握着企业的生死大权。所以企业为了获得生存和发展,就必须重视研究消费者——从生产领域入手,着眼于流通领域,立足于消费领域,通过满足消费者需求来达到并实现企业目标。在这种情况下,消费者一改往日的地位,被尊为"上帝",受到企业前所未有的重视。在这个时期,随着研究的深入,消费者行为学不但研究消费者行为的特征,还研究影响消费者行为的复合因素。研究方法更加多样,逐渐成为一门企业经营不可缺少的应用科学。这一时期被称为"以消费者为中心"的市场观念阶段。

4. "以社会营销为中心"的市场观念阶段

20世纪70年代以来,由于各国政府和人民越来越重视可持续发展问题,在以消费者为中心的市场观念基础上,企业又强调要重视消费者需要、企业优势和社会效益三者的组合与协调。如投资生产某一产品,既要对企业有利,又要能满足消费者需求,还要重视可持续发展。这一时期被称为"以社会营销为中心"的市场观念阶段。

5. 整合营销市场观念阶段

20世纪90年代中期以来,整合营销观念改变了把营销活动作为企业经营管理的一项职能的观点,要求把所有资源都整合和协调起来,努力为顾客的利益服务。以注重企业、顾客、社会三方共同利益为中心的整合营销,把与消费者之间交流、对话和沟通放在特别重要的地位,这不仅是营销观念的变革和发展,而且也是市场基础的变化,为消费者行为学的研究开辟了更广阔的范围。这一时期被称为"整合营销"市场观念阶段。

1.2.2 学科基础

在市场基础中我们已经了解了消费者行为学产生和发展的社会历史背景。但仅仅有市场基础还是不够的,因为消费者行为学是一门侧重于应用的交叉性很强的边缘学科,所以它的诞生、创新与发展必然受到心理学和其他相关学科发展的制约。

1. 萌芽与初创时期

对消费者行为的观察、分析和研究发端很早,有关消费者行为的个别论述也早已有之(如T.维伯伦,1899),20世纪初也开始有消费心理研究,主要出现在广告和促销研究中,如W.D.史考特(Scott)在1908年出版的《广告心理学》。一些学者在市场营销学、管理学等著作中也研究了有关消费者行为的问题。需要指出的是,在第一次世界大战前后,人们普遍对社会、对前途感到迷茫,这就使心理学得到了长足的发展,而心理学的理论与实践的研究成果为消费者行为学的创立、发展奠定了基础。在这一时期,消费者行为学的研究才刚刚开始,研究的范围比较狭窄,研究方法是从经济学和心理学中简单地移植过来的。无论是经济学家还是心理学家,在研究有关销售与广告问题时,关注的焦点都不是现实中的消费者。经济学家假设消费者是"理性经济人""追求效用最大化"等,采用纯演绎推理的方法分析消费者,由此得出的研究结论与现实中的消费者行为有很大的距离。心理学家则依赖苛刻受控条件下的实验,分析消费者行为,所得出的研究结果与现实中的消费者行为也往往相去甚远,并没有被具体应用到市场营销活动中去。因此,尚未引起社会的广泛重视。

2. 应用与发展时期

在20世纪30年代的经济大危机中,市场中的产品严重过剩,销售十分困难,这时的市场主要表现为供过于求的态势。企业要想在竞争中战胜对手,求得生存,必须首先解决产品销路问题。企业纷纷加强广告、促销等方面的力量,并对消费者行为研究成果表现出越来越浓厚的兴趣。在广告界,运用心理学原理与方法探测广告对购买行为的影响日益普遍,由此使广告心理学得以繁荣。与此同时,关于顾客心理和销售心理的各种专门研究不断发展。第二次世界大战期间,由于商品和物资的匮乏,产业界和理论界对消费者行为研究的兴趣暂时降低,但这一时期,仍然出现了一些卓有成效的研究成果。第二次世界大战以后,西方主要发达国家生产技术水平发展较快,市场商品激增,产品更新换代加快,花色品种不断翻新,消费者的需求和愿望也在不断变化,其购买行为更加令人捉摸不定,企业开始重视和加强市场调研,预测消费趋势成为企业赢得竞争优势的重要前提。在此背景下,越来越多的心理学家、经济学家、社会学家都转入这一领域的研究,并相继提出了许多理论。20世纪50年代社会学、行为学开始影响营销学。此前营销学主要受经济学的影响,基于"经济人"的假设分析市场,20世纪50年代开始加入"社会人"的角度,并且开始提出"消费者行为"(consumer behavior)的概念(Bartels,1988)①。L. 克拉克(Clark)曾经在1955年和1958年出版了两本书名含有"消费者行为"的书。进入20世纪60年代以后,消费者行为学的研究得到迅猛发展。1960年,美国心理学会正式成立了消费者心理学分科学会,而美国的一些大学心理学系、社会学系、经济管理系和一些研究生院相继开设并讲授消费者行为学课程,对消费者心理、消费者行为的研究人员增多,研究质量大为提高。1968年第一本消费者行为学教材问世(美国经济学家J. 恩格尔等人所著的《消费者行为学》)以及1969年J. A. 霍华德(Howard)和J. N. 谢斯(Sheth)提出的"购买者行为理论"(the theory of buyer behavior)是两大标志。

3. 变革与创新时期

从20世纪70年代到现在,是消费者行为学的变革创新时期。这个时期西方国家高科技的投入使产品更新速度加快,新产品令消费者目不暇接,难以捉摸的消费时尚、无规律可言的消费流行,消费者行为研究面临新的难度和挑战。近几十年来,消费者行为学作为年轻的学术研究领域和市场实战领域发展迅速,吸引了心理学、社会学、营销学和计算机科学等多门学科的学者,在国际范围和核心专业期刊中,该领域的论文、著作和教材数量一直处于上升趋势。研究消费者行为与心理的论著急剧增加,质量越来越高,研究领域不断扩大和深化,门类更加丰富多样,与市场营销活动的关系日益密切。消费者行为学已逐步成为现代经济科学中一门重要的分支学科。同时,消费者研究也成为商业性咨询公司、市场研究公司、广告公司和大数据公司的重要业务之一。

---

① "消费者行为"的概念由著名营销史专家R. 巴特尔(Bartels)在他的代表作《营销思想史》(第3版)中提出。

1.3 消费者行为学在我国的发展

有关消费者行为学的研究是在20世纪80年代中期从西方引入我国的。在此之前，我国在该领域的研究基本处于空白状态。

改革开放以来，随着传统计划经济体制的全面废除和市场经济体制的逐步确立，我国消费品市场迅速发育，20世纪90年代中期基本形成以消费者为主体的"买方市场"。与此同时，广大消费者的消费水平、消费结构发生了巨大变化，逐渐由贫困型向温饱型、小康型转化；消费方式由单一化、被动式向多样化、选择式转化。进入21世纪，消费方式变化的一大特点是向市场化转化，突出表现在住房消费、教育文化消费、轿车消费和医疗消费等领域。另外，网络购物、网络消费已经成为一种新的消费方式。

现在，消费者自身的主体意识和成熟程度也远远高于以往任何时期，他们在社会经济生活中扮演着日益重要的角色。正是在这一背景下，我国理论界及企业界一改以往的漠视态度，对消费问题予以前所未有的热情和关注。例如，市场调研机构开展消费信贷、消费者态度、消费者信心指数和消费趋势预测研究，跟踪分析我国消费者心理和行为的变化动态。政府有关部门将消费者的收入、储蓄、理财、投资状况、消费者态度、消费者信心指数和消费者预期等作为制定宏观经济政策的重要依据。企业则将消费心理学研究的成果应用到市场活动中，用以指导和改进生产经营、产品设计、广告宣传和销售服务等。

近年来，消费者行为学更强调与我国现实市场运行特点相结合，研究不同市场中消费者行为的特性问题。我国一些学者开始从国外引进有关消费者行为的研究成果，随着研究工作的深入，这一新兴研究领域在我国已由介绍、传播进入普及和应用阶段。单从这门学科的名称上看，已由"消费者心理学""消费者心理与行为研究"逐渐转变为"消费者行为学"。

1.4 本书框架

本书分为3大部分内容（如图1-1所示）：

第一部分是消费者行为理论基础，具体包括第1章消费者行为概述、第2章消费者行为理论模型、第3章消费者行为与消费者研究。此部分旨在对消费者行为与消费者行为学形成感知与认知，是进行消费者行为学课程学习的基础。

第二部分是消费者决策的形成过程，具体包括第4章消费者购买决策概述、第5章消费者购买决策过程。此部分旨在探究消费者购买商品或服务的规律性，使决策阶段分析更具针对性。

第三部分是影响消费者行为的因素，又分为内部因素和外部因素。内部因素又进一步分为消费者一般心理活动过程、消费者需要与动机、消费者学习与态度以及个性、自我概念与生活方式；外部环境因素又进一步分为社会群体与消费者行为、社会阶层与消费者行为、文化因素与消费者行为、营销组合因素与消费者行为、情境影响与消费者体验等。分别对应第

6~14章的内容。此部分旨在探究影响消费者行为的主要因素。

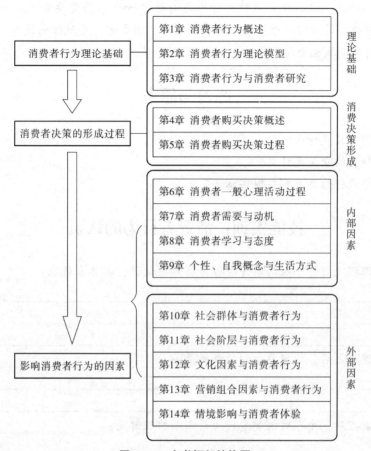

图1-1 本书框架结构图

本章小结

1. 理解消费者行为核心概念对学习消费者行为学具有重要意义。

消费一般是指人类社会对生产的物质资料和所提供的服务的实际耗用,即人们在物质资料和劳务的生产与生活中,对物质产品和劳动力的消耗过程。消费者是进行生活性消费的实体,泛指现实生活中的人们。由于研究的角度不同,对消费者含义的理解也有不同的表述方式。消费心理特指消费者在消费过程中发生的心理活动,即消费者根据自身需要与偏好,选择和评价消费对象的心理活动。消费者行为定义为"为获取、使用、处置消费物品所采取的各种行动,以及先于且决定这些行动的决策过程"。广义的购买行为是指购买决策形成之后,商品从销售者转移到消费者手中的过程;狭义的购买行为是指消费者在购物场所选择商品、支付费用并获得商品使用权的过程。顾客满意是指一个人购买和使用某产品之后通过对该产品感知的效果与他的期望值相比较后,所形成的愉悦或失望的感觉状态。消费者忠诚是指消费者由于对某一品牌或供应商持有强烈的正面态度而产生的对品牌或供应商的承诺行为,其表现形式为持续性的重复光顾和购买。

2. 要从思想观念上认识研究消费者行为与消费者行为学的重要意义,明晰消费者行为的研究成果,帮助公司和组织理解他们的市场战略。消费者行为规律的挖掘将起到越来越重要的作用,其应用领域也会越来越广。

练习与思考

1. 消费者的含义是什么?
2. 消费者行为的含义是什么?
3. 研究消费者行为具有哪些现实意义?

技能实训:消费者行为的认识

1. 学习本课程之前,个人对消费者行为有哪些认识,具体表现在:＿＿＿＿＿＿
＿＿＿＿＿＿＿＿＿＿＿＿＿＿＿＿＿＿＿＿＿＿＿＿＿＿＿＿＿＿
＿＿＿＿＿＿＿＿＿＿＿＿＿＿＿＿＿＿＿＿＿＿＿＿＿＿＿＿＿＿

2. 学习本课程之后,你想要达到的效果是:＿＿＿＿＿＿＿＿＿＿＿＿＿＿
＿＿＿＿＿＿＿＿＿＿＿＿＿＿＿＿＿＿＿＿＿＿＿＿＿＿＿＿＿＿

3. 学习本章之后,个人对消费者行为最深刻的理解是:＿＿＿＿＿＿＿＿
＿＿＿＿＿＿＿＿＿＿＿＿＿＿＿＿＿＿＿＿＿＿＿＿＿＿＿＿＿＿

4. 结合自身实际,制订学习消费者行为学的具体计划:
课堂学习计划:＿＿＿＿＿＿＿＿＿＿＿＿＿＿＿＿＿＿＿＿＿＿＿＿
＿＿＿＿＿＿＿＿＿＿＿＿＿＿＿＿＿＿＿＿＿＿＿＿＿＿＿＿＿＿
＿＿＿＿＿＿＿＿＿＿＿＿＿＿＿＿＿＿＿＿＿＿＿＿＿＿＿＿＿＿

课外学习计划:＿＿＿＿＿＿＿＿＿＿＿＿＿＿＿＿＿＿＿＿＿＿＿＿
＿＿＿＿＿＿＿＿＿＿＿＿＿＿＿＿＿＿＿＿＿＿＿＿＿＿＿＿＿＿
＿＿＿＿＿＿＿＿＿＿＿＿＿＿＿＿＿＿＿＿＿＿＿＿＿＿＿＿＿＿

扩展阅读

农夫山泉一分钱布局公益

农夫山泉的"一分钱广告"想必一定在很多中国人的心中都留下了深刻的印象,事实上,"饮水思源"的广告自开播以来,争议就一直不断。矛盾主要集中在"用贫困山区的孩子做广告,是不是有悖于情理"、"为什么热心公益的企业反倒挨骂,被说成伪善"、"每喝一瓶水捐一分钱,是不是少了点",等等。

面对这些非议,农夫山泉母公司——养生堂广告总监周永凯有些不以为然。在他看来,广告本身存在争议并不是坏事,证明消费者对此很关注。但是,如果怀疑企业从事公益的动机,那就要另当别论了。就公益的实践者而言,行动往往是对流言蜚语的最好反击。

农夫山泉公开回应外界质疑的同时,也在按部就班地推进"饮水思源"计划。

"一分钱,一份力量",从2001年开始,农夫山泉的"一分钱"公益行动已经持续了4届,基本上每两年就更换一个主题。2006年是第4届的起始年。农夫山泉从5亿瓶水中筹集500万元,与宋庆龄基金会共同成立"饮水思源"助学基金,锁定长白山、千岛湖、丹江口、万绿湖等4个水源地,捐助1 001名贫困学生及10所学校。"虽然这笔投入不多,但农夫山泉没有以企业的名义,而是代表消费者来支持公益事业。这就是企业实实在在的行动。"周永凯说。

与那些投身公益十分慷慨的企业相比,农夫山泉每年几百万的投入并不算多,但为何农夫山泉留给外界的公益烙印会如此之深呢?在市场庞大、逐渐微利的快速消费品行业,农夫山泉近10年的发展中,公益是其感性营销中不可或缺的一部分,而品牌的积累,很大程度上也得益于这个独特的标签。

社会营销观念要求企业在制定营销决策时权衡三方面的利益,即企业利润、消费者需要的满足和社会利益。实践证明,协调好三者之间的关系,不仅企业能发挥特长,还能在满足消费者需求的基础上获取经济效益,且符合整个社会的利益,因而具有强大的生命力。

(资料来源:杨洪涛. 现代市场营销学:超越竞争,为顾客创造价值[M]. 北京:机械工业出版社,2009:2.)

第 2 章

消费者行为理论模型

学习目标

①了解人类一般行为模式。
②理解消费者行为基本理论模型。
③了解影响消费者行为的因素体系。
④培养辩证思维，全面系统地看待问题。

引导案例

娃哈哈的命名、商标、包装战略

今天的娃哈哈，用"妇孺皆知"一词来形容并不过分。可这样一个别出心裁而又能赢得消费者好感的商品名称的由来，却鲜为人知。

当初，工厂与有关院校合作开发儿童营养液这一冷门产品时，就取名之事花费了很大的精力。他们通过新闻媒介，向社会广泛征集产品名称，然后组织专家对数百个应征名称进行了市场学、心理学、传播学、社会学、语言学等多学科的研究论证。由于受传统营养液起名习惯的影响，人们的思维都在素啊、精啊、宝啊之类的名称上兜圈子，谁也没有留意源自一首新疆民歌的"娃哈哈"3字。

厂长宗庆后却独具慧眼地看中了这3个字。他的理由有三：其一，"娃哈哈"三字中的元音"a"是孩子最早最易发的音，极易模仿且发音响亮、音韵和谐、容易记忆，因而容易被孩子所接受；其二，从字面上看，"哈哈"是各种肤色的人表达欢笑喜悦之意；其三，同名儿歌以其特有的欢乐明快的音调和浓烈的民族色彩，唱遍了天山内外和大江南北，把这样一首广为流传的民族歌曲与产品商标联系起来，便为产品涂上了国色，使消费者乐于熟悉它、想起它、记住它，从而提高它的知名度。商品名称确定后，工厂又组织设计师精心设计了两个活泼可爱的娃娃形象作为商标图案，以达到商标名称和商标形象的有机融合。

娃哈哈商标一经国家商标局注册，企业便利用报纸、广播、电视等大众传播媒介进行了大规模的广告宣传，以期先声夺人，占领市场。这一招果然见效，在许多地区，一些侵权或变相侵权产品始终难以打开销路，因为消费者就认"娃哈哈"。久而久之，"娃哈哈"在消费者心目中便自然取代了"儿童营养液"，甚至成为这类商品的代名词。

（王官诚，汤晖，万宏．消费心理学［M］．北京：电子工业出版社，2013：219．）

2.1 人类一般行为模式

进入 20 世纪以来，心理学家、社会心理学家和生物学家对探索人类行为奥秘产生了浓厚的兴趣，纷纷致力于人类行为研究，试图揭示隐藏在复杂行为现象背后的客观规律。在众多研究成果中，尤以美国社会心理学家库尔特·勒温（Kurt Lewin）关于人类行为模式的研究引起广泛关注。

勒温的人类行为模式表示如下：

$$B = F(P—P_1, P_2, \cdots, P_n, E—E_1, E_2, \cdots, E_n)$$

式中，B（behavior）为个人的行为；P（personality）为个人的内在条件和内在特征；P_1，P_2，$\cdots$，P_n 为构成内在条件的各种生理和心理因素。例如，生理需要、生理特征、能力、气质、性格、态度等；E（environment）为个人所处的外部环境；E_1，E_2，$\cdots$，E_n 为构成环境的各种因素。例如，自然环境、社会环境等。

该模式表明，人类的行为是个人与环境相互作用的产物。同时，该模式还进一步表明，人类的行为方式、指向和强度，主要受两大类因素的影响和制约，即个人内在因素和外部环境因素。其中，个人内在因素包括生理和心理两类基本因素，而外部环境因素又包括自然环境和社会环境两类因素。

卢因的人类行为模式在一定程度上揭示了人类行为的一般规律，并对影响行为的多种因素做出了基本的归纳和划分，其结论具有高度概括性和广泛适用性。因此，得到普遍重视和认可。

2.2 消费者行为理论模型

消费者行为学既具有很强的实际应用价值，又是一门独立的理论学科。消费者行为学的理论研究成果是非常丰硕的，至于哪种理论最权威、最好用，至今尚无定论。下面介绍几种影响较大的消费者行为研究的总体模型。

2.2.1 彼得模型

彼得模型俗称轮状模型图，是在消费者行为概念的基础上提出来的。它认为消费者行为和感知与认知、行为和环境与营销策略之间是互动和互相作用的（如图 2-1 所示）。这个模型可以在一定程度上解释消费者行为，帮助企业制定营销策略。消费者行为分析轮状模型图包括感知与认知、行为、环境、营销策略四部分内容。

感知与认知是指消费者对于外部环境的事物与刺激可能产生的人的心理上的两种反应，感知是人对直接作用于感觉器官（如眼睛、耳朵、鼻子、嘴、手指等）的客观事物的个别属性的反映；认知是人脑对外部环境做出反应的各种思想和知识结构。消费者行为指的是消费者的外在行为，即消费者在做什么。环境是指消费者的外部世界中各种自然的、社会的刺激因素的综合体。例如，政治环境、法律环境、文化环境、自然环境、人口环境等。营销策略指的是企业进行的一系列的营销活动，包括营销战略和营销组合的使用，消费者会采取一种什么样的购买行为，与企业的营销策略有密切的关系。

感知与认知、行为、营销策略和环境四个因素有着本质的联系。感知与认知是消费者的心理活动，心理活动在一定程度上会决定消费者的行为。通常来讲，有什么样的心理就会有什么样的行为。例如，消费者感知到某家饭店的饭菜色香味俱全，产品定位与自己的喜好相符，于是倾向于产生消费的行为。反之，消费者行为对感知也有重要影响。例如，当我们去一家超市获得了良好的服务和满意的购买过程时，消费者对这家超市的感知会更加"正向"。营销刺激和外在环境也是相互作用的。营销刺激会直接地形成外在环境的一部分，而外在的大环境也会对营销策略产生影响。

图 2-1 消费者行为分析轮状模型图

感知与认知、行为与环境、营销策略是随着时间的变化不断地交互作用的。消费者的感知与认知、对环境的把握是营销成功的基础，而企业的营销活动又可以改变消费者行为及消费者的感知与认知等。但不可否认，营销策略也会被其他因素所改变。

2.2.2 霍金斯模型

霍金斯模型是由美国心理与行为学家 D.T. 霍金斯提出的，是一个关于消费者心理与行为和营销策略的模型，此模型是将心理学与营销策略整合的最佳典范（如图 2-2 所示）。

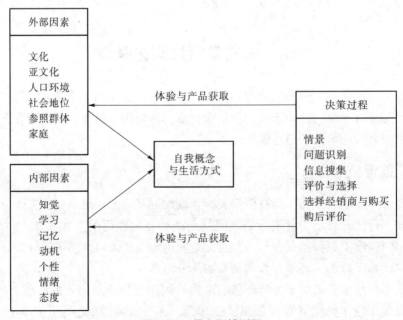

图 2-2 霍金斯模型图

霍金斯认为，消费者在内外因素影响下形成自我概念（形象）和生活方式，然后消费者的自我概念和生活方式导致一致的需要与欲望产生，这些需要与欲望大部分要求消费行为（获得产品）的满足与体验。同时这些也会影响今后的消费心理与行为，特别是对自我概念和生活方式起调节作用。

自我概念和生活方式是近年来消费心理学研究的热点。自我概念是一个人对自身一切的知觉、了解和感受的总和，包括真实的自我概念、理想的自我概念、私人的自我概念和社会的自我概念。生活方式是指人如何生活。一般而言，如模型所示，消费者在外部因素和内部因素的作用下首先形成自我概念和自我意识，自我概念再进一步折射为人的生活方式。人的自我概念与生活方式对消费者的消费行为和选择会产生双向的影响：一方面人们的选择对其自身的生活方式会产生莫大的影响，另一方面人们的自我概念与现在的生活方式或追求的生活方式也决定了人的消费方式、消费决策与消费行为。

另外，自我概念与生活方式固然重要，但如果消费者处处根据其生活方式而思考，这也未免过于主观，消费者有时在做一些与生活方式一致的消费决策时，自身却浑然不觉，这与参与程度有一定的关系。

2.2.3 霍华德－谢思模式

霍华德－谢思模式由学者霍华德（Howard）在1963年提出，后与谢思（Sheth）合作经过修正于1969年在《购买行为理论》一书中提出，这是一个比较复杂的模式（如图2－3所示）。输入给消费者的信息包括事物的意义、象征性和社会因素，而消费者是有选择地接受信息，消费者一方面开展调查，主动搜集信息，另一方面将信息与其心理状态相结合。新的信息可以影响和改变消费者的动机、选择评价标准、意向和购买决策的结果又转化为信息，且反馈和影响消费者的心理，形成对将来行为的影响因素。

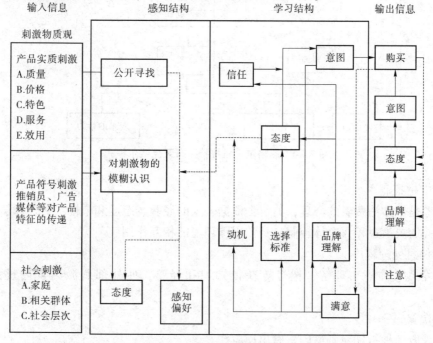

图2－3　霍华德－谢思模式

2.2.4 恩格尔-科拉特-布莱克威尔模式

此模式是由恩格尔（Engel）、科拉特（Kollat）和布莱克威尔（Blackwell）3个人于1968年提出，并于1984年修正而成的理论框架，简称EKB模式。EKB模式包括四部分（如图2-4所示）。

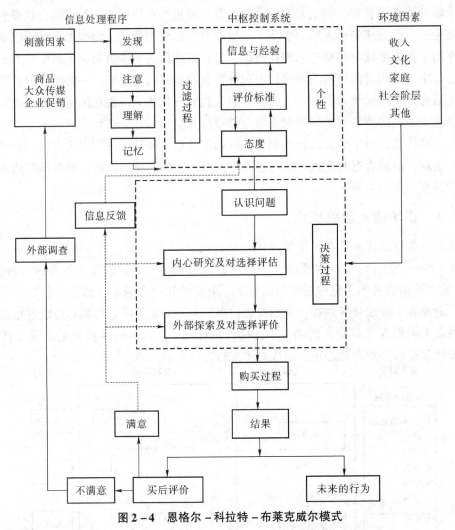

图2-4 恩格尔-科拉特-布莱克威尔模式

（1）中枢控制系统

实质上是个体消费者的心理，消费者依据个人的经验、态度和个性，对外部信息做出反应，继而开始决策过程，个体控制自身和周围环境的相互作用。

（2）信息处理程序

通过发现、注意、理解、记忆等获得知识和经验，使外部刺激因素通过大脑变成行为。

（3）决策过程

决定采取何种行动对刺激因素做出反应。

（4）环境因素

环境因素影响决策过程的各个方面因素，包括收入、文化、家庭、社会阶层等。

恩格尔－科拉特－布莱克威尔模式比较完整，有逻辑性，比其他的理论模式更强调决策过程，但他未说明需要、动机这两类消费者内部因素，也未说明环境如何与内部控制系统和刺激因素发生联系。

2.2.5 刺激－反应模型

1. 刺激－中介－反应模型

人的行为是在一定的刺激下经过活动，最后产生反应，人类行为的一般模式是 S－O－R 模型（即刺激—中介—反应模型，如图 2－5 所示）。S－O－R 模型早在 1974 年由 Mehrabian 和 Russell 提出，最初用来解释、分析环境对人类行为的影响，后作为环境心理学理论被引入零售环境中。

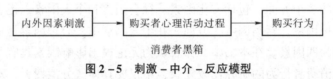

图 2－5　刺激－中介－反应模型

所有消费者的购买行为都是由刺激所引起的，这种刺激既来自消费者身体内部的生理和心理因素（如生理、心理的需要，个性，态度，习惯，观念等），也可以来自外部环境（如产品的质量、款式，服务，广告，社会等）。消费者在各种因素刺激下，产生购买动机，在动机的驱使下，做出购买某商品的决策，实施购买行为，再形成购后评价。

刺激－中介－反应模型又称消费者购买行为一般模式，是营销部门计划扩大商品销售的依据。营销部门要认真研究和把握购买者的内心世界。认识消费者的购买规律，并根据本企业的特点，给消费者适宜的"刺激"，以便使外在的刺激因素与消费者的内在心理发生整合作用，促使消费者做出购买决策，实施购买行动，满足消费者需要，扩大销售的目的。消费者购买行为模式是对消费者实际进行商品购买过程的形象说明，是用于表述消费者购买行为过程中的全部或局部变量之间因果关系的理论描述。

2. 科特勒的刺激－反应模型

美国著名市场营销学家菲利普·科特勒教授认为，消费者购买行为模式一般由前后相继的 3 个部分构成（如图 2－6 所示），科特勒的刺激－反应模式清晰地说明了消费者购买行为的一般模式：刺激作用于消费者，经消费者本人内部过程的加工和中介作用，最后使消费者产生各种外部的与产品购买有关的行为。因此，该模式易于掌握和应用。

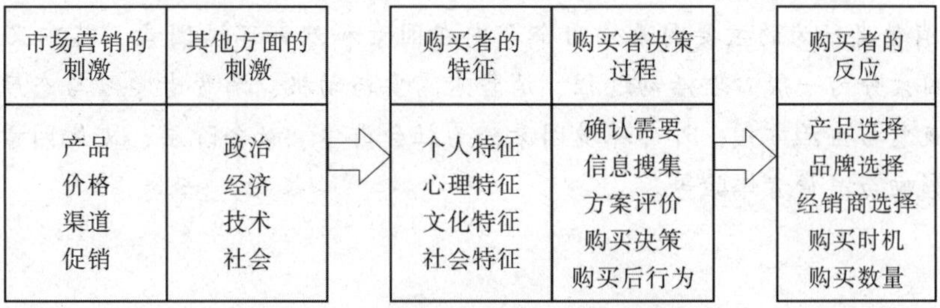

市场营销的刺激	其他方面的刺激	购买者的特征	购买者决策过程	购买者的反应
产品 价格 渠道 促销	政治 经济 技术 社会	个人特征 心理特征 文化特征 社会特征	确认需要 信息搜集 方案评价 购买决策 购买后行为	产品选择 品牌选择 经销商选择 购买时机 购买数量

图 2－6　科特勒的刺激－反应模型

2.3 影响消费者行为的因素体系

消费者行为是人类行为的重要组成部分。因此,卢因关于人类行为模式及其基本影响的研究,同样也适用于对消费者行为及其影响因素的分析。在大量的消费者行为学的参考教材中,消费者行为的影响因素理论和影响因素分析往往占据最多的篇幅,构成整个消费者行为理论体系中比重最大的部分。其基本问题是从一般规律找出可解释消费者行为的相关因素,并建立起概念逻辑模型或可进行实证的各种模型,以精细地解释消费者行为的各个方面。

纵观各种消费者行为的影响因素理论的框架,常见的有二因素论、三因素论和四因素论等。二因素论将影响因素分为两大类,一类存在于消费者内部,一类存在于消费者外部,二因素论有不同的表述,称为内部因素和外部因素,或个人因素和环境因素等。科特勒提出消费者行为影响因素的3个方面,包括文化因素、社会因素和个人因素。也有学者将三因素概括为个人因素、环境因素、营销因素3方面。在个人因素中,心理因素是最重要的部分,也可单独分出来,称为四因素。在本书中,作者认为无论提出影响因素具有几个维度并无本质的区别,原因在于消费者行为的研究比较复杂,不仅要具体区分消费者,对其具体消费行为也需要具体情况具体分析,绝大多数教材只是提供研究消费者行为影响因素的框架内的共性因素,在具体研究过程中,再具体讨论个性因素。本书沿用最基本的框架体系,即内部因素和外部因素。内部因素分为一般心理活动过程、消费者需要与动机、消费者学习与态度、消费者个性、自我概念与生活方式;外部环境因素分为社会群体、社会阶层、文化因素、营销组合因素、情境影响与消费者体验等。这两大类因素相互联系、相互作用,共同构成影响消费者行为的体系。

总体来说,消费者行为是消费者个人与环境交互作用的结果,其行为方式、指向及强度,主要受消费者个人内在因素与外部环境因素的影响和制约。

本章小结

1. 勒温的人类行为模式认为人类的行为是个人与环境相互作用的产物。人类的行为方式、指向和强度,主要受个人内在因素和外部环境因素两大类因素的影响和制约。

2. 消费者行为理论模型是研究消费者行为的基础,有代表性的模型包括:彼得模型、霍金斯模型、霍华德-谢思模式、恩格尔-科拉特-布莱克威尔模式、刺激-反应模型等。

3. 影响消费者行为的主要因素分为个人内在因素和外部环境因素,其中又分若干具体因素。内部因素分为一般心理活动过程、消费者需要与动机、消费者学习与态度以及消费者个性、自我概念与生活方式;外部环境因素分为社会群体、社会阶层、文化因素、营销组合因素、情境影响与消费者体验等。

练习与思考

1. 如何理解彼得模型？
2. 如何理解科特勒的刺激-反应模型？
3. 影响消费者行为的主要因素有哪些？

技能实训：消费者行为理论模型的应用分析

1. 选择你感兴趣的消费者行为基本理论模型：_____

2. 你对这个模型的理解：_____
_____
_____

3. 运用这一理论模型解释某类消费者行为：_____
_____
_____
_____
_____

4. 分析这一理论模型的优缺点：_____
_____
_____
_____

扩展阅读

公益+直播也是"诗和远方"

2019年被称为"直播电商元年"，各大平台纷纷推出直播带货模式。从"双十一"全天带动成交近200亿的淘宝直播，到短视频平台入局电商直播；京东红人孵化计划；拼多多直播首秀；小红书也被传将内测电商直播。当李佳琦、薇娅、辛巴、李湘等人不断贡献直播电商的完美战绩，当各大品牌布局直播领域，无疑，在2019年，直播电商是风口上的产物。很多主播不但拥有巨量粉丝影响力，更拥有满满的正能量，主动义务参与到扶贫事业中来。

2019年12月12日晚，高晓松、李佳琦首次在淘宝公益同台直播，为贫困县农产品带货。在直播中高晓松首次涂起了口红，还跟李佳琦的狗Never有爱互动，#高晓松涂口红#微博话题阅读量高达2.5亿人次。

当晚，20万公斤内蒙古扎赉特大米5秒售空，5万罐安徽金寨山核桃5秒售空，12万袋康保燕麦面7秒售空，预计带动三地1114户贫困户共计增收439万。

除了明星主播，在广袤的乡村，还有不少农民走在直播脱贫的路上。以产品为媒介、用消费搭桥梁,说到底是对市场规律的尊重。将偏远地区的农产品推向市场前沿,互联网起着推广引流的作用。在《动员全社会力量共同参与消费扶贫的倡议》下,于消费者而言,赠人玫瑰,手有余香,扶贫消费是一种高尚消费。于贫困户而言,消费扶贫帮助农特产品和服务顺利卖出去,销售有了渠道,增收有了门路,发展就有了劲头。于扶贫事业而言,消费扶贫属于"造血式"、可持续的扶贫方式。

截至2019年11月底,淘宝公益直播超过120万场,带动农产品成交40亿,农民主播已超过5万名。公益+直播成为直播电商一条崭新的路径,有效解决贫困地区产品销路窄、组织化程度低、增产不增收等突出问题,促进扶贫产品与市场需求有效对接,让贫困群众的产品变商品、收成变收入、增产变增收,进一步构建长效脱贫机制。

(资料来源:http://ww.dmeiti.com/show news/154.htm;http://opinion.people.com.cn/n1/2019/1112/c/003-314 50004.html,作者有修改)

第3章

消费者行为与消费者研究

学习目标

① 了解研究消费者行为的原则。
② 理解消费者行为研究的理论范式与研究方法论。
③ 了解消费者行为研究的常见方法。
④ 了解消费者行为研究的发展趋势。
⑤ 培养科学的研究思维与方法论意识。

引导案例

你对"萌经济"有抵抗力吗？

虽然对什么是"萌经济"还没有明确的定义，但这并不妨碍"萌商品"如雨后春笋般出现。小到超市卖的"龙猫柚子"、长"耳朵"的手机外壳，大到笑容可掬的大黄鸭、街道上霓虹灯广告中招人喜爱的小动物，手机上各式萌萌的表情包……以上这些都有卖"萌"的影子。为什么人们对"萌"毫无抵抗力？

有研究显示，消费者有"求美"和"求新"的消费心理，他们爱追赶潮流，注重时髦和新奇，更喜欢"有一定感觉"的消费，关注"拍照""晒图""点赞"的体验。而"萌经济"锁定的正是以"80后""90后"为主的消费群体，他们在求学、就业和爱情等方面的压力下，更容易把这些"萌物"当作情感寄托。通过这些"萌商品"，得到减压、有趣、治愈、陪伴、安全的体验。同时，"卖萌"往往会通过各种令人愉悦的非语言符号体现，将真实世界中人们丰富的表情进行虚拟的、夸张的表达，具有生动、可爱、易于理解的特性，能拉近品牌与消费者的心理距离。理论上，品牌形象是消费者根据自己对品牌的了解和体验所形成的品牌认知和产生的联想，"卖萌"可增加消费者对品牌的美好联想，塑造品牌的个性形象，从而增加顾客与品牌的接触与互动，提升消费体验，增强消费者对品牌的信任感。由此看来，日益走俏的"萌经济"，其实是基于消费心理需求的一种全新营销模式，是通过

"萌"系列产品而催生消费者的消费行为，再借新媒体之力实现立体传播，从而形成的一种新的经济业态。

（资料来源：白玉苓. 消费心理学［M］. 北京：人民邮电出版社，2018：1.）

3.1 消费者行为研究

3.1.1 研究消费者行为的原则

1. 客观性原则

消费者行为研究的客观性体现在消费者心理和行为研究的内容与结果是客观存在的。因此，不能随意予以改变。消费者行为研究的方法是客观的。例如，消费者心理和行为研究的调查法、测量法、文献分析法等都是客观存在的。所以，作为感性的个体的主观购买不应该任意猜测，而应该尊重事实，根据事物的本来面目反映事物。

2. 联系性原则

联系性原则就是把世界看成一个普遍联系的网。在进行消费者分析和研究时，要综合分析消费者心理、消费者行为、外在的营销环境和大环境的相互影响，从而能透彻地了解消费者行为及其背后的深层原因。

3. 发展性原则

发展性原则是指用动态的、连续的观点看问题。因为消费者行为是动态的，处于不断的变动之中，所以，从事消费者研究不能静止化，应该持续进行消费者跟踪调查，追根溯源，系统了解消费者的购买行为，为企业决策提供第一手资料。

3.1.2 消费者行为研究的理论范式

1. 理性决策消费行为模式

该理论范式盛行于20世纪七八十年代，它遵循实证主义研究方法，假设消费者是理性决策人，消费行为是消费者寻求问题解决的纯粹理性过程，与消费者的气质、动机、情感心境等个性心理无关，其关注重点是消费者的购买决策过程与影响因素。在理性决策人的假设前提下，经济学和认知心理学这两个学科的研究者提出了不同的消费行为模式。经济学认为，消费是作为"经济人"的消费者在充分竞争和完全信息的市场环境下，根据效用最大化原则选择商品的过程。认知心理学认为消费是作为"认知人"的消费者为了满足需要而寻找商品或服务的信息加工过程，即先意识到问题存在，然后收集信息，在此基础上评价、比较、筛选，最后做出购买决定。

2. 情感体验消费行为模式

该理论范式认为，消费者是"情感人"，消费行为是一个消费者受内在动机驱动而寻求个体心境体验的情感经验过程。该范式根植于个性心理学、社会学、文化人类学等学科理论，遵循阐释主义研究方法论，着重从消费者个体心理感受的角度理解消费者行为的内在根据，其研究重点是需要、动机、生活形态、自我概念、象征等消费者个性心理与消费购买行为的关系。

3. 行为主义消费行为模式

该理论范式自 20 世纪 90 年代以来逐渐流行，它把消费者视为按特定行为模式对环境刺激做出反应的"机械人"，消费是一个源于环境因素影响的条件反射行为，并不一定经过理性决策过程，也不一定依赖已经产生的某些情感。促成消费发生的环境因素很多。例如，强烈的金钱刺激、文化规范的影响、物质环境或经济上的压力，以及厂商的营销活动等。研究消费者在这些环境影响下的学习、态度以及行为反应模式是这一研究模式的主要内容。

3.1.3 研究方法论

当前研究消费者行为的两种不同类型的基本方法是定量研究和定性研究。

1. 定量研究

定量研究本质上是一种描述性的方法，研究者用它来了解各种宣传信息对消费者的影响，这样可使市场营销者预测消费者行为。这种方法也被看作实证性的，具体方法主要从自然科学中借用过来，包括实验法、调查法和观察法，其研究结果是描述性、经验性的。如果数据收集是随机的，则结果可以推广到更大的人群。由于收集的数据是定量的，利用这些数据可进行精密的统计分析。

2. 定性研究

定性研究包括深度访谈、焦点小组、隐喻分析、拼图研究以及投射法等。这些方法由经过高度训练的访谈分析者管理执行，他们还要分析研究的结果。因此，这些结果是带有主观性的，由于样本很小，所以研究结果不能推广到更大的人群。其主要目的是获得关于促销活动与产品的新观点，而这些方面的具体内容则可通过更多定性研究来测试。

3. 定性与定量结合研究

市场营销者通常会综合运用定量与定性方法来帮助制定战略营销决策。例如，他们利用定性研究的结果来发现新的创意或开发宣传战略，利用定量研究的结果来预测消费者对各种宣传的反应。通常，从定性研究中产生的创意经过经验的检验，就会变成定量研究设计的基础。这两种研究范例在本质上是互补的。与单独使用某一种方法相比，综合运用定量研究和定性研究可以展示消费者行为更为丰富的全貌。综合定性与定量结果可以让营销者设计更加有意义且有效的营销战略。

3.1.4 常见方法

1. 二手资料搜集法

进行消费者行为研究，首先要做的事情是二手资料的搜集。例如，查阅图书，报刊，网络，政府报告，公司发行的刊物、小册子等，寻找企业需要搜集的消费者信息。这样信息的获得是方便、简洁的。例如，网上经常公布一些行业的消费者调查报告等，是值得参考的。

2. 问卷法

问卷法是通过事先设计的调查问卷，向被调查者提出问题，并由其给予回答，从而收集调查结果，以了解消费者心理和行为的方法。运用此方法关键是看问卷设计是否准确、合适，怎样选择合适的样本，这样才能把想要了解的问题调查出来。

3. 观察法

观察法主要是通过直接或间接地观察消费者的动作、行为、表情、语言、情绪等，从而对消费者行为进行总结、分析，了解其特点，总结其规律。观察法简单易行，但对心理活动不能很好地把握。

4. 实验法

实验法是有目的地严格控制或创设一定的条件，人为地引起某种心理现象与行为的产生，从而对它进行分析研究的方法。根据实验场地的不同，实验法又可以分为市场实验法和实验室实验法。

5. 访谈法

访谈法是指通过访问者和受访者面对面的交谈，来了解受访者的心理和行为的基本研究方法。因研究问题的性质、目的或对象的不同，又可以分为个人访谈和小组集中访谈。

6. 模型法

消费者行为学是建立在一系列有影响力的模型分析的基础上的，而不是建立在主观猜测的基础上。利用数据与模型可进行精确的统计分析。例如，聚类分析、回归分析等。

7. 量表法

在消费者行为学的研究中，为了对研究内容定量化，通常采用量表对相关题项进行设计。常见的量表通常包括瑟斯顿等距量表法、李克特量表法、语义差别量表法、行为反应量表法等。例如，在测量消费者对某一产品的态度时，可以根据态度强弱进行1～5分的评价，分值越低态度越弱，分值越高态度越强。

8. 投射技法

投射技法是指研究者引入一种模糊的、无结构的物体、活动或是对一个人加以展现，引起消费者以某种方式对这种展现做出反应。消费者可能会被要求去解释这种物体是什么、这个人想什么，做角色扮演等。消费者行为研究中常用的投射技术是主题统觉测验法、造句测验法、漫画实验法、角色扮演法、联想法、图片响应法、主题类化法、卡通测试法、句子完成法、故事完成法等。

3.1.5 消费者行为研究发展趋势

1. 重视理论研究

重视理论研究并有较大发展，如对消费者决策过程所进行的理论探讨，使其学科体系更加完善。

2. 研究角度多元化

长期以来，人们一直从商品生产者和经营者的单一角度研究消费者心理与行为，关注点集中在帮助企业通过满足消费者需要来扩大销售，增加盈利。目前，这种单一局面已被打破，许多学者开始把消费者心理与行为同更广泛的社会问题联系在一起，从宏观经济、环境保护、消费者利益、生活方式、信息与网络技术、社会文化环境等多种角度进行研究。

3. 研究参数多样化

在最初的研究中，人们主要利用社会学、经济学的有关概念作为参数变量，根据年龄、性别、职业、家庭收入等人口统计因素来分析和解释各种消费心理与行为的差异，随着研究的深入，与心理因素和社会心理因素有关的变量被大量引入，如需要、动机、个性、参照群体、社会规范、人际沟通等。当前，由于社会环境急剧变化和消费者自身素质的提高，消费者心理与行为比以往任何时期都更为复杂,已有的变量已很难对其做出全面的解释。为准确把握日益复杂的消费者行为,研究者开始引入文化、历史、地域、民族、道德传统、价值观念、信息化程度等一系列新的变量。新变量的加入为消费者心理与行为研究精细化提供了可能性,同时也使参数变量在数量和内容上更加丰富多样。这一现象正是消费者心理与行为研究多学科、综合性趋势进一步加强的反映。

4. 研究方法定量化

新变量的加入使各参数变量之间的相互关系更加复杂,单纯对某一消费现象进行经验性判断和定性分析显然是不够的。为此,当代学者越来越倾向于采用实证分析等定量分析方法,运用统计分析工具、信息处理技术以及运筹学、动态分析等现代科学方法和技术手段,揭示变量之间的内在联系,如因果关系、相关关系等。定量分析的结果,使建立更加精确的消费者行为模式成为可能。各种精确模型的建立,又推进了对消费现象的质的分析,从而把消费者心理与行为的研究提高到了一个新的水平。

进入 20 世纪 80 年代以后,消费者心理与行为的研究出现了以下趋势:

1. 重视因果关系研究

探讨消费者行为变化的原因及发展趋势,有助于理解和掌握不同消费者群的心理变化规律。

2. 重视相关学科交叉、渗透与融合研究

相关学科的相互借鉴与促进,相互渗透与共同发展,是当今诸多学科发展的趋势之一。例如,消费者行为学与市场营销学理论的相互交融、互补性的研究。

3. 重视现代化研究方法手段应用

采用定量分析的方法,运用统计分析技术、信息处理技术以及运筹学、动态分析等现代科学方法和技术手段,揭示变量之间的内在关系,有助于将消费者行为与心理的研究提升到新的层次。

3.2 消费者研究

3.2.1 消费者研究的含义

消费者研究又称消费者市场研究,是指在对市场环境(政治、法律、社会、文化、技术)、人口特征、生活方式、经济水平等基本特征进行研究的基础上,运用各种市场调研技术和方法,对消费群体通过认知、态度、动机、选择、决策、购买、使用等阶段实现自身愿望和需要的研究。消费者研究是市场调研领域应用最多,同时也是消费品市场研究的一个最基础、主要的组成部分,它是消费品生产企业,特别是民用消费品生产企业经常实施的一项市场调研。

3.2.2 消费者研究的类型

消费者研究是一种过程,借由这种过程,消费者研究人员来搜集和分析与消费者行为和决策相关的资料。要探讨消费者研究,首先我们要先了解一般研究的类型。一般研究可划分为探索性研究、描述性研究与因果性研究三种类型。

1. 探索性研究

探索性研究通常是面对一个全然陌生的研究领域，而我们过去在这个问题上所得到的信息很有限。因此，此时不宜贸然地就去研究某一特定问题，或是也不知该研究哪一特定的问题。所以，借由探索性研究，可以得到一个全面的鸟瞰。探索性研究是希望能够发现关于这一研究领域的点子或洞见。一般而言，探索性研究是用来产生研究假设或是研究的命题，抑或研究领域的架构。借由这些假设、命题与架构，对未来的后续研究提供一个可供遵循的蓝图。因此，探索性研究较偏向于使用一些非结构性的问题，来引发对这一研究领域独特的见解。例如，我们想要知道因特网对未来消费者行为与决策所可能造成的冲击，以及其潜在的机会。由于因特网的出现历史尚短，过去都没有这方面的经验。因此，对我们而言，这是一个全新的领域。所以，我们可以先进行一项探索性研究。例如，通过广泛的深入访谈，我们可以先归纳出来整个架构、命题与次领域，而后续的研究则可以由此来着手。

2. 描述性研究

描述性研究的重点则是在搜集及呈现真实的事实。通常，这类研究的目的是发现已经存在的事实资料。例如，我们认为网络上有很大的商机存在。因此，我们想进行一个有关网上购物的描述性研究。透过这个研究，我们想知道是哪些人在网络上购物，是男还是女，是年纪大还是年纪小，是高学历还是低学历，他们是有工作还是没有工作，他们大多买些什么物品，平均每月花在网上购物的金额有多少，以及购买频次如何等。通常，描述性研究是对既存事实现象的发掘，并不一定会带来规范性的意义。也就是说，描述性研究并没有告诉我们何者为佳，何者较差。想要知道什么样的因导致什么样的果，我们要进行规范性的研究。例如，我们想知道连锁店的加盟主是什么样的人口统计特性（描述性研究），这件事并没有告诉我们具有哪些特性的人容易在加盟创业上成功（因果性研究）。

3. 因果性研究

因果性研究是在寻找变量之间的因果关系的研究。换句话说，它不仅只是指明两个变量之间的关系而已，还进一步指出它们彼此之间的因果关系。不过，因果关系并不是那么容易确定的，实验法通常是被用来作为确定因果关系的一个较佳方法。因果关系告诉我们因和果之间的关系，可以让我们知道"要得什么果，必须种什么因"。所以，因果性研究会告诉我们应该采取何种方式，比较会容易得到我们所要的结果。因此，对我们的行为产生了规范性的指引。它被称为是一种规范性的研究。例如，三明治式的广告是否比其他形式的广告更容易产生较佳的记忆效果呢？女性消费者是否比男性消费者更容易冲动性购买呢？这些都是因果性研究。

3.2.3 消费者研究的步骤

所有的组织都可能会进行消费者研究，因为消费者研究可以提供给该组织的营销人员许多有关消费者行为和决策上的信息。因此，可以作为拟定营销策略的参考与根据。虽然消费者研究往往不可避免，不过营销管理人员面对一个与消费者有关的问题时，若存在着比进行消费者研究更佳的解决方法，他们也就不一定需要进行消费者研究。事实上对于消费者研究，营销管理人员所要做的第一个决策就是是否真的需要进行消费者研究。

消费者研究过程中要确保研究能符合科学的方法，适当的执行步骤（如图3-1所示），这样可以大大提高获得正确无误且有意义研究结果的机会。

1. 界定研究问题与研究目的

消费者研究的第一个步骤就是清楚地界定研究问题与设定研究目的。这些研究问题与目的是由决策者（通常是使用消费者研究结果的人）与消费者研究人员一起达成的共识。这个步骤并没有想象中那么容易，但却是相当的重要，因为这会影响未来整个消费者研究的方向与努力重点。界定错误的研究问题往往会误导未来整个研究的方向与过程。根据研究问题，我们则可以再进一步确定研究所要达到的目的。研究问题可能存在于组织的目标与实际绩效间的差异（如想知道消费者对于新产品的购买反应为何不如预期的可能原因），也可能存在于对于拟定消费者相关策略的信息缺乏（如想要知道谁是红酒的主要消费者或他们的消费习性）。通过对这些造成差异原因和未知信息的了解与搜集来形成进一步的对策或策略，往往是启动消费者研究的主要目的。这些差异可分为负面的差异与正面的差异。负面的差异包括消费者的购买量下降、消费者的忠诚度降低，或是消费者的抱怨增加。

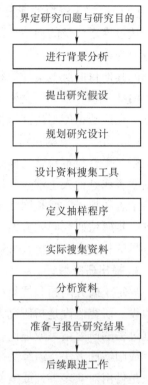

图3-1 消费者研究的步骤

相反，消费者的购买量上升、消费者的忠诚度提高，或是消费者的抱怨减少则是正面的差异。一般来说，我们对于负面的差异都会相当重视，但是，有时正面的差异也相当重要。我们应该探讨正面的差异与负面的差异背后的原因。往往当差异显著时，就隐含着研究问题的存在。

在界定问题时，要特别注意问题本身与问题征兆的不同。例如，感冒是问题，但流鼻涕与咳嗽是征兆。问题解决了，征兆自然消失。因此，对企业而言，消费者的忠诚度降低可能只是一种征兆，真正的问题也许是产品的品质有问题。所以，若只是通过促销或降价来维系消费者的忠诚度，而忽略产品品质的改善，可能只是治标而不是治本。总之，界定消费者研究的问题和研究目的，要求我们仔细去厘清消费者研究问题的本质。

2. 进行背景分析

通常，研究人员在界定粗略的研究问题之后，往往要对该研究问题做一个背景分析。背景分析是指针对个别或是特殊的消费者研究问题，做广泛的背景调查。背景分析对外部顾问或是第一次处理某一特定问题的研究者特别重要。背景分析的主要内容大概包括三部分：问题相关的组织或市场信息、第二手资料以及相关的文献探讨。

（1）问题相关的组织或市场信息

在与问题相关的组织或市场信息方面，研究人员应该知道与该消费者研究有关的公司产品、市场、营销及竞争者的信息，一旦得到这些信息后，研究人员就可以进一步检讨所界定的消费者研究问题与研究目的的适当性。

(2) 第二手资料的搜集与分析

透过界定清楚的消费者研究问题往往可以知道解决该研究问题所需要的数据，数据通常可以分为第一手资料与第二手资料两种。第二手资料是已经存在于某处，但其系针对本研究以外的其他目的所搜集的资料。例如，学术机构所做的研究报告。第二手资料的主要来源有组织内部信息、营销研究公司、广告公司、市场调查公司、贸易协会、商业出版刊物、政府数据、在线数据库与研究机构的报告等。

(3) 相关文献的探讨

第二手资料本身就是属于相关文献的一种。但是，除了过去的实证资料外，相关文献也包括学者或其他人士就这一研究问题的相关理论或观点。例如，发表在学术期刊中的文章、报章杂志的报道，或是网络上的相关信息，都可能提供对该研究问题的看法。这些相关文献在进一步厘清研究问题方面，或是在下一步的形成研究假设方面都有很大的帮助。仔细而完整详尽的相关文献分析，可以提高研究的效率与成功概率，从而避免走许多冤枉路。

3. 提出研究假设

界定了研究问题和搜集相关的第二手资料和文献后，消费者研究人员便要试着去发展研究假设。研究假设是指研究人员对于所要研究问题的猜测或设想答案。研究假设的提出可以根据过去的研究结果或理论，或是根据研究者的合理逻辑推论。推论的方法可以用演绎的方法，或归纳的方法。演绎法是根据命题的发展，运用逻辑的法则来推论出目标的命题。而归纳法是借由对众多事件或案例的观察和记录，来整理和汇总出共同的特质或属性，然后将该结果类推至其他类似的事件或案例，从而获得一般性的结论。发展完善的假设对于设计未来的研究工具，以及引导后续的研究设计与研究进行有很大的帮助。

4. 规划研究设计

第二手资料在背景分析时，对研究人员有很大的帮助。借由这些数据，研究人员可以列出那些尚未获得解答的问题，并决定应该进一步搜集哪些第一手资料来解答这些研究问题。研究设计就是根据研究问题和目的，来决定要搜集哪些资料，如何搜集以及如何分析这些数据。因此，研究设计就是实际进行研究的蓝图。

5. 设计资料搜集工具

在决定了研究设计后，便需要设计数据搜集的工具。一般常见的资料搜集工具包括问卷、个人量表、讨论提纲等。基本上，不论是采用哪种数据搜集工具，我们都必须注意其中所隐含的信度与效度的问题。

6. 定义抽样程序

当研究人员决定了搜集第一手资料的工具后，下一个步骤就是如何去选择一个样本，这就是抽样。抽样的目的就是以样本来代替母体。虽然研究人员可以对所有的研究对象进行普查，但是通常这样会花费很多的精力与经费。因此，可借由抽样以选择样本来推断总体。通常一个抽样计划要回答三个问题：抽谁，如何抽，抽多少。

7. 实际搜集资料

组织可以自行进行数据的搜集，也可委托外部的机构来进行。例如，可委托学术机构、广告公司、专门的消费者研究或营销研究公司进行。如果经由专门从事消费者研究的公司，则付费请他们负责搜集大多数的第一手资料，他们便依照签订的契约，来负责实际访谈与调查的工作。一个典型的消费者研究应从各个地区搜集资料,而且公司的内部人员必须与所委托的消费者研究公司共同工作。资料的搜集包括了许多先前的准备工作。例如,问卷的印制、邮寄工作、访员招募、访员甄选、访员训练,以及工作的分配等。如果使用访员的方式来搜集数据,我们要特别注意访员的训练好坏会直接影响研究的成败。访员的训练则包括如何开场、如何维持样本的兴趣、如何处理特殊事件,以及如何避免对样本产生不当影响等。另外,在实际的数据搜集过程中,对于进程的控制是非常重要的。如果进度落后,则研究人员应该采取适当的补救措施。

8. 分析资料

在搜集完资料后,消费者研究的下一个步骤就是分析资料,分析的目的是为了解释并且从大量的资料中找出结论,以解决所要研究的问题。研究人员往往必须尝试利用一种以上的方法来组织和分析这些数据。分析数据的过程大概包括下列事项:

(1) 数据编码

将问卷的数据转换成数字符码,以便后续的统计分析。

(2) 统计分析

根据研究目的及资料性质,选择适合的统计分析技术或方法来进行统计分析。此部分可借助于计算机标准程序及套装的统计分析软件。

(3) 解释与验证

根据统计分析的结果来验证研究假设、进行统计推论并解释研究发现与结果。同时更应进一步衍伸及推论其管理上的含义,此种含义往往具有营销决策上的指引价值。

9. 准备与报告研究结果

当资料分析完了之后,研究人员必须准备一份报告,并且提供结果与建议给管理当局或营销主管人员,这是整个程序的关键步骤。如果消费者研究人员希望管理当局去执行这些建议,他必须让管理当局明白这些结果是可信的,而且是经过客观地搜集资料与判断得出来的。研究人员通常会被要求必须准备书面与口头报告,而报告内容必须清楚具体。研究人员应先对研究目标做简单的说明,再针对研究设计与方法做个完整、简短的解释,并对主要的研究发现进行摘要报告,最后报告的结论应再次对相关管理者表达研究人员的建议。

10. 后续跟进工作

消费者研究的最后一个步骤就是后续跟进工作,研究人员必须知道以下信息:管理者是否执行,或为何不执行报告上的建议?提供决策的信息是否足够?应再做哪些事情可让报告的内容对管理者更为有用?确认研究建议的执行是落实研究结果的一项重要任务。

3.2.4 消费者研究的道德准则

由于消费者信息对于营销策略的拟定以及建立营销优势相当重要,厂商往往会不择手段地去搜寻信息,如此一来,经常会在有意无意间就违反了研究上的道德。

1. 维护样本的匿名性

研究人员必须确保参与调查研究样本的匿名性,纵使在委托研究的客户要求下,也不容许泄漏其相关的研究资料,这是一项最基本的研究道德。

2. 避免让样本陷入一种心理压力的抉择中

样本可能在接受调查、访问与研究的过程中,会面临一些令他们困窘的状况(如因缺乏相关的知识所面临的挫折感），这些困窘就会形成他们的内在心理压力。因此，当压力是不可避免的时候，研究者应该事前让参与研究的人内心有所准备并允许他们自由地抉择。

3. 避免询问一些与样本自身利益相违背的问题

当样本面临一些与其自身利益相违背的问题时，他们的答案往往会受到扭曲，而使研究的正确性受到影响。这样的问题，事实上是造成了道德标准与正确研究标准上的冲突。例如，询问大学生应否调涨大学学费，或是询问老师是否待遇偏低，往往这样的研究结果很容易产生偏颇。

4. 使用一些特殊设备时必须多加注意

当研究必须使用一些设备来衡量样本内在的一些心理反应时，那么对于这些设备所可能对样本造成的一些潜在伤害必须小心来避免。

5. 当必须有一些其他的研究参与人时，应该先取得样本同意

例如，当我们在秘密观察样本的行为时，除非我们可以确定该研究参与人对样本不会造成任何的伤害，否则我们应该告知样本并取得他们的同意。

6. 当使用欺骗手法是必要时，必须是基于善意的

在研究中，有时不可避免地必须欺骗样本。例如，为了研究的准确性，我们往往有些时候不会告知样本真正的研究目的。就像在广告研究中，我们往往会隐藏真正想要测试的目标广告。但是这种欺骗应该是研究上所必需的，而且不应对研究对象有可能造成任何的伤害才可以接受，否则应该加以避免。

7. 胁迫是不道德的也是不容许的

有些研究会使用胁迫的手段来逼使样本参与研究。例如，很多的电话调查，借由不断地打电话来迫使样本接受访问。但是任何的胁迫手段都是不道德的，同时，也会使研究结果产生严重的偏误。

8. 不可剥夺样本他们自我决定的能力

有些研究会试图用种种方法来改变研究参与样本的判断力，借由使他们失去判断力，来扭曲研究的结果，这样的研究基本上也是不道德的。

本章小结

1. 消费者行为研究应遵循客观性原则、联系性原则和发展性原则；消费者行为研究的理论范式包括理性决策消费行为模式、情感体验消费行为模式、行为主义消费行为模式三种。

2. 消费者行为研究涉及的具体方法通常包括二手资料搜集法、问卷法、观察法、实验法、模型法、访谈法、态度量表法、投射技法等。

3. 消费者行为研究取向呈现出重视理论研究，研究角度趋向多元化，研究参数趋向多样化，研究方法定量化，重视因果关系研究，相关学科交叉、渗透与融合研究，重视现代化研究方法手段应用等诸多特征。

4. 消费者研究又称消费者市场研究，是指在对市场环境（政治、法律、社会、文化、技术等）、人口特征、生活方式、经济水平等基本特征进行研究的基础上，运用各种市场调研技术和方法,对消费群体通过认知、态度、动机、选择、决策、购买、使用等阶段实现自身愿望和需要的研究。消费者研究一般类型划分为探索性研究、描述性研究与因果性研究三种类型。

练习与思考

1. 研究消费者行为的原则有哪些?
2. 研究消费者行为的具体方法有哪些?
3. 了解消费者行为研究的发展趋势。
4. 消费者研究的类型有哪些?
5. 消费者研究的大致步骤是什么?

技能实训:消费者行为与消费者研究

1. 消费者行为研究中,你感兴趣的领域的关键词是:_____
2. 在相关数据库、各大网络平台等,搜索上述内容中确定的关键词,你发现的共性特征有哪些:_____
_____

3. 你对这个模型的理解:_____
_____

4. 若开展类似消费者行为研究的话,你打算怎么做:_____
_____

5. 若以此消费者行为为对象开展研究,你打算采用的研究类型是:_____
_____

6. 你打算进行消费者研究的具体步骤是:_____
_____

7. 你认为在进行该消费者研究的过程中,最大的困难是:_____
_____

8. 你打算如何克服这种困难:_____
_____

扩展阅读

咖啡杯的颜色会影响味道吗?

除了奶油、糖、奶,你知道还有什么东西能改变咖啡的味道吗?答案是:咖啡杯的颜色。

这个答案听上去不科学,但这确实是有依据的,发表于 2014 年 11 月 *Flavour*(《味道》)期刊的一篇文章证实了这一点。这一研究的负责人是澳大利亚联邦大学心理学讲师乔治·范·多尔恩,他做了两个实验来验证咖啡杯的颜色是否会影响到消费者对拿铁咖啡的味道评判。实验中,研究者让受试者分别使用白色、透明以及蓝色咖啡杯喝咖啡,再记录下其对咖啡苦味的感受。实验结果显示,咖啡杯的颜色很大程度上可以影响受试者对咖啡味道的判断:较之透明和蓝色咖啡杯,使用白色咖啡杯的受试者感受到了更低的甜度和更强烈的苦味,而蓝色咖啡杯既能"增强"苦味也能"增强"甜味,会让受试者认为咖啡更浓。

多尔恩表示:"我们的研究证实,咖啡杯的颜色确实能影响人对咖啡的感官体验","这一成果的意义在于,咖啡馆、咖啡师乃至陶器生产商都该正视这一问题,也许杯子的颜色能决定消费者成为常客还是不会再光顾"。

如果利用好颜色对味觉的影响,会获得意想不到的效果。《色随心动》一书的作者莉雅翠丝·艾斯曼称,红色能给人热烈、喜庆、祥和的感觉,黄色能让人感受到温暖与舒适,这两种颜色均能增加食欲,红色和黄色的搭配能让人不知不觉多吃几口。由此看来,"人是视觉动物"一说,也不是没有道理的。

(资料来源:白玉苓. 消费心理学 [M]. 北京:人民邮电出版社,2018:15–16.)

第二篇 消费者决策的形成过程篇

第4章

消费者购买决策概述

学习目标

① 了解消费者购买决策的含义与内容。
② 理解消费者决策的参与角色。
③ 了解消费者购买决策的类型。
④ 了解消费者购买行为的类型。
⑤ 理解消费者购买决策过程。
⑥ 培养理性决策与责任意识。

引导案例

麦肯锡调查：中国新一代务实型消费者

中国消费者的行为方式与发达国家的消费者越来越像，与过去相比，他们越来越挑剔，也越来越实际，他们的视野更加开阔，超越了对产品功能的基本关注。此外，他们越来越愿意为更高的产品价值和质量而花钱，并且花费更多时间研究产品，以及探究产品之间的细微差别。麦肯锡2010年中国消费者调查还发现，中国消费者正在开辟一条独具特色的中国道路。显然，中国提供了一些全球最大的增长机会，但是只有那些能透彻了解和正确应对这个快速演变的市场的消费品生产企业，才能抓住这些机会。

中国消费者仍然注重品牌，但与其他国家的消费者不同，他们对产品价值的关注如此强烈，以至于对品牌的忠诚度往往退居其次。与发达国家的消费者相比，对于中国消费者来说，自己家人的需求或兴趣具有更大的重要性。与其他国家相比，在中国，口碑已成为传播产品信息的一个更重要的来源，这主要归功于快速增长的互联网应用，中国消费者将互联网视为一种可靠的信息来源。

然而，最有意思的是，中国消费者通过在不同的产品门类中进行权衡取舍，来安排自己购物的优先顺序：通过在他们最关心的产品门类上花更多的钱，而减少在其他产品门类上的开支,以使他们的购买力最大化。

此外,中国的市场分布广泛,其规模和范围意味着任何趋势的影响可能都要取决于当地的具体情况,因地而异。在大多数城市群中,总的趋势都保持未变。尽管如此,作为一项关键的购买动因,身份价值对购物者的重要性在上海要比在以武汉为中心的城市群大得多。2008—2010年的调查显示,在武汉城市群中,具有较高身份价值的产品门类销售急剧下降。再比如,深圳是唯一的消费者将电视广告作为一种可靠产品信息来源的偏好超过口碑的主要城市群,这种奇怪的特性可能源于深圳人口中来自其他地区的移民比例很高,他们生活在远离自己大家庭的环境中。此外,深圳的消费者似乎对被其他城市群视为利基渠道的广告形式(如公交车广告和广告牌)有一种特别的偏好。

在中国,没有哪一种方法可以"放之四海而皆准", 因为不同地区、不同收入水平的消费者群体的消费行为模式大相径庭。管理者应该量身打造自己的产品组合,以满足当地消费者的偏好,并按照地域城市群来管理营销工作,从而更有效地迎合中国不断变化的消费环境。

这些趋势证明了中国人消费行为的转变——他们正成长为世界上最复杂的消费者。现在,中国已是仅次于美国的全球第二大经济体,其消费部门可能是所有大国中最健康的。过去,消费品企业可以凭借自己现有的产品进入中国,将其简化为基本功能,然后以低价在全国各地销售,从而搭上以两位数增长的中国消费快车。如今,就像发达市场的消费者一样,中国消费者也会正确评价和要求购买更好的产品。因此,许多努力在中国寻找利基市场的企业,现在可能为自己的产品找到了市场,并吸引到合作伙伴。与此相反,那些依赖低成本、低质量商业模式的企业,可能最终会在权衡决策上失败,它们可能需要转变价值标准。

(资料来源:江林.消费者心理与行为[M].北京:中国人民大学出版社,2011:19.)

4.1 消费者购买决策的含义与分类

4.1.1 消费者购买决策的含义

消费者购买决策是指为了满足特定需求目标,消费者作为决策主体,在购买过程中进行的评价、选择、判断、决定等一系列活动。购买决策在消费者购买活动中占有极为重要的地位。首先,消费者是否进行决策,决定了其购买行为的发生或不发生;其次,决策的内容决定了购买行为的方式、时间和地点;最后,决策的质量决定了购买行为效用的大小。正确的决策可以使消费者以较少的费用、时间买到满意的商品。反之,错误的决策不但会造成时间、金钱上的损失,消费无法得到满足,甚至会导致不同程度的心理挫折,影响以后的购买行为。因此,购买决策在消费者购买行为中居于核心地位。

4.1.2 消费者购买决策类型

购买决策是一个非常复杂的问题,涉及面广、方法多样,可以从不同的角度对购买决策进行分类。

1. 根据消费者在购买决策过程中的介入程度划分

根据消费者在购买决策过程中的介入程度划分为扩展型决策、有限型决策、名义型决策三种类型。

（1）扩展型决策

当消费者对某类产品或对这类产品的具体品牌不熟悉，也未建立起相应的产品与品牌评价标准，更没有将选择范围限定在少数几个品牌上时，消费者面临的就是扩展型决策。它一般是在消费者介入程度较高，品牌间差异程度比较大，而且消费者有较多时间进行斟酌的情况下所做的购买决策。

（2）有限型决策

当消费者对某一产品领域或该领域的各种品牌有了一定程度的了解，或者对产品和品牌的选择建立起了一些基本的评价标准，但还没有形成对某些特定品牌的偏好时，消费者面临的就是有限型决策。它一般是在消费者认为备选品之间的差异不是很大、介入程度不是很高、解决需求问题的时间比较短的情况下所做的购买决策。

（3）名义型决策

当一个消费问题被意识到以后，经内部信息搜集，消费者脑海里马上浮现出某个偏爱的产品或品牌，该产品或品牌随即被选择和购买。这一类型的购买决策叫名义型决策。名义型购买决策可进一步分为忠诚型购买决策和习惯型购买决策两种。

2. 根据购买决策的结果划分

真正的第一障碍是决定购买产品。一旦已经决定购买，就会产生多种不同的结果，可以划分为具体性计划购买、一般性计划购买、非计划购买。

（1）具体性计划购买

具体性计划购买是指进店之前已经决定了所要购买的产品和品牌。经营者通过那些鼓励消费者计划购买产品的广告和其他手段来提高自己的品牌效应和商店忠诚。在产品介入较高时，购买计划更可能生成。产品介入较低时，购买计划也可能生成。店内的因素会影响消费者是否按计划购买产品。例如，商店的布局、设计、限制游览和店内决策的时间压力。那些能改变消费者所选品牌的市场策略也会中断或改变消费者的购买计划，这些策略包括样品、降价、赠品券、购买点展示或其他的促销手段。

（2）一般性计划购买

一般性计划购买是指进店之前已经决定购买某种产品，但到购物时才决定具体品牌。消费者可能计划好他们打算购买的产品，但是他们到商店后或上网后才决定所购买的产品的品牌、具体的式样和尺寸。当快速决策时，消费者通常会购买"所知道的和喜欢的品牌"。降价或具体的样品和包装可能会影响最终所选择的品牌和式样。

（3）非计划购买

非计划购买是指产品和品牌都是在购买时才决定的。研究表明：68%的产品是在大的购物失误时购买的，这些产品都不在计划之内。这些"冲动型"销售经常是在消费者念头多变的情况下发生的，购买点展示、相关产品的价格或者店内的新产品都会促发"冲动型"销售。

3. 根据决策问题的风险性进行划分

根据决策问题的风险性可以划分为确定型决策、风险型决策、不确定型决策3种类型。

(1) 确定型决策

确定型决策是指一个方案只有一种确定的结果，决策时对未来的情况已掌握完整资料，没有不确定的因素。

(2) 风险型决策

由于存在不可控因素，一个方案可能出现几种不同的结果。例如，决策购物方式时，选择托人代购或预付定金订购，都有可能出现几种结果，可能受骗，也可能预付定金但无货，让别人白白占用你的资金等。风险型决策对各种可能的结果，都有概率依据。

(3) 不确定型决策

不确定型决策则没有任何历史资料，不可估测，只能凭消费者的判断和运气来进行决策。

4. 根据决策问题的性质划分

根据决策问题的性质划分为战略决策、策略决策两种类型。

(1) 战略决策

战略决策是指消费者对未来商品购买的长期规划决策。例如，家电未来要向数字化发展，这就必然要考虑在未来几年内应购买什么样的家电产品，这样的决策属于家庭发展战略上的决策。

(2) 策略决策

策略决策是实现战略目标所采用的手段，它比战略决策更具体、更现实，考虑的时间也较短一些。例如，出于家电数字化的考虑，消费者可能会考虑近期用一两个月的薪水购买一台数字电视机。

这里需要指出的是，上述两种决策的区别是相对的，而不是绝对的。

5. 根据购买决策目标的性质划分

根据购买决策目标的性质划分为常规型决策、非常规决策两种类型。

(1) 常规型决策

常规型是指消费者经常或例行的购买决策。这种类型的决策具有重复性，有章可循、有法可依，基本上是有把握解决的例行购买问题。

(2) 非常规决策

非常规决策又称为一次性决策，是指对偶然发生或首次出现的非重复性的商品购买的决策。这种决策对消费者本人而言是无案可稽的。

6. 根据决策的目标要求进行划分

根据决策的目标要求可以划分为最优决策、满意决策两种类型。

(1) 最优决策

消费者总是力求通过决策方案的选择、实施，取得最大效用，使某一方面的需求获得最大限度的满足。按照这一指导思想进行的决策，即为最优决策。这种决策的实质就是要追求理想条件下的最优目标。但事实上，理想条件很难存在，而且，消费者也无须花费大量时间和金钱去追求最优决策，只需要在进行购买决策时，做出相对合理的选择，达到相对满足即可。

(2) 满意决策

满意决策是指在现实条件下，求得相对满意的购买结果的决策。在购买决策中，满意决策比最优决策的实用性更强。

7. 根据决策要求所获得答案数目多少划分

根据决策要求所获得答案数目多少划分为一级决策、多级决策两种类型。

（1）一级决策

消费者所做的购买决策，有些是单一的，有些则是相互关联的、多层次的。一级决策所处理的问题是某一时点的状态或某一时期总的结果，所要求的方案只有一个，达到预定目标后，这个决策就结束了。

（2）多级决策

如果消费者做出的购买决策不是一个，而是相互关联的、一连串的决策，前一项决策直接影响后一项决策，这种决策就是多级决策。例如，购买地毯和购买吸尘器的决策，即为多级决策。当然，这种决策也并非一成不变。

4.2 消费者购买决策理论

4.2.1 认知理论

心理学中认知的概念是指过去感知的事物重现面前的确认过程，认知理论是 20 世纪 90 年代以来较为流行的消费行为理论，认知理论把顾客的消费行为看成一个信息处理过程，顾客从接受商品信息开始直到最后做出购买行为，始终与对信息的加工和处理直接相关。这个对商品信息的处理过程就是消费者接收、存储、加工、使用信息的过程，它包括注意、知觉、表象、记忆、思维等一系列认知过程。顾客认知的形成，是由引起刺激的情景和自己内心的思维过程造成的，同样的刺激，同样的情景，对不同的人往往产生不同的效果。认知理论指导企业必须尽最大努力确保其商品和服务在顾客心目中形成良好的认知。

4.2.2 信息加工理论

信息加工理论不是某一种理论的名称，而是对一类理论的统称。信息加工理论把人看作一个信息处理器，而人的消费行为就是一个信息处理过程，即信息的输入、编码、加工、储存、提取和使用的过程（如图 4-1 所示）。消费者面对大量的商品信息，要对信息进行选择性注意、选择性加工、选择性保持，最后做出购买决定并做出购买行为。这个过程可以用心理学原理解释为：商品信息引起了消费者无意或有意的注意，此时大脑就开始了对所获得的信息的加工处理，这个过程包括知觉、记忆、思维和态度，购买决定就产生了。

图 4-1 购买决策信息加工模式

需要说明的是，信息加工理论的假设前提是"人是理性的"，只有这个前提成立，信息加工理论才能成立。而事实上人是理性和非理性的复合体，其纯粹的理性状态和非理性状态都是非常态，信息加工理论揭示了人的一个侧面，能够解释消费者购买行为的某些种类和某些部分。但是，信息加工理论无法解释消费者的随机性购买和冲动性购买。另外，受教育程度较低和智力较低的消费者的购买行为，其信息加工过程不明显，或者说谈不到什么真正的信息加工。而前边介绍的习惯性购买行为也不存在明显的信息加工过程。对那些受过良好教育的人，面临高卷入的购买行为，同时又有大量的商品信息可以利用时，信息加工理论就能为此时的购买行为提供比较完美的解释。

4.2.3 效用理论

效用概念最早出现于心理学著作中，用来说明人类的行为可由追求快乐、避免痛苦来解释后来这一概念成为西方经济学中的一个基本概念，偏好和收入的相互作用导致人们做出消费选择，而效用则是人们从这种消费选择中获得的愉快或者需要的满足。通俗地说就是一种商品能够给人带来多大程度的快乐和满足。

效用理论把市场中的消费者描绘成"经济人"或理性的决策者，从而给行为学家很多启示：首先，在商品经济条件下，在有限货币与完全竞争的市场中，"效用"是决定消费者追求心理满足和享受欲望最大化的心理活动过程；其次，将消费者的心理活动公式化、数量化，使人们便于理解。但需要指出的是，作为一个活生生的消费者，他有自己的习惯、价值观和知识经验等，受这些因素的限制，他是很难按照效用最大的模式去追求最大效益的。

4.2.4 风险减少理论

风险减少理论认为，消费者在购买活动中，常常会冒着某些风险。因此，每个消费者在实施购买行为时总是努力回避和减少风险，所以，消费者的购买行为是减少风险的行为。

风险减少理论的主要内容包括：

一是消费者在购买商品时，风险程度的大小与购买后造成损失可能性的大小，以及实际造成损失的大小有关，损失越大，风险越大。

二是消费者因购买商品而可能遭受的风险包括金钱风险（含时间风险）、身体风险、功能风险、社会风险和心理风险五类。

三是消费者为了避免风险，在购买决策时总试图采取某些办法来减少风险。例如，搜集商品各种信息、先少量购买试用、选大多数人购买品牌的商品、买过去用过的较为满意的商品、到信誉好的商店购买等。

可见，由于对购买行为的后果不太有把握，消费者在做出购买决策时通常都有不同程度的风险感。尽可能地避免或减少风险，加大安全系数，是人们的一种基本倾向，也是风险减少理论的基本内容。

4.2.5 习惯建立理论

该理论认为，消费者的购买行为实质上是一种习惯建立的过程（如图4-2所示）。习惯建立理论的主要内容包括：

一是对商品的反复使用形成兴趣与喜好。消费者对商品的喜好与兴趣是在反复使用该商品的过程中建立起来的。在排除认知过程作用的情况下，商品信息的长期重复接受和商品的长期使用确实可以导致消费者的喜好乃至兴趣的产生。在日常生活中，反复形成习惯、习惯造成喜好的例子也是很多的。例如，南方人爱吃米，北方人爱吃面，其实是习惯使然。

二是"刺激－反应"的巩固程度。如果消费者经常购买某种商品，就会形成一种习惯，建立起一种稳固的条件反射，当他再次见到该商品或重新产生对该商品的需要时，就会自然而然地再去购买它。而且，"刺激－反应"的强度越大，条件反射建立得越牢固，这种带有某种"定向"性质的购买行为就越容易出现。

三是强化物可以促进习惯性购买行为的形成。根据巴甫洛夫条件反射学说和斯金纳操作条件反射理论，任何新行为的建立和形成都必须使用强化物，而且，只有通过强化物的反复作用，才能使一种新的行为产生、发展、完善和巩固。新的购买行为的建立也一样。因此，在营销过程中及时、适当地使用强化物，能有效地促进消费者的习惯性购买行为。例如，人们之所以愿意购买优质名牌产品，是因为人们在使用过程中，感受到商品质量可靠，以及服务信誉的保障。这里，"质量可靠""信誉保障"就是消费者新购买行为的强化物。

习惯建立理论认为，不论消费者是否了解某商品的有关信息，消费者在内在需要激发和外在商品的刺激下，购买了该商品并在使用过程中感觉不错（正强化），那么他可能会再次购买并使用。如果多次的购买和使用给消费者带来的是愉快的经历，购买、使用和愉快的多次结合，最终在消费者身上形成了固定化反应模式，消费习惯就建立了。每当产生消费需要时，消费者就会想到这种商品，并随之产生相应的购买行为。因此，消费者的购买行为实际上是重复购买并形成习惯的过程，是通过学习逐步建立稳固的条件反射的过程。

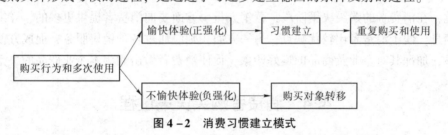

图 4-2　消费习惯建立模式

习惯建立理论能够解释许多现实生活中的消费行为，尤其对那些习惯性消费行为能提供比较满意的解释。在日常生活中每个人都有许多这样的习惯性购买行为存在。例如，很多人对牙膏、香皂、理发服务等都有其固定的消费偏好，而不会轻易选择新的消费对象。这样做可以使人最大限度地节省用于选择的精力投入，同时又避免了不必要的消费风险的发生。当然，习惯建立理论并不能解释所有的消费者购买行为。

4.2.6　象征性社会行为理论

象征性社会行为理论认为任何商品都是社会商品，都具有某种特定的社会含义，特别是某些专业性强的商品，其社会含义更显明显。消费者选择某一品牌的商品，主要依赖于这种品牌的商品与自我概念的一致（相似）性，也就是所谓商品的象征意义。商品作为一种象征，表达了消费者本人或别人的想法。有人曾说："服饰最初只是一个象征性的东西，穿着者试图通过它引起别人的赞誉。"有利于消费者与他人沟通的商品是最可能成为消费者自我象征的商品。

4.3 影响消费者购买决策的因素体系

消费者购买决策的最后确定，除了受消费者自身因素（如需要、动机、个性等）的影响外，还受其他外部因素（如他人态度、预期环境因素、非预期环境因素等）的影响。

1. 他人态度

他人态度是影响购买决策的重要因素之一。例如，一个家庭要买一套住房，往往会受到亲戚、朋友、同事等人的影响，从而改变或放弃原来的决定。他人态度对消费者购买决策的影响程度，取决于他人态度的强度及对他人劝告可接受的程度。

2. 预期环境因素

消费者购买决策要受到产品价格、产品的预期收益、本人的收入等因素的影响，这些因素是消费者可以预测到的，称为预期环境因素。例如，购买住房，要考虑到将来房价的浮动是上涨还是贬值，个人未来的固定工资收入是否有保障以保证贷款月供，或可能有其他渠道的财富增长以提前还款等。

3. 非预期环境因素

消费者在购买决策过程中除了受到以上因素影响外，还受到营销人员态度、广告促销、购买条件等因素的影响，这些因素难以预测到，称为非预期环境因素，它往往与企业营销手段有关。

因此，在消费者的购买决策阶段，营销人员一方面要向消费者提供更多的、详细的有关产品的信息，便于消费者比较优缺点；另一方面，则应通过各种销售服务，促成方便顾客购买的条件，加深其对企业及商品的良好印象，促使消费者做出购买本企业商品的决策。

4.4 消费者购买决策过程

消费者的购买决策是在特定心理机制驱动下，按照一定程序发生的心理与行为活动过程。根据消费者购买决策过程的不同阶段，学者们提出了五阶段模型和七阶段模型（如图4-3所示）。

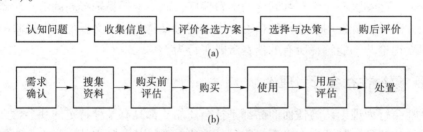

图4-3 消费者购买决策过程模型
（a）五阶段模型；（b）七阶段模型

五阶段模型对消费者购买决策过程做了深入的描述，这对于了解消费者购买行为，进而改变消费者行为有重要意义。七阶段模型对购后的环节进行了扩展，购后行为分成使用、用后评估、处置3部分，强调了对购后行为关注的重要意义。通过大量的消费者行为研究发现,消费者购买产品后习惯对自己的行为进行归因,购买思想比较矛盾、不和谐,对消费者购后的关注和满足对于提高消费者满意度具有独特的价值,对购后行为的关注也是近年来消费者行为研究的热点。

消费者决策过程,实际就是解决问题的过程,是指消费者在购买产品或服务过程中所经历的过程。因所购买的商品、购买的动机、购买的环境不同以及个性的差异,消费者具体购买行为千差万别,有的过程很复杂,要持续相当长的时间;有的过程十分简单,只需很短的时间就能完成。尽管如此,作为一个理性的消费者在购买过程中所表现的行为具有一定的逻辑和规律。现阶段,产品使用和消费体验的重要性被营销人员日益重视,本书认为,在复杂的购买决策中,一般要经过需求确认、信息搜寻、方案评价、购买决策、产品使用和消费体验、购后评价与购后行为6个阶段(如图4-4所示),每个阶段都要做出若干决策。通过理解消费者决策过程形成图,经营者可以发现消费者为何买或不买某种产品的原因,以及怎样做才能使他们购买更多的特定产品,或专门购买某个供应商的产品。

通过消费者决策过程六个阶段的深刻理解,可以指导市场经营者和管理者们制定产品的市场组合、沟通、销售策略。它包括了在决策生成过程中消费者所发生的活动,以及不同的内外部因素是如何相互作用,并影响消费者的想法、评估以及行为的。消费者决策过程显示了人们是如何通过购买和使用各种各样的产品,来解决在每天的日常生活中存在的问题的。

对于消费者决策过程需要说明的有两点:一是消费者购买产品或服务时,在一般情况下,要经历购买决策过程的全部步骤,但并不是所有的消费者决策都会按次序经历这个过程的所有步骤。在有些情况下,消费者可能跳过或颠倒某些阶段,尤其是习惯性的购买行为,由于购买经验极为丰富,因而有了购买欲望后,不需寻找行为方案进行比较,立即就可决策,然后付诸实施。这一决策,从需求确认直接进入购买决策,跳过了信息搜寻和方案评价阶段。二是消费者在决策过程的任何步骤上都可能决定不购买,决策过程就在那个步骤上停止。例如,营业员态度恶劣、不喜欢购物环境等,都会造成购买决策过程的提前中止。

图4-4 消费者购买产品和服务的决策过程

本章小结

1. 消费者购买决策是指为了满足特定需求目标,消费者作为决策主体,在购买过程中进行的评价、选择、判断、决定等一系列活动。购买决策在消费者购买活动中占有极为重要的地位。

2. 购买决策可以从消费者在购买决策过程中的介入程度、决策问题的性质、购买决策目标的性质、决策的目标要求、决策要求所获得答案数目多少、决策问题的风险性等多方面进行分类,在开展实际问题研究的过程中,要具体问题具体分析。

3. 消费者的购买决策理论通常包括认知理论、信息加工理论、效用理论、风险减少理论、习惯建立理论、象征性社会行为理论等。随着社会环境等诸多因素的变化,影响消费者购买决策的因素越来越复杂，相关学科交叉、渗透与融合，购买决策理论也逐渐丰富起来。

4. 消费者决策过程，实际就是解决问题的过程，是指消费者在购买产品或服务过程中所经历的过程。在复杂的购买决策中，一般要经过需求确认、信息搜寻、方案评价、购买决策、产品使用和消费体验、购后评价与购后行为6个阶段，每个阶段都要做出若干决策。

练习与思考

1. 什么是消费者购买决策？
2. 阐述购买决策大致过程。
3. 结合实践，具体说明某一常见的购买决策理论。

技能实训：分析购买决策类型

1. 模拟一次比较重要的购买活动：_____
_____
_____
_____

2. 涉及的具体购买角色：_____
_____
_____
_____

扩展阅读

消费者行为诊断

消费者决策过程重点以消费者决策过程模型为框架，研究消费者如何做出决定。下面是对一个问题的详细分析，可以帮助明确阐述市场诊断的研究，并发展信息交流与市场战略。

第一阶段：需求确认
1. 购买和使用所要满足的需求与动机是什么（也就是消费者寻求何种利益）？
2. 这些需要是否静止或潜在？消费者目前才发现这些需要吗？
3. 在预期的市场细分里，潜在消费者与产品的关系是否密切？

第二阶段：搜寻资料
1. 印象中有关于产品和品牌的什么信息？
2. 消费者是否愿意求助于外部信息来源，以搜寻供选择产品的信息及它们的特点？
3. 搜寻时，最常用的特定信息来源是什么？
4. 搜寻时，意图主要集中在产品的何种特征或属性上？

第三阶段：购买前评估

1. 消费者对可选择方案的评价和比较到何种程度？
2. 评价过程包括了哪些产品和/或品牌？
3. 采用何种产品评价标准（产品属性）来比较不同的候选产品？
(1) 评价中最重要的是哪种属性？
(2) 评价的复杂程度（也就是说，是否以单一标准代替复合标准）如何？
4. 对每种候选产品的评估结果是什么？
(1) 认为每种产品的哪些特征和属性是真实的？
(2) 它们在重要性方面是否有很大差别，或者它们看起来本质上是否相同？
5. 在做最佳选择时用的是什么决策标准？

第四阶段：购买
1. 消费者是否会花费大量时间和精力，直到找到最满意的产品为止？
2. 找到最佳产品是否需要附加决策过程？
3. 最好的购买模式是什么（也就是说是在零售商店，在家中，或其他方式)？

第五阶段：使用
1. 消费者如何使用产品？
(1) 是否有专用目的？
(2) 是否按产品/维护说明使用？
(3) 是否对产品没有设计好的方面进行改进？
2. 其他产品如何与本产品连接？
3. 不用时产品如何存放？
4. 正常的使用频率和使用期限是多久？
5. 在购买后，消费发生在何时何地？
6. 家庭成员、同等地位的人和消费中涉及的其他人如何使用？

第六阶段：用后评价
1. 刚用过其他供选择产品或服务的消费者表达了何种程度的满意或不满？
2. 满意或不满意的原因是什么？
3. 是否把自己的满意或不满意告诉了别人以帮助他们购物？
4. 消费者是否因为不满意要求过赔偿？
5. 是否有购买其他供选择产品的倾向？
(1) 如果没有，为什么？
(2) 如果有，其意图是否反映了品牌忠诚度或惯性？

第七阶段：处置
1. 消费者何时扔掉产品？
(1) 在产品完全消费或使用后？
(2) 在消费者厌倦它时？
(3) 在出现更好的替代品时？
2. 消费者如何处理产品？
(1) 消费者是否把产品扔在家里或别的什么地方？

(2) 消费者是否对产品进行回收或再卖掉它？

(3) 消费者是否把产品捐赠给非营利机构或送给朋友？

3. 消费者如何处理产品的包装？

4. 在处理产品时是否考虑到对环境的保护？

(资料来源：罗格·D. 布莱克韦尔，保罗·W. 米尼德，詹姆斯·F. 恩格尔. 消费者行为学 [M]. 徐海，朱红祥，于涛，译. 北京：机械工业出版社，2003：72.)

第5章

消费者购买决策过程

学习目标

①理解消费者购买前过程：需求确认、搜集和评估。
②理解消费者购买中过程：购买。
③理解消费者购后过程：产品使用与体验、购后评价与行为。
④培养全面分析与决策能力。

引导案例

小张购买冰箱的心路历程

小张大学毕业后到风景如画的天府之国成都工作，不久，便建立了家庭。夫妻俩，一个在研究所搞研究工作，一个在机关供职，由于两人工作都很忙，不可能为一日三餐花很多时间。另外，两人吃得不多可常常做的饭不少，炎夏之时，剩饭剩菜不得不经常倒掉。后来，两人不堪长期如此，便合计着准备买一台电冰箱。为此，他们到处打听行情，并跑了好几家商店，掌握了大量的有关信息，并对各种信息进行了分析、比较、综合和归纳，最后决定买海尔集团生产的海尔牌电冰箱。他们为什么要买"海尔"呢？据小张讲，他是青岛生、青岛长的青岛人，大学毕业后，远离家乡、亲人，常怀着无限思念，对家乡的人、物就有了特殊的感情。买台"海尔"冰箱也算是对这种思念与感情的补偿。同时，"海尔"冰箱是全国的名牌，物美价廉。

小张在浓重的感情支配下决定了购买"海尔"冰箱，并立即行动起来。他们先去了离家较近的几家商店了解销售服务情况，并选中了一家能提供送货服务的大型零售商店，高高兴兴地买回一台双门"海尔"冰箱。

从小张购买电冰箱的过程中，我们可以看出他的心理活动经过了这样一个流程：首先，对"海尔"冰箱有一定的了解；其次，由于"海尔"是青岛产的，有一种天然的家乡情感；最后，通过大脑的指令，把确定的购买目标付诸实施，购买了"海尔"冰箱。

小张这样购买家乡商品的情感，对全世界的消费者来说，都有其共性。据报道，英国消费者宁可购买较贵的本国产品，也不购买质量相同、价格较低的外国产品，有的甚至从不购买外国产品，并将这种消费行为叫作道德消费。

（资料来源：王官诚，汤晖，万宏. 消费心理学 [M]. 北京：电子工业出版社，2013：24.）

5.1 需求确认

需求确认是消费者决策过程的第一阶段。所有商品和服务的未来最终都取决于消费者是否认为这些商品满足了他们的消费需要。这种需求确认引领消费者决定他们要买什么和消费什么。需求确认就是发觉对事件的渴望状态和足以引起并激发决策的现实状态之间的区别。需求确认取决于现实状态（消费者的目前情况）和渴望状态（消费者想要进入的状态）之间的矛盾有多大。当这种矛盾达到或超过了某一特定的界限，就会产生需求（如图5-1所示）。例如，某一消费者现在感到饿了（现实状态），并且想要消除这种感觉（渴望状态），当这两种状态之间的矛盾达到足够大时就会产生需求确认。但是，如果这种状态处于界限以下，需求确认就不会出现。因此，当现实或渴望状态发生改变，使得两者明显不一致时，需求确认就会出现。

任何购买决策的出发点都是消费者的需求（或问题），当一个人的理想和现实存在差距时，就会产生需求确认。只有当消费者相信一件产品解决问题的能力比它本身的价值更大时，才会做出购买决定。

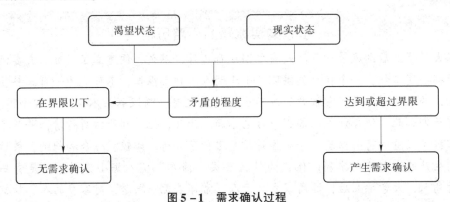

图5-1 需求确认过程

1. 理解需求确认的实际意义

需求确认的出现是由于一些不受公司控制的原因。尽管如此，对商业来说，影响人们的需求确认是可能的。刺激需求确认通常是重要的商业目的，如果忽略这一目的，对个别公司和整个商业都会有不利的影响。

了解需求确认的一个潜在利益是可能为企业提供一个商业契机。认识到现有的市场细分未能满足人们的需求（如现实状态实质上达不到人们的需求状态），就为企业提供了新的销售机遇。

2. 刺激消费者需求的因素

刺激消费者产生新需求的一种方法是改变他们的渴望状态。市场营销者应注意识别引起消费者某种需要和兴趣的环境,并充分注意了解那些与本企业的产品有关联的实际或潜在的驱使力。同时,消费者对某种产品的需求强度,会随着时间的推移而变动,并且容易被一些诱因所触发。在此基础上,企业还要善于安排诱因,促使消费者对企业产品产生强烈的需求,并立即采取购买行动。影响消费者需求确认的因素有很多,通常包括情况的变化、产品的获得、产品的消费、市场营销活动等。

（1）环境的变化

环境的变化主要包括生活环境的变化和经济环境的变化。环境的变化不仅影响期望状态,也影响实际状态,从而激活需求。例如,年底获得的15万元奖金可以刺激消费者购买轿车的需求。

（2）目前的消费状况

经常消费的生活用品消费（使用）以后又产生新的需求,例如,用完牙膏以后就得重新购买牙膏。

（3）相关产品的获得

获得（购买）某一产品可以引起或激活相关产品的需求。例如,家具的购买可以刺激对壁纸、油漆等相关产品的需求。

（4）市场营销活动的刺激

虽然市场营销活动不能创造出消费者的需要,但是可以刺激费者的需要,激活欲望。也就是说,企业的市场营销活动可以刺激消者没有知觉的需求,从而向消费者提供知觉新需求的机会。

5.2 信息搜寻

信息搜寻是消费者决策过程的第二阶段。一般来讲,引起的需要不会马上就能满足。因为除非消费者对所购商品的特性、品牌、价格、销售地点等信息已经十分清楚,否则消费者需要通过广泛收集可靠、有效的产品及相关信息,了解市场上的产品及其特性,才能更好地对各种备选产品做广泛而深入的评价、比较。

5.2.1 信息搜寻的方法

1. 根据获得信息的时间层面划分

从记忆中提取信息是指消费者对记忆中原有信息的回忆过程。这种提取信息的方法,很大程度是来自以前购买商品的经验。例如,消费者在购买饮料时,便会从他喝过的饮料的记忆中,回忆起哪种好喝、口感好,哪种不好喝,并依此做出购买决策。因此,对许多习惯性、重复性的购买决策,使用储藏在记忆中的、过去获得的经验和信息就足够用了。

外部即时信息的利用是指如果内部信息不足以支持消费者做出购买决策,消费者便会从外部各种渠道广泛搜寻所需信息。

2. 根据信息来源层面划分

人际来源主要包括家人、朋友、同学、同事、同龄人、邻居、熟人等。这方面来源的信息，对消费者的购买决策影响很大。

商业来源主要包括广告、推销员、经销商、展示会等。这方面来源的信息量最大。

公共来源包括大众传播媒体。例如，广播、电视、报纸、杂志、消费者组织、专家学者等。这方面来源的信息极具客观性和权威性。

经验来源主要指消费者自身购买和使用商品的经验及对产品的认知等。这方面来源的信息，对决策初期和最后是否做出购买决策具有决定性。

这些信息来源的相对丰富程度与影响程度随产品类别与购买者特征的不同而各异。一般说来，消费者收集的产品信息主要是来自商业来源，即市场营销人员所能控制的来源。而最有效的信息则出自人际来源。另外，每类信息来源对购买决策有着不同作用的影响。商业来源一般是具有告知作用，人际来源则具有认定或评价作用。例如，医生通常是从商业来源处了解到新药的信息，而从其他医生那里获得对其评价的信息。

5.2.2 影响消费者信息搜寻范围的因素

消费者信息搜寻的范围通常受到消费者对购物风险的预期、消费者对商品或服务的认知、消费者对商品或服务感兴趣的程度等方面因素的影响。

1. 消费者对购物风险的预期

人们在购买商品的时候，都会或多或少地感知到风险。一般地说，随着对购买风险预期的增加，消费者会扩大搜寻范围，并考虑更多的可供选择的品牌。例如，消费者要买一处商品房，由于价格较高，所以这是一项风险较高的决策。为了降低风险，他开始广泛地搜寻有关商品房的信息，包括房子的质量、结构、位置、交通状况、周边环境、物业管理费用、开发商的信誉等方面的信息，可能会花费更多的时间查找资料。相反，如果购买商品的风险小，就不会花费这么大的精力。例如，你在选择合适的厨房用具上就不太可能付出这样大的努力。但是，对于同一类产品，由于消费者的个性不同，对风险的预期心理也不同。因此，对信息的搜寻范围和搜寻的努力程度也应不相同。例如，与那些风险预期较低的人相比，那些风险预期较高的人会在信息搜寻方面付出更多的努力，并参看大量的不同类型的信息源。

2. 消费者对商品或服务的认知

如果消费者对潜在的购买了解得很多，他就不再需要另外搜寻更多的信息。而且，消费者了解得越多，他搜寻的效率就越高，从而花费的搜寻时间就越少。另外，一个有信心的消费者不仅对产品有足够的信心，而且对做出正确的决策也感到非常自信，而缺乏这种自信心的人甚至在对产品已经了解了很多的时候也会继续进行信息搜寻。有先前购买某种商品经验的消费者与没有经验的消费者相比，对风险的预期较低。因此，他们会减少信息搜寻的时间。

3. 消费者对商品或服务感兴趣的程度

信息搜寻的范围与消费者对某产品感兴趣的程度成正相关。一般来说，消费者对某一商品或服务越感兴趣，关注它的程度就越高，就会花费更多时间搜寻有关它的信息。例如，假如你是一个网球运动爱好者，为了购买一个新的球拍，你可能更愿意向专业人士讨教，并花费比其他购买者更多的时间和精力选择适合你的球拍。

4. 情境因素

情境在消费者选择过程中起着非常重要的作用。例如，当我们很累或者匆匆忙忙时，选择过程与我们时间充裕、精力充沛时会有很大不同。

5.2.3 消费者信息搜寻的数量决定

这个问题的回答是"视情况而定"。有时候我们为了一个未做的决定付出相当多的时间和精力。以买房子为例，在我们一生中，很少有决定会比购买房子付出更多的努力去搜寻信息。相比于买房，其他决定都容易得多。回想一下你最近去商店购物。如果你和大多数购物者一样，那么你花在决定购买哪件商品上的时间可以以秒计？消费者很少有耐心定位他们需要什么。

为什么我们对有些商品的搜寻付出了很多，而对另一些商品就不是呢？根据代价和利润对比的观点，当信息可带来的已知利益大于获取信息付出的代价时，人们就会搜寻和决策有关的信息。主要的利益是做出更好的购物决定，花费的时间和精力代表付出的代价，消费者会不断搜寻直到利益不再超过代价。搜寻的代价直接随着信息获取的容易程度不同而不同。很容易搜寻的话，消费者就会进行更多的搜寻。当消费者认识到产品之间的显著不同，但又无法确定哪个产品最好时，搜寻就更加必要。

5.2.4 信息的加工处理

当一个消费者通过外部搜寻得到资料后，就开始处理这些信息。通常所涉及的步骤包括：

1. 展露

首先，产品信息与销售服务必须到达客户。之后就会激发消费意识，从而也就开始了消费决策过程的起始阶段。

2. 注意

考虑是否给现有的信息分配信息处理能力。和产品相关的信息与内容越多，将越会引起人们的注意。

3. 理解

当有关产品的信息吸引了消费者的意图时，该信息就会被进一步分类，并储存在记忆中。经营者期望着消费者能够准确地理解产品信息。

4. 接受

消费者理解产品信息后，可以选择接受该产品，也可以选择放弃（通常的结果）。产品信息的目标是更正或更改产品在人们心目中的现有形象。但是，在这之前，该信息必须被接受，那么至少也就会有一些机会让消费者购买该产品。

5. 保持

说服者的目的就是让新产品信息被消费者接受，而且储存在记忆中，以便以后购买时需要。为了引起人们的注意，产品信息往往铺天盖地，每个人都会面对一大堆广告，但是，他们只会对其中的很少部分去理解、接受或者保持记忆。

5.3 方案评价

5.3.1 购买评价与选择过程

方案评价是消费者决策过程的第三阶段。消费者在收集到足够的产品信息之后，会对这些信息进行认真的分析、对比和评价，提出若干个购买备选方案，并依据一定的评价标准，按照标准的重要程度对所考虑的备选产品进行评价，然后基于自己确定决策的原则做出最终选择，以选定最满意的产品（如图5-2所示）。

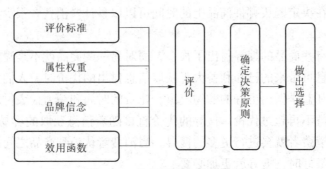

图5-2 购买评价与选择过程

大量的研究都假定消费者是理性决策者，而且有清晰、稳定的偏好。同时，消费者还被假定有能力使选择效用最大化，并在此基础上进行选择，这被称为理性选择理论。理性选择理论的目的，是识别和发现最优的选择。决策者只需要搜寻备选方案的属性：表现水平的信息，把先前存在的价值赋予到各个属性水平，然后运用适当的选择规则，找出较优的备选方案。实际上，消费者理性是有限的，他们只具有有限的信息能力。作为消费者，我们每个人都做过大量的消费选择，深知我们的选择通常是循环的、情感化的、不完全的，而且基于方便而不追求最优，消费者对许多消费决策都没有做出严格的理性抉择，相反，他们只是使用了适合当前情境的决策过程。也就是说，如果一位消费者比较品牌A和品牌B，他可能会偏好品牌A。但是，如果品牌C被加入激活域中，消费者的偏好很可能会转移到品牌B。应当指出，不同的购买决策类型与备选方案评价的多少直接相关。

5.3.2 消费者评价方案所涉及的问题

消费者对所收集的有关待购产品信息进行分析、整理、比较，一般会涉及评价标准、属性权重、品牌信念、效用函数四个问题。

1. 评价标准

产品的评价大都是建立在自觉和理性基础之上的，以消费者自己的评价标准为基础的。评价标准实际上是消费者在选择备选商品时所考虑的产品属性，即产品能够满足消费者需要的特性。这些属性通常与消费者所追求的利益、所付出的代价直接相关，消费者所感兴趣的属性会随产品的不同而各异。例如，汽车的安全性、舒适性、耗油性等；手机的式样、功能、信息接受能力等，都是消费者感兴趣的产品属性。但消费者不一定将产品的所有属性都视为同等重要。另外,评价标准会因消费价值观念和实际需要的差异而有所不同。常见的评价标准有:价格水平、时尚和流行程度、产品外观和造型、产品结实耐用程度、产品个性化程度、产品质量及安全可靠性、品牌及厂家知名度、售后服务和保障等。一般来讲,简单的产品(如毛巾、香皂、牙刷等)的评价标准数量相对较少,复杂的产品涉及的评价标准项目较多。市场营销者应分析本企业产品应具备哪些属性,以及不同类型的消费者分别对哪些属性感兴趣,以便进行市场细分,对不同需求的消费者应提供具有不同属性的产品,既满足消费者的需求,又最大限度地降低因生产不必要的属性所造成的资金、劳动力和时间的耗费。

2. 属性权重

属性权重即消费者对产品有关属性所赋予的不同的重要性权数。消费者在考虑产品属性时首先想到的属性称为产品的特色属性。但特色属性不一定是最重要的属性。在非特色属性中,有些可能被消费者遗忘,而一旦被提醒,消费者就会认识到它的重要性。市场营销者应更多地关心属性权重,而不是属性特色。

3. 品牌信念

品牌信念即消费者对某品牌优劣程度的总的看法。由于消费者个人经验、选择性注意、选择性曲解以及选择性记忆的影响,其品牌信念可能与产品的真实属性并不一致。

4. 效用函数

效用函数用来描述消费者所期望的产品满足感随产品属性的不同而有所变化的函数关系。它与品牌信念不同,品牌信念是指消费者对某品牌的某一属性已达到何种水平的评价,而效用函数则表明消费者对该品牌每一属性的效用功能应当达到何种水平的要求。

通过下面的流程图和洗衣机的选购例子来了解商品选择和评价的主要步骤(如图5-3所示)。

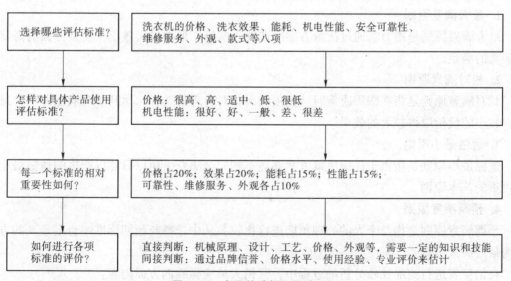

图5-3 商品的选择和评价过程

5.3.3 影响消费者评价方案的主要因素

对于特定的购买问题,消费者是否做大量的评价、比较,取决于消费者的购买介入程度、各种备选产品或备选品牌的差异程度、购买时的时间压力3个方面。

1. 消费者的购买介入程度

介入程度是指消费者对购买或购买对象的重视程度、关心程度。对于不同产品的购买,对同一产品在不同情形下的购买,消费者的介入程度是不同的。例如,购买汽车、房屋等大宗商品时,消费者的介入程度明显比购买日常用品等产品要高。对同一种产品的购买,例如化妆品的购买,在作为礼品送给朋友时和供自己使用时,所花的时间和投入的精力可能存在很大差别。购买介入程度越高,消费者在信息的收集、产品评价与选择上投入和花费的精力也越多。

2. 各种备选产品或备选品牌的差异程度

如果购买者认为不同产品或品牌在品质、功能、价格等方面差异比较大,就会更倾向于对各种品牌进行认真比较;反之,购买者就会减少在这方面的投入量。

3. 购买时的时间压力

在极为紧迫的情况下,消费者花很多时间在购买过程中既不明智也不可能。例如,汽车因轮胎故障而中途抛锚,此时,只要遇到轮胎出售,哪怕价钱贵一些,司机也会不假思索地购买。但如果在平时购置轮胎备用,决策过程很可能更为复杂,购买决策时所花的时间更多。

5.3.4 消费者评价方案的原则

消费者评价方案的原则不是唯一的,通常是根据产品和市场情况选择适当的原则。具体来讲,消费者在实际购买过程中可采用的评价原则主要有以下几种:

1. 最大满意原则

最大满意原则是指力求通过决策方案的选择、实施,取得最大效用,使某方面的需要获得最大的满足。

2. 相对满意原则

相对满意原则是指在购买决策时,只须做出相对合理的选择,达到相对满意即可,最终能以较小的代价取得较大的效果。

3. 遗憾最小原则

遗憾最小原则是指由于任何决策方案都达不到完全满意,所以只能以产生的遗憾最小作为决策的基本原则。

4. 预期满意原则

预期满意原则是指与个人的心理预期进行比较,从中选择与预期标准吻合度最高的方案作为最终决策方案。

在消费者进行商品比较分析的过程中,营销人员应做到四方面内容:
①向消费者提供或建议评选标准。
②突出本企业品牌在评选标准上的优点。

③针对不同消费者的决定性评审标准，设计出投其所好的语言，并对消费者所重视的属性予以强调，以影响其评审决策。

④通过"比较性广告"，设法改变消费者对竞争产品的信念，或设法改变其"理想产品"的标准，说服消费者接受他们推荐的产品。

5.3.5 评价方法

消费者在选择评价决策方案时，可以采取以下几种方法：

1. 以理想品牌为参照系

每个消费者的心目中都有对某一商品的理想品牌的印象。消费者可以用心目中的理想品牌同实际品牌进行比较，实际品牌越接近理想品牌，就越容易被消费者所接受。例如，消费者可先给自己心目中的理想品牌打分，然后再给实际品牌打分，比较差距的大小，差距越小，消费者对实际品牌的满意程度越高，选择该种决策方案的可能性就越大；相反，差距越大，消费者对实际品牌的满意程度越低，消费者也就不可能选择该种品牌商品。

2. 制定一个最低下限

这是消费者对商品的多种属性关联考虑，然后为商品的各种属性规定一个最低可接受的水平，只有所有的属性都达到了规定的水平时，该商品才可以考虑，而对于没有达到这一可接受水平的其他牌号的商品则不予考虑。运用这一方法，就排除了某些不必要信息的干扰，减少了处理信息的数量和规模。但是，这种决策方法可能会导致所剩品牌方案不止一个。因此，消费者还需要借助其他方法做进一步的筛选。

3. 采用单一评估标准

这种方法是与上一种对商品的多种属性关联考虑正好相反的方法。该种方法是指消费者只用一个单一的评估标准来选择商品，也就是说，消费者看准商品的一种主要的属性去评价他所考虑的几个品牌的商品，并根据这一标准从中选出一个最符合他需要的那个商品或方案。

4. 排除法

排除法的核心是逐步排除，减少备选方案。使用这种方法时，首先要排除那些不具备所规定的评估标准的最低可接受水平的商品或方案；然后消费者再制定出不同的衡量标准，用这些标准再不断地排除下去，直到最后剩下一个商品和方案为止；最后这个方案或商品是消费者满意或比较满意的。

5. 排序法

这种方法类似于编辑词典时所采用的词条排序法，又叫"词典编辑法"。使用这种方法时，首先将产品的一些属性按照自己认为的重要性程度，从高到低排出顺序，然后再按顺序选择最优的商品和方案。具体方法是，消费者根据排序中的第一重要属性对各种备选品牌进行比较，如果在比较的过程中出现了两个以上的品牌，消费者还必须根据第二重要属性，甚至第三重要属性、第四重要属性比较下去，直到最后剩下一个品牌为止。

选择评价方案是消费者购物前的活动，是影响消费者实现购买行为的重要因素，是进行购买决策的基础。因此，营销者要善于运用广告宣传、商品展览、柜台服务等多种促销手段，为消费者提供更多信息和方便，积极诱导并帮助消费者进行选择、评价，以便做出购买决策。

5.4 购买决策

5.4.1 消费者决策的参与角色

1978年，美国著名学者、诺贝尔经济学奖获得者西蒙认为，决策贯穿于管理的全过程，管理就是决策。这一理念引用到对消费者购买行为过程的分析，可以说消费者的购物过程，就是进行决策的过程，没有决策就没有消费者的购买行为。决策是消费者购物活动中的关键环节，在消费者的购买行为中居核心地位，是影响企业营销活动的基本要素。消费者是进行消费的实体，根据消费过程可将消费者划分为狭义的消费者和广义的消费者。狭义的消费者通常是指直接进行购买行为的实体。然而，在现实生活中，参与消费者决策过程的不仅仅是购买者本身，还包括其他一些角色，识别或区分决策过程中的不同参与者是有重要意义的。

在消费活动中，对于某些产品的购买者确认是比较容易的。例如，女士通常购买自己使用的化妆品，男士购买自己常吸的香烟。但在很多情况下产品或服务的购买者与使用者不是同一个人。以家庭日常生活用品的购买为例，产品通常由家庭主妇购买，而且购买决策在很多情况下并不是由一个人单独做出的，而是有其他成员的参与，是一种群体决策的过程。例如，家庭按摩器购买活动中，可能首先是孩子的爷爷提出要给奶奶买一台按摩器，然后由亲戚推荐某种品牌，再由孩子的母亲决定下个星期去商场购买，最后由孩子的父亲去选择、付款，买回来之后由奶奶使用按摩器。

一般来说，购买决策过程中会涉及五种参与角色：
①倡议者，首先提议购买某种产品或服务的人。
②影响者，其观点或建议对决策产生影响的人。
③决策者，有权决定购买决策的某个方面（如是否购买、购买什么、如何购买、何处购买等）的人。
④购买者，实际进行购买的人。
⑤使用者，实际消费或使用所购产品或服务的人。

上述五种角色相辅相成，共同促成了购买行为。这五种参与角色中，在许多情况下，倡议者与使用者会为同一人，但倡议者所提供的信息与建议不一定总被采纳，这取决于倡议者在购买活动中的影响力。影响者会对在购买活动中所接触到的信息做出分析处理，是其他参与人做出决定的重要依据。相对于其他参与人，实际购买者往往会比较熟悉这类产品，也会承担信息收集的任务。

了解不同成员在购买活动中扮演的角色，有助于市场营销人员区分不同的角色，并判断某种角色在决策过程中的影响力，既能抓住重点，又能有所兼顾，有助于市场营销员妥当地安排营销计划与开展营销活动。例如，市场营销人员应该清楚地确认出在房屋购买决策中的参与角色，从而更好地进行小区环境和房屋的设计、广告词的确定及促销预算的分配等。例如，购买汽车的决策者和购买者是夫妻双方，所做的广告面向夫妻双方，而孩子和老人是汽车购买的影响者，扮演着施加压力的角色，汽车生产商应对他们的态度和意见予以重视。

5.4.2 消费者购买决策的内容

购买决策是消费者决策过程的第四阶段。消费者的购买行为是一个看似简单实为复杂的过程，消费者在进行购买决策时，通常都离不开 5 个 W 和 2 个 H。

1. 由谁购买（who）？

即确定购买主体。在购买过程中，消费者扮演的角色有所不同，有人充当决策者，有人具体实施购买，有人则是商品的使用者。

2. 为什么购买（why）？

即确定购买动机。消费者的购买动机是多种多样的。

3. 购买什么（what）？

即确定购买对象及具体的内容，包括商品的名称、品牌、款式、规格和价格。这是决策的核心和首要问题。

4. 购买多少（how much）？

即确定购买数量。购买数量一般取决于实际需要、支付能力及市场的供应情况等多方面因素。

5. 何时购买（when）？

即确定购买时间。购买时间与主导购买动机的迫切性有关。在消费者的多种动机中，往往由需要强度高的动机来决定购买时间的先后缓急；同时，购买时间也和市场供应状况、营业时间、交通情况和可供消费者支配的空闲时间有关。

6. 何地购买（where）？

即确定购买地点。购买地点是由多种因素决定的，它既和消费者的购买习惯有关，也和消费者不同的购买动机有关。

7. 如何购买（how）？

即确定购买方式。现代社会购买方式多种多样，可以选择现金支付或分期付款方式，也可以直接到商店购买或间接邮购。近些年网上购物成为一种潮流，对人们的生活产生了重要的影响。利用网络，人们在家中或办公室，只需很短的时间就可以完成购买。

5.5 产品使用和消费体验

消费是指消费者对所购商品进行使用，并通过产品使用获得消费体验。产品使用和消费体验是消费者决策过程的第五阶段。顾客在购买所需商品或服务之后，使用或消费所买来的产品以满足需要。有时候，这是一个较长久的过程，例如，家电、家具等商品；有时只是一个直接消耗行为，例如，喝饮料、看演出等。

使用者和非使用者这两术语经常用来区分那些使用商品和不使用商品的人群（如图 5-4 所示）。成为使用者和非使用者的人群数量对商业来说是很重要的。产品当前使用者的数量直接反映了公司的市场吸引力。一般来说，市场越大（使用者数量增加），它的引吸力越大。非使用者市场细分的数量代表了未来发展的机会。当市场只有很少的非使用者时，为增加销售额，将非使用者转变成使用者不会起到很好的效果。但是当非使用者数量增加时，来自他们的潜在效果也在加强。要理解消费行为不能只是简单地区分谁是使用者和谁不是使用者，还需要对使用者进行具体研究，通常需要考察使用者的消费行为何时发生、何地发生，产品如何消费、消费多少等方面。

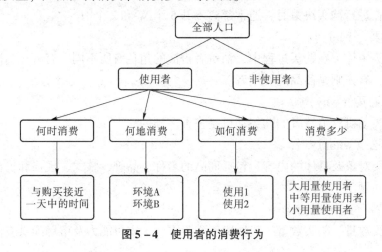

图 5-4 使用者的消费行为

1. 消费行为何时发生

消费者使用产品时就涉及了消费行为的一个基本特征。在很多情况下，购买和消费是接连发生的，即在购买产品时，已经确定了何时消费它。购买音乐会或运动活动的门票、在餐馆吃饭和在当地洗车店洗车都属于这种情况。而有时，购买时不能明确知道要何时消费所购买的产品。在你决定消费上次旅行时在当地杂货店所购买的食物之前，它们会一直被搁在货架上或冰箱里。

当消费决策的制定独立于以前的购买决策时，例如，当消费者正在选择满足自己胃口的商品时，对公司而言，努力鼓励消费要比努力鼓励购买更为值得。食品制造商发现很多消费者在购买食品后很长时间才消费这些食品。有时根据消费何时发生来细分市场是很有益的。

2. 消费行为何地发生

理解消费行为在何地发生也是很有用的。例如，啤酒的销售对在家里消费还是在外面消费非常敏感。家庭内的啤酒消费占据了国产啤酒销售的绝大部分。相反，外面的（酒吧和餐馆里）啤酒消费占据了进口啤酒销售的绝大部分，很多人相信在外面的消费过程中喝进口啤酒可以赢得更好的社会形象。

3. 产品如何消费

不同的人群可能会购买同一商品，但是他们消费的方式却不相同。例如，有时牛肉是作为与其他产品的混合料。有时，它可以作为一个单独的辅菜。所购买的牛肉品牌通常取决于如何使用它。当消费者将它作为一道辅菜时，他们可能会购买知名品牌的牛肉，尽管这些牛肉较为昂贵。然而，如果将牛肉作为混合料，消费者会选择一些相对便宜的牛肉。

4. 产品消费多少

消费量的不同为细分消费者市场提供了一个基础，这一细分形式称作使用量细分，将消费者分为大用量使用者、中等用量使用者和小用量使用者3个细分市场。大用量使用者具有最高的产品消费水平。小用量使用者只消费很小一部分的产品。中等用量的使用者处于这两个极端之间。大用量使用者是最主要的目标市场,在很多情况下,对大用量使用者销售所获得的潜在利益要超过从另外两者销售获得的利益。改变消费量是一个重要的商业内容。那些对消费者福利感兴趣的人经常会发现他们自己正在努力改变消费量。

5.6 购后评价与购后行为

购后评价与购后行为是消费者决策过程的第六阶段。消费者决策过程并不随着购买过程的结束而结束。在使用了产品和服务后,消费者会将其实际表现水平同期望水平进行比较,并体会到满意或不满意,进而影响以后的购买行为。

5.6.1 消费者让渡价值

著名营销专家菲利普·科特勒以"消费者让渡价值"(customer delivered value)概念,把消费者购买过程高度程式化,并使之成为营销学的基础理论。他指出"消费者让渡价值"是消费者获得的总价值与消费者获得这些总价值支付的总成本的差额。简言之,消费者让渡价值是指消费者总价值与消费者总成本的差额(如图5-5所示)。

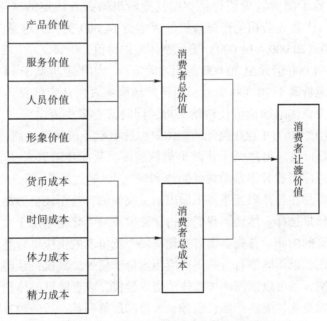

图 5-5　消费者让渡价值及其构成要素

可以用案例来解释消费者让渡价值。一位来自农场的购买者想要购买一台拖拉机,他计划从 A 公司或 B 公司选择购买。推销员将各自产品的供应情况详细地介绍给购买者。

这时购买者的心目中已经有了有关拖拉机特定用途的概念,亦即用拖拉机来进行搬运工作,他希望拖拉机具有某种程度的可靠性、耐久性和良好的工作状况。假定他对两家公司的拖拉机进行评估后认为 A 公司的产品因为具有可靠性、耐久性和良好的运行状况,所以是一种高价值的产品;而且还断定 A 公司能提供较好的服务;他还认为:A 公司的人员具有更高的知识水平和更强的责任感；最后，他为 A 公司的企业形象赋予了较高价值。他是从四个要素来增加其所有价值的，即产品、服务、人员和形象，而且认为 A 公司能提供更大的消费者总价值。

那么，他是否会购买 A 公司的产品呢？不一定。他同样也要比较 A 公司与 B 公司交易之间的消费者总成本。消费者总成本所涵盖的内容远不止货币成本，正如亚当·斯密在两个世纪前所观察的那样：任何一个物品的真实价格，即要取得该物品实际上所付出的代价，乃是获得它的辛苦和麻烦。它包括了购买者的预期时间、体力和精神成本，购买者对这些成本连同货币成本的评估构成了消费者总成本的框架。

购买者现在就要考虑是否 A 公司的消费者总成本与其总价值相比而显得太高，如果确实如此，购买者就可能会购买 B 公司的产品。购买者将从能提供最大消费者让渡价值的公司进行购买。

现在我们运用购买决策理论帮助 A 公司成功地将拖拉机出售给该买者。A 公司可以从 3 个方面改进它的供给：首先，A 公司可以通过改进产品、服务、人员或形象利益增加整体消费者价值；其次，A 公司可以通过降低消费者的时间、体力和精神成本，削减非货币成本；第三，A 公司可以为消费者降低货币成本。

假定 A 公司实施了消费者价值评估，而且推断出购买者认定的 A 公司的供应条件值 20 000 美元，此外，认为 A 公司生产拖拉机的成本是 14 000 美元，这意味着 A 公司的供应产生了潜在的 6 000（20 000 - 14 000）美元整体附加价值。

A 公司应当在 14 000 美元至 20 000 美元之间定价，如果定价低于 14 000 美元，则无法弥补其成本；如果定价高于 20 000 美元，则将超越购买者所认定的整体价值。A 公司所制定的价格决定了多少整体附加价值让渡给买方，同时又有多少流向公司。例如，如果 A 公司定价为 19 000 美元，则有 1 000 美元的整体附加价值赋予消费者，而公司本身获得 5 000 美元的利润。A 公司价格定得越低，让渡价值就越高，从而使消费者从 A 公司购买产品的动机越强。让渡价值应当被看作是消费者的"利润"。

很显然，消费者是在各种限制条件下做出购买决策的，甚至还会做出更多关注个人利益而忽视公司利益的异常选择。然而，我们觉得让渡价值最大化是适用于大多数情形下的有利方法，并且具有丰富的内涵：首先，卖方必须对每个竞争者的供应进行整体消费者价值和整体消费者成本的评估，以明确他自身的供应应当定位于何处。其次，让渡价值处于劣势的销售者有两个选择方案，他可以试图增加整体消费者价值，或者降低整体消费者成本。前一种方案要求增强或增加企业供应的产品、服务、人员和形象利益；后一种方案要求降低买方的成本，售卖方可以降低价格，简化订货与送货程序，或通过提供保障承担一些买方风险。

从这个案例中，我们可以定义消费者总价值和消费者总成本。

1. 消费者总价值

消费者总价值是指消费者从购买的特定产品和服务中所期望得到的所有利益。消费者总价值一般由如下几部分构成：一是产品价值，是指消费者购买产品或服务时，可得到的产品所具有的功能、可靠性、耐用性等；二是服务价值，是指消费者可能得到的使用产品的培训、安装、维修等；三是人员价值，是指消费者通过与公司中的训练有素的营销人员建立相互帮助的伙伴关系，或者能及时得到企业营销人员的帮助；四是形象价值，是指消费者通过购买产品与服务,使自己成为一个特定企业的消费者,如果企业具有良好的形象与声誉的话,消费者可能受到他人赞誉,或者因与这样的企业发生联系而体现出一定的社会地位。

2. 消费者总成本

消费者在获得上述这一系列价值的时候,都不会是无偿的,这体现的是消费者总成本。消费者总成本是指消费者为购买某一产品所耗费的时间、精力、体力以及所支付的货币资金。

消费者总成本一般包括四种成本:一是货币成本,是指消费者购买一个产品或服务,首先就要支付货币,或者不能得到免费维修调试等支出的服务价格;二是时间成本,是指消费者在选择产品的时候,学习使用、等待需要的服务等所需付出的成本或损失;三是精力成本,是指消费者为了学会使用保养产品,为了联络营销企业的人员,或者为安全使用产品所付出的担心等;四是体力成本,是指消费者为了使用产品,在保养维修产品等方面付出的体力。

3. 消费者让渡价值提升(增值)

消费者让渡价值包含的思想与传统观念有根本的不同:消费者购买产品所获得的不仅仅是产品具有的那些功能和质量;同样,消费者购买产品所付出的,也不仅仅是购买价款。让渡价值可以看成是消费者购买所获得的利润。需要说明,限于不同消费者具有的知识、经验差异,一个特定的消费者争取得到最大消费者让渡价值的过程是一个"试错"过程,是逐渐逼近最大让渡价值的过程。就是说,我们在观察一个特定消费者在某次购买的时候,也许他并没有实现让渡价值最大。但是,在这位消费者重新购买的时候,会通过积累的经验和知识,来增加其获得的让渡价值的。只有那些能够提供比竞争对手的消费者让渡价值更大的企业,才能争取与保持消费者。

消费者让渡价值的大小决定于消费者总价值和消费者总成本,而这两类因素又由若干个具体因素构成。消费者总价值的构成因素有产品价值、服务价值、人员价值和形象价值等,其中任何一项价值因素的变化都会引起消费者总价值的变化;消费者总成本的构成因素有货币成本、时间成本、精神成本和体力成本,其中任何一项成本因素的变化都会引起消费者总成本的变化。任何一项价值因素或成本因素的变化都不是孤立的,而是相互联系、相互作用的,会直接或间接引起其他价值因素或成本因素的增减变化,进而引起消费者让渡价值的增减变化。

提高消费者让渡价值是增加消费者满意程度、吸引购买、扩大销售、提高经济效益、增强企业竞争力的重要途径,提高消费者让渡价值,有两个途径3种组合:或者尽力提高消费者价值,或者尽力减少消费者成本,或者在提高消费者价值和减少消费者成本两个方向上都做出营销努力。

具体而言,提高消费者让渡价值的途径有:第一是在不改变整体消费者成本的条件下,通过改进产品、改善服务、提高人员素质、提升企业形象来提高整体消费者价值;第二是在不改变整体消费者价值的条件下,通过降低价格或减少消费者购买公司产品所花费的时间、精力、体力来降低整体消费者成本;第三是在提高整体消费者价值的同时,提高了整体消费者成本,但要使两者的差值增大,从而使消费者让渡价值增加。

5.6.2 消费者满意

消费者让渡价值,很好地说明了消费者的购买选择与行为取向。但消费者的让渡价值,仅仅是他选择购买哪个厂家产品时的一种价值判断。购买以后,消费者对于购买成功与否的评价,还要取决于是否满意。

消费者满意是指消费者通过对一个产品的可感知绩效(可感知价值)与他的预期绩效(预期价值)比较后所形成的感觉状态。

在这个概念中,使用了可感知价值与预期价值的概念。消费者的可感知价值是指购买和使用产品以后可以得到的好处、实现的利益、获得的享受、被提高的个人生活质量。消费者的预期价值指消费者在购买产品之前,对于产品具有的可能给自己带来的好处或利益,对于产品或服务提高其生活质量方面的期望。

在很大程度上,他人的评价、介绍、厂家许诺等,对形成消费者的预期价值有很大的影响。显然,消费者的满意是二者的函数(如图5-6所示)。

消费者满意 $=f$ (可感知价值,预期价值) $\begin{cases} \text{可感知价值} > \text{预期价值} —— \text{很满意} \\ \text{可感知价值} = \text{预期价值} —— \text{满意} \\ \text{可感知价值} < \text{预期价值} —— \text{不满意} \end{cases}$

图5-6 消费者满意的形成过程

消费者产生了不满意后,会在是否采取行动上做出选择,可以采取公开行动和私下行动(如图5-7所示)。

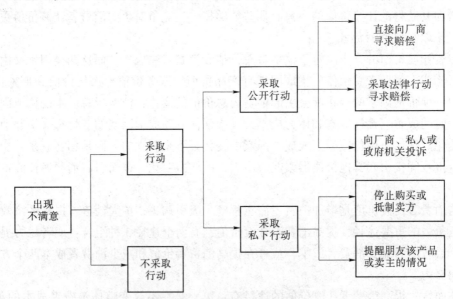

图5-7 消费者处理不满意时所采取的方式

当消费者对于他所购买的产品有所不满时,那么他就有可能会产生抱怨,这就是所谓的消费者抱怨。消费者是否采取抱怨行为,则要视下列3个主要的因素而定:

1. 消费者本身的因素

是否具有某些特性的消费者比较可能采取抱怨行为？研究发现年龄和收入与抱怨行为有适度的相关性。一般而言，会采取抱怨行为的消费者会比较偏向较为年轻、较高收入与较高教育水准。另外，过去的抱怨经验也是抱怨行为的良好预测因子，有抱怨经验的消费者比较可能再采取抱怨行为。在人格特性方面，内心比较封闭和比较自信的人都比较可能采取抱怨行为。在人格特性方面，内心比较封闭和比较自信的人都比较可能采取抱怨行为。此外，比较注重个人独特性与比较独立的人也相对比较容易采取抱怨行为。还有消费者本身攻击性很强时，则消费者在面对消费不满意时，也会倾向于进行抱怨而非默默接受。总结来说，消费者的人格特性是影响消费者是否抱怨的一项很主要的变量。

2. 不满意事件的本身因素

并非所有的不满意事件都会引发抱怨，有些不满意事件本身不是很显著，或者不满意事件所牵涉的产品或服务并非十分重要，则消费者往往会忽视该不满意事件。所以，消费者实际所收到的绩效与其对产品的期望两者的差距大小，以及消费者认为的产品或服务本身的重要性都会影响其抱怨与否。

3. 归因的因素

一般而言，消费者会对不满意事件进行归因，也就是判定谁应该为不满意事件来负责。如果消费者归因的结果是营销人员或厂商应该负责，则比较有可能产生抱怨。相反的，如果消费者将不满意归因于自己或是环境上的不可控制因素，则抱怨比较不会产生。

研究发现很多厂商碰到消费者抱怨，往往就是先推卸责任，而这往往是消费者最不满意的厂商反应。消费者希望厂商应该先降低对自己所造成的伤害或不愉快，然后提出一个解释理由。事实上，厂商对于消费者抱怨的处理方式会显著影响消费者的满意度。

对于奉行营销观念的企业，消费者满意是最高目标；对于企图争取更多的消费者并保持已有的消费者的企业，最主要的努力方向就是使消费者能具有满意感。因此，从消费者满意的概念和形成机制中可知，企业可以在降低预期价值、提高可感知价值方面分别或综合性地做出营销努力，来提高消费者的满意度。

5.6.3 购后的使用与处置

无论消费者购买后满意与否，他都会对所购买的产品进行使用或处置。对所购买的产品可以保留，可以永久摆脱或临时摆脱（如图 5-8 所示）。

在消费时及消费后，消费者就形成了对产品和消费经历形成一个综合评价（如图 5-9 所示）。

在此阶段，消费者会体验到满意或不满意的感觉。当消费者在使用产品时认为产品达到他们的预期要求时，就会满意该产品。相反，产品不能达到预期效果时，就会感到不满意。使用的满意程度具有非常重要的意义。因为，消费者会把此结果储存在记忆中，为以后的购买决策做参考。因为，大部分消费者都趋向于在同一个商店购买同一品牌的产品。而消费者对某种牌子的产品或商店不满意时，其他牌子的同类产品也许因为承诺可以做得更好，就有机会进入消费者的购买决策。

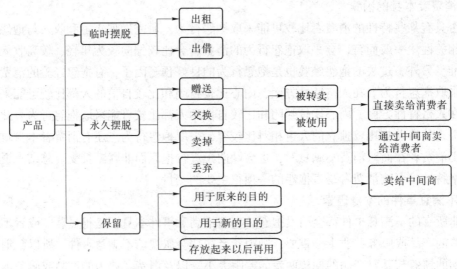

图5-8 消费者使用与处置产品的方式

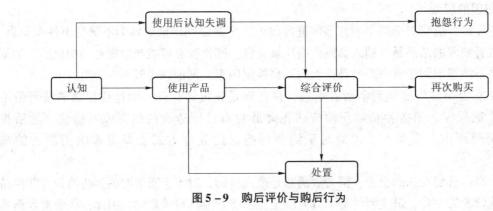

图5-9 购后评价与购后行为

满意度最主要的决定因素是消费，也就是说消费者怎样使用该产品。即使产品是好的，但如果消费者不能正确使用，也会感到不满意。公司会开发产品的维护、使用说明书，也会组织为消费者提供担保、售后服务、技术支持等活动。

大多数购买都会产生认知失调，或由购后冲突引起的不满意。购买后，消费者会对所选品牌的利益感到满意，庆幸自己回避了没选择品牌的缺陷。但是，所有的购买都包含了妥协。消费者会在对所选品牌的缺陷感到不适的同时对失去未选品牌的利益感到惋惜。因此，消费者对每一次购买或多或少会产生某种程度的购后失调。

消费者在购买后，通过自己的体验，来评价所购买的产品。这其实是消费者的再评价过程，决定了消费者对该产品或品牌的印象。对于企业而言，是一个很重要的过程。首先，企业如果在产品购后为消费者提供周到的服务，则有利于提高消费者满意度，有助于为企业树立品牌形象。其次，要高度重视消费者的不满情绪，并妥善处理。消费者的怨言，可以为企业提供改进的意见，如果处理恰当，会使坏事变成好事，进一步提升企业的竞争力。由此可见，购后过程是提高消费者满意和消费者忠诚的重要阶段，所以企业应高度重视该过程。

本章小结

1. 需求确认是消费者决策过程的第一阶段。所有商品和服务的未来最终都取决于消费者是否认为这些商品满足了他们的消费需要。需求确认就是发觉对事件的渴望状态和足以引起并激发决策的现实状态之间的区别。

2. 信息搜寻是消费者决策过程的第二阶段。消费者需要通过广泛收集可靠、有效的产品及相关信息,了解市场上的产品及其特性,才能更好地对各种备选产品做广泛而深入的评价、比较。

3. 方案评价是消费者决策过程的第三阶段。消费者在收集到足够的产品信息之后,会对这些信息进行认真的分析、对比和评价,提出若干个购买备选方案,依据一定的评价标准,按照标准的重要程度对所考虑的备选产品进行评价,然后基于自己确定决策的原则做出最终选择,以选定最满意的产品。

4. 购买决策是消费者决策过程的第四阶段。通常需要对是否进行购买、何时购买、何地购买(店铺)与购买什么(品牌)、如何付款等方面做出决策。

5. 消费是指消费者对所购商品的使用,通过产品使用消费者获得消费体验。产品使用和消费体验是消费者决策过程的第五阶段。消费者在购买所需商品或服务之后,使用或消费所买来的产品以满足需要。

6. 购后评价与购后行为是消费者决策过程的第六阶段。消费者决策过程并不随着购买过程的结束而结束。在使用了产品和服务后,消费者会将其实际表现水平同期望水平进行比较,并体会到满意或不满意,进而影响以后的购买行为。

练习与思考

1. 如何确认消费者需求?
2. 消费者搜寻信息的方法有哪些?
3. 消费者如何进行购买方案的评价?
4. 消费者处理不满意时所采取的方式有哪些?

技能实训:消费者购买决策过程分析

1. 模拟一次比较重要的购买活动:_____

2. 对此次购买活动进行白描:_____

3. 具体分析整个购买过程中涉及的各个步骤:_____
步骤1:_____

步骤2: _____

步骤3: _____

步骤4: _____

步骤5: _____

步骤6: _____

扩展阅读

钟薛高的爆红法则

最近冰激凌界有一颗网红新星——钟薛高。这个名字奇怪、形如瓦片、均价近20元的雪糕，究竟有什么魔力让众多消费者争相购买呢？

近年来，钟薛高可谓是异军突起，2018年"双十一"名列天猫冰品类目第一，卖光了两万份66元一片的"厄瓜多尔粉钻"雪糕；2019年"双十一"，钟薛高雪糕开场18分钟便售出10万支。与泸州老窖跨界合作的"断片"雪糕、与娃哈哈合作的"未成年"雪糕、与三只松鼠合作的海鲜雪糕等更是频频在小红书、微博、微信等社交平台刷屏。

钟薛高卖的不是"价格"，而是"品质"。钟薛高将自身包装成为"一片慢慢品的雪糕"，价格是大多数雪糕的4~5倍。通过微热点（wrd.cn）大数据平台统计显示，"90后"及"00后"女性群体是钟薛高消费的主力，她们拥有一定的经济基础，追逐潮流又相对理性，注重对生活的仪式感，更愿意为产品的附加价值而买单。

钟薛高在品牌代言人的选择上颇具匠心。三位品牌代言人分别是TF家族的敖子逸，以及演员佟丽娅和周一围，佟丽娅形象符合其精致年轻女性市场的定位，而敖子逸做品牌代言更可以视为针对"00后"女性粉丝市场的一次开拓。品牌多一个标签也就意味着多吸引了一个属性的人群。

以KOL带动品牌。钟薛高在创立初期，就曾直接把冰淇淋车开到了小红书总部，邀请平台KOL进行试吃评测。KOL凭借自身的影响带动了钟薛高讨论热度的上升，增加了钟薛高的曝光率与关注度，最终在铺天盖地的"种草"和测评中转化，衍生出"拔草"的消费行为，而后"拔草者"又自发进行"种草"。

钟薛高巧妙地使用了关联定位，借助"国潮"的风行，从各个细节侧面在产品上与"国潮"进行关联。2019年被称为"国潮元年"，"钟薛高"——钟、薛、高代表三个常见的中国姓氏，寓意"中国雪糕"，瓦片造型更可以被看作致敬中国传统文化。外包装上采用的

"祥云""生肖"等元素则是中国古典意象的生动体现。"国潮"成为钟薛高的核心关键词之一。

钟薛高在不断创新求变。例如，为了抓住年轻消费者的眼球，与小仙炖合作的燕窝流心雪糕、和荣威合作的懒上瘾雪糕等，通过跨界合作不断给消费者带来话题和口味上的双重体验。当然钟薛高在营销过程中值得称赞的地方还有不少，如在近期的直播中为医护人员免单一箱雪糕等。分析钟薛高的成功之道，我们可以看出品牌对于口味、健康、价值观、责任感以及不断创新的坚持。

（资料来源：https：//www.sohu.com/a/386332856_499808）

第三篇　影响消费者行为的内部因素篇

第6章

消费者一般心理活动过程

学习目标

①了解消费者一般心理活动过程的步骤。
②理解消费者的认识过程。
③理解消费者的情绪和情感过程。
④理解消费者的意志过程。
⑤树立理性与感性并重的消费观。

引导案例

朗格儿吃牛肉的故事

朗格儿出生在内蒙古草原，是喝着奶茶、吃着烤全羊和烤牛肉长大的，已经习惯了烤得直冒油的肥腻的大块烤肉。这一年他来到了广州，进入某著名高校学习。朗格儿是大学一年级新生，要到广州大学城学习。他来到广州，来到大学城，对一切都觉得新鲜。他惊叹，广州太繁华了！朗格儿赞叹之余，也有烦恼——他在吃的方面不习惯！粤菜闻名海内外，"食在广州"尽人皆知。朗格儿来广州前多少有点了解，但他就是觉得粤菜太清淡、太精细了，吃起来不够爽！最让他受不了的就是食堂里切得细细的牛肉。这么细条细条的哪里还有牛肉的味道呀？

朗格儿经常到天河购书中心看书、买书。每次经过天河路时，他都会被路边的绿茵阁的广告牌所吸引。他已经听广州的同学说过不止一次了，在绿茵阁有大块的牛肉吃。这一天刚考完试，朗格儿就迫不及待地请广州的同学带他到绿茵阁解解馋。他跟着同学到体育西路的一家绿茵阁西餐厅。这位同学为他叫了一份六分熟的牛排。当服务员端上牛排时，他看到的是殷红的生牛肉。天啊！生牛肉也能吃吗？吃了不会生病吗？朗格儿转身跑出了西餐厅！

如果朗格儿知道在这个世界上有许多人每天都在吃半生不熟的牛排，他会大吃一惊的。在西餐厅吃牛排时，服务员会问你吃几分熟的，你若喜欢吃嫩滑多汁的，就不能吃十分熟的；你若害怕看到牛排有血丝，就只能吃熟透的，但你吃不到牛排的鲜美滑嫩。欧美人比较喜欢吃半生不熟的牛肉，大多数中国人更喜欢吃熟透的肉食。但现在的情况有所改变，有一些人为了满足自己的感官刺激，喜欢上了日本料理，诸如生鱼之类的生冷东西也吃得津津有味；在西餐厅，许多中国人也喜欢上了半生不熟的牛肉味道。

（资料来源：（节选）迈克尔·R. 所罗门，卢泰宏，杨晓燕. 消费者行为学［M］. 8版. 北京：中国人民大学出版社，2009：60.）

消费者的心理过程不完全等同于购买过程，消费者的心理过程是错综复杂的，并不局限在商店里，而是从他准备购买某种商品的信息注意到进入商店的商品选择再到买完商品后的情感感受、评价等一系列的心理过程，并且反映在每一次具体的消费活动中。为了研究消费者心理活动最一般的规律，借助普通心理学的理论，将消费者的心理过程分为认知过程、情感过程和意志过程三个方面加以分析。

6.1 消费者的认识过程

认识过程是消费者心理过程的第一阶段，是消费者其他心理过程的基础。人的认识过程主要是靠人的感觉、知觉、注意、记忆、联想、思维等心理活动来实现的。

6.1.1 消费者感觉

一、感觉的含义、特征与感觉阈限

心理学界有一个命题：人是如何触摸世界的？这句话也可以放在消费者行为研究中，稍微改变一下，即消费者是如何了解商品或服务的？消费者对商品或服务的认识是通过自己的各种感觉器官，产生了感觉和知觉来了解商品或服务的。

1. 感觉的含义

感觉是人脑对直接作用于感觉器官的客观事物的个别属性的反映。例如，嗅到气味、尝到滋味、看到颜色、听到声音、摸到软硬，这就是感觉。感觉不仅反映外界事物的个别属性，而且也反映有机体本身的活动（躯体的运动和位置、内部器官的状况）。例如，我们可以感觉到四肢屈伸、饥饿、饱胀等。

在现实生活中，人们通过各种感觉器官（眼、耳、鼻、舌、身体有神经末梢分布的各部位、皮肤等）与客观事物接触，在大脑中形成视觉、听觉、嗅觉、味觉和触觉印象，就是感觉。例如，有人介绍"佳雪"芦荟保湿霜很舒服，对于舒服的反映就是局限于感觉过程。

2. 感觉的特征

感受性的变化又称感觉的特征。根据人和环境的相互作用，多种刺激物的影响，以及自己多种感官的相互作用，人的感受性是不断在变化的。

（1）适应性

感觉适应性是指随着刺激物持续作用时间的延长，而使感受性发生变化的现象。适应性是一种普遍的感觉现象，它既可以提高感受性，也可以降低感受性。我国古代有句谚语：

"入芝兰之室，久而不闻其香；入鲍鱼之肆，久而不闻其臭。"这是感受性的降低。如果我们从强光下走进暗室，起初什么也看不见，经过几分钟后，就能看到周围的东西，这是感受性的提高。

显然，适应性引起的感受性降低，对企业在市场营销中不断激发消费者的购买欲望是不利的。要改变这一现象，使消费者保持对消费刺激较强的感受性，就要调整消费刺激的作用时间，经常变换刺激物的表现形式。

(2) 对比性

感觉对比性是指感受器官因同时有两种刺激或先后相继的两种刺激，引起感受性发生变化的现象。同样明度、同样大小的方格，分别放在同样大小的白色和黑色的背景下，人们会感到放在白色背景上的方格比在黑色背景上的要黑一些。在商店布局中也有类似的现象存在，这就提醒营销人员如何更好地利用感觉对比刺激消费者需求。

(3) 联觉性

感觉联觉性指一种感觉引起另一种感觉的心理过程。消费者在同时接受多种消费刺激时，经常会出现由感觉间相互作用引起的联觉现象。

人体各感觉器官的感受性不是彼此隔绝的，而是相互影响、相互作用的。即一感官接受刺激产生感觉后，会对其他感觉器官的感受性产生影响，这种现象就是联觉。消费者在同时接受多种消费刺激时，经常会出现由感觉间相互作用引起的联觉现象。例如，在优雅柔和的音乐声中挑选商品，对色泽的视觉感受力会明显提高，进餐时赏心悦目的各色菜肴会使人的味觉感受增强。巧妙运用联觉原理，可以有效地对消费者行为进行调节和引导。英国一家公司根据人的嗅觉位于大脑的情感中心，气味可以通过情感中心对人的态度和行为产生强烈影响的原理，专门为商店提供可以给人带来宁静感的气味，以便诱使顾客延长停留时间，产生购买欲望。

3. 感觉适应与感觉阈限

(1) 感觉适应

适应是感受器官受到持续刺激时，刺激强度保持不变，但引起的神经冲动却越来越少（弱）的现象。消费者的感受性会受到时间因素的影响。随着刺激物持续作用时间的延长，消费者因接触过度而造成感受性逐渐下降，这种现象叫作感觉适应。适应是一种普遍的感觉现象。在消费实践中，人们连续品尝十几种糖果之后，对甜味的味觉会变得迟钝；接连看到同一新款服装，会丧失新奇感。显然，感觉适应对增强刺激效应、不断激发消费者的购买欲望是不利的。要改变这一现象，使消费者保持对消费刺激较强的感受性，就要调整激的作用时间，经常变换刺激物的表现形式。例如，采用间隔时间播放同一内容的广告，不断变换商品的包装、款式和色调等。

(2) 感觉阈限

感受性是指感觉器官对刺激物的主观感受能力。它是消费者对商品、广告、价格等消费刺激有无感觉以及感觉强弱的重要标志。感受性的大小是用感觉阈限的大小来度量的。感觉阈限是指能够引起感觉并持续一定时间的刺激量。消费者感受性的大小主要取决于消费刺激物的感觉阈限值高低。一般来说，感觉阈限值越低，感受性就越大；感觉阈限值越高，感受性就越小;二者成反比关系。

二、感觉与消费者行为

1. 感觉使消费者获得对商品的第一印象

感觉是消费者认识商品的起点,通过感觉,消费者才能认识和分辨商品或劳务的各种基本属性,只有在感觉所获得信息的基础上,其他高级的、复杂的心理活动才能得到产生和发展。因此,感觉可以使消费者获得对商品的第一印象,而第一印象的好与坏、深刻与否,往往决定着消费者是否购买某种商品。同样道理,第一印象的好与坏,也决定着消费者是否选择这个商店。

2. 感觉特性为营销工作者提供了制定营销策略的依据

感觉特性说明了消费者的感觉是有一定局限的。在市场营销活动中,企业做广告、调整商品价格和介绍商品时,向消费者发出的刺激信号强度应当适应他们的感觉阈限。例如,为推销商品而降价,降价幅度过小,刺激不够,消费者不会积极购买;而降价幅度过大,消费者又可能会怀疑商品的质量。因而,必须有一个准确的把握。另外,消费者的感觉阈限大小还与商品本身有关。例如,几千元的商品降价十几元,并不会引起消费者的注意,而日常生活用品,例如,蔬菜、肉类、蛋类,即使上涨几角钱也会很快被消费者感觉到。

3. 感觉在一定程度上引发消费者的情绪

消费者的情绪在一定程度上是受对客观事物的感觉的影响的。百货商场、大型购物中心的环境布置,店内商品的陈列造型和颜色搭配,及卖场的音乐效果都会对购物氛围造成一定的影响,从而影响消费者的感觉,并进一步影响他们的情绪及购买行为。

4. 感觉可以实现商品的使用价值

消费者在使用商品的过程中,商品的使用价值只有通过消费者的感觉,才能进入更高级的心理活动阶段。漂亮的色彩、美妙的音响、诱人的香味、鲜美可口的食物,可以使我们产生舒适和愉悦,同时也实现了商品的使用价值。

6.1.2 消费者知觉

消费者在这个世界中生活,会时时刻刻面临很多的信息。为了解读各项信息的含义,他们必须对信息进行处理。而消费者信息处理的程序的第一个步骤便是知觉。

一、消费者知觉的含义、特征与分类

1. 知觉的含义

个体通过眼、鼻、耳、舌等感觉器官对事物的外形、色彩、气味、粗糙程度等个别属性做出反应。人在感觉的基础上,形成知觉。所谓知觉,是人脑对刺激物各种属性和各个部分的整体反映,它是对感觉信息加工和解释的过程。例如,人们的不同感官分别对大米的颜色、香味、形状、口感、触感等各个属性产生感觉,而知觉对感觉信息进行综合,加上经验的参与,就形成了大米的完整映像。人把某一对象知觉为某一客体,除了必须获得相关的感觉信息外,还要有过去的经验和知识的参与。知觉在感觉的基础上产生,是对感觉信息整合后的反映,是把感觉信息转换成对事物的经验和知识的过程。

2. 知觉的特征

知觉的基本特征反映了知觉的规律性。这些特征主要有知觉整体性、知觉选择性、知觉恒常性和知觉理解性。

（1）知觉整体性

知觉整体性是指知觉能够根据个体的知识经验将直接作用于感官的客观事物的多种属性整合为同一整体，以便全面地、整体地把握该事物。有时，刺激本身是零散的，而由此产生的知觉却是整体的。如果客观事物各个部分的刺激共同构成一种复合刺激，则由此产生的整体知觉大于各个部分刺激所引起的知觉之和。就是说，各个部分刺激所引起的知觉之和小于整体知觉。

（2）知觉选择性

知觉选择性指知觉对外来刺激有选择地反应或组织加工的过程。人的感官每时每刻都在接受大量刺激，而知觉并不是对所有刺激都做出反应，仅仅对其中某些刺激或刺激的某些方面做出反应。知觉的选择性保证了人能够把注意力集中在重要的刺激或刺激的重要方面，排除次要刺激的干扰，有效地感知和适应外界环境。知觉对象的选择受到主观和客观因素的影响。从客观方面看，在多种刺激中，强度大的、对比鲜明的、简洁的、有规则的、活动性的、易记忆的刺激易成为知觉的对象。从主观来看，知觉者的需要、动机、兴趣、爱好、情绪、任务、知识经验以及刺激物的重要性都会影响知觉对象的选择以及知觉的过程和结果。影响知觉过程和结果的主观因素称为非刺激因素。一般而言，在知觉活动过程中，非刺激因素越多，所需要的感官刺激就越少，反之就越多。知觉的选择性有利于人从背景中分离、辨别、确认和记忆知觉对象，对于实践应用有重要意义。

（3）知觉恒常性

知觉恒常性是指影响知觉对象的外界条件在一定范围内发生改变时，知觉并不受到影响，仍能把握该事物相对稳定的特性，即保持对该事物的惯常认识。

由于知识经验的参与和整体知觉的作用，人们对客观事物的认知更加全面深刻。即使知觉的条件发生变化，知觉的映像仍能保持相对不变，即具有恒常性。知觉的这一特性使消费者能够避免外部因素干扰，在复杂多变的市场环境中保持对某些商品的一贯认知。有些传统商品、名牌商标、老字号商店之所以能长期保有市场份额，而不被众多的新产品、新企业所排挤，重要原因之一就是消费者已经对它们形成恒常性知觉，在各种场合条件下都能准确无误地加以识别，并受惯性驱使连续购买。因此，保持品牌视觉形象的统一和稳定，已成为一些世界知名品牌维系消费者的重要策略。

（4）知觉理解性

知识理解性是指知觉以一定的知识经验为基础对所感知的客观事物的有关属性进行组织和加工处理，并用词语加以说明的过程。知觉理解性的主要影响因素是个人的知识经验、言语指导、实践活动以及个人兴趣爱好等因素。相当数量的营销信息被消费者错误地理解，形成了不准确、不适当或混乱的解释。错误的理解包括对相似品牌的混淆和对产品功能属性和价值的误解。

3. 知觉的分类

（1）根据知觉起主导作用的分析器进行划分

知觉是多种分析器协同活动的结果，根据在知觉中起主导作用的分析器的特征，可以将知觉分为视知觉、听知觉、嗅知觉、味知觉、触知觉和动知觉。观看一幅广告画，在用眼睛观察的同时，还伴随着眼部肌肉的运动，但是以视分析器为主。因此，属于视知觉。一般知觉都是对复合刺激的反应，往往有两种以上分析器起主导作用。例如，观看电视中播放的广告，视觉和听觉同时起主导作用，称为视听知觉。

(2) 根据知觉反映的事物特征划分

根据知觉反映的事物特性，可以把知觉分为空间知觉、时间知觉和运动知觉。空间知觉是人脑对物体的大小、形状、方位和距离等空间特性的知觉。空间知觉包括形状知觉、大小知觉、深度知觉、距离知觉和方位知觉等，空间知觉在人与周围环境的相互作用中有重要作用，一个人不能认识物体的形状、大小、方位、距离等空间特征，就不能正常地生活，这些知觉是由视、听、皮肤及运动分析器的协同活动实现的。时间知觉是对客观现象的延续性和顺序性的知觉。由于时间是无始无终的，计量时间必须以某种客观现象为参照物来进行。时间知觉的参照物很多，例如，自然界的周期性变化如日出日落、月亮盈亏、四季变化、潮起潮落等，人类发明的计时工具如立杆看影、滴漏、点香、钟表等，以及人体自身的节律性变化——"生物钟"现象。时间知觉还受到活动内容和个人兴趣等心理因素的影响。一般来讲，内容丰富、当事者感兴趣的活动，会令人觉得时间过得快，有"光阴似箭"之感；而内容枯燥、当事者不感兴趣的活动或生活在压抑苦恼情绪中，会令人觉得时间过得慢，往往会有"一日三秋""度日如年"之感。运动知觉是人脑对物体的空间位移和移动速度等运动特性的知觉。运动知觉与物体的距离、速度以及观察者本身的运动状况有关。

(3) 根据知觉过程划分

选择性注意是指在人们日常生活中，外界环境有许多刺激因素，每个人对这些信息并非全部接受，而是有选择地接受，大部分信息被筛选掉，仅仅留下少量对他有用的信息被接收和储存起来。选择性扭曲是指人们常常为了使得到的信息适合于自己的思维形式而对其进行扭曲，使信息更适合自己的思想倾向。消费者即使对某些信息十分注意，有时也并非一定能带来营销人员所期望的结果。因为每个人有自己的思维逻辑方式，同时也有各种内、外因素影响消费者。因此，有些人对某些广告会产生怀疑，这就需要营销人员尽可能设法使传递给消费者的信息不被扭曲。选择性保留是指消费者对外界许多信息不可能都留在记忆里，而被记住的是经消费者选择过的信息。这些信息常常能支持消费者对企业商品的态度和信念，有时，消费者记住了某一家企业某产品的优点，而忽视了其竞争对手同类产品的优点，营销人员应采取有效措施使自己的商品的优点能保留在消费者的记忆中。

二、知觉的信息加工过程

知觉是人脑对刺激物各种属性和各个部分的选择、组织及解释，并给予有意义及完整图像的一个过程。与计算机一样，人们的信息加工过程会经历不同的阶段，在此过程中刺激被输入和存储。然而，与计算机不同，人们不是被动地加工眼前的信息。我们每天要面对许多的刺激，包括商业上的刺激（例如，广告、价格或推广活动等）和非商业上的刺激（例如，新闻、流行资讯或同辈群体的消费示范等）。在这么多刺激中，可能只有少量的刺激被注意到，这其中又有更小的一部分被留意到，进入意识中的刺激可能也没有被消费者客观地进行加工形成知觉。基本上，消费者的知觉可以分成3个阶段：展露阶段、注意阶段与理解阶段。

展露是指将刺激物展现在消费者的感觉神经范围内，使其感官有机会被激活。没有展露，就没有信息处理。消费者只有接触和感受到刺激，才能展开后续的信息处理。缺乏展露包含两种状态：消费者根本没有接收到刺激，以及消费者的感官没有感受到刺激的存在。

注意是指个体对展露于其感觉神经系统面前的刺激物做出进一步加工和处理，是对刺激物分配某种处理能力的程度。由于认识能力的限制，在某一特定时点，消费者不可能同时注意和处理所有展露在他面前的信息，而只是部分地对某些信息予以注意。从你听过的有兴趣和缺乏兴趣的讲座中可以知道，这种注意的分配根据刺激（例如，讲座本身）和接受者（例如，你当时的心理状态）的特点而变化。

理解阶段是知觉的最后一个阶段，是个体对刺激物的理解，它是个体赋予刺激物以某种含义或意义的过程。人们知觉到的刺激物不同，赋予这些刺激物的意义也是不同的。两个人看到相同的事情，但是他们的解释可以大相径庭，这取决于他们对刺激物的解释。理解涉及个体依据现有知识对刺激物进行组织分类和描述，它同样受到个体因素、刺激物因素和情境因素的制约和影响。

三、消费者知觉结果

消费者的感知最终是要决策是否购买某种产品，所以会对产品的价格、产品的品质、产品的定位和形象做出知觉判断，并且结合自身的经验和认知，对感知风险进行评估，得出最终的感知结果，这一结果影响和决定着是否能促成消费者的购买行为。现实中，消费者知觉主要包括价值知觉、品质知觉、风险知觉。

1. 价值知觉

消费者的价值知觉是指消费者对商品价值的货币表现属性的整体反映，其主要是通过价格心理来反映的。价格感知是消费者在解释商品或服务的价格时，综合与价格有关的各种属性形成的一种有意义的、与外部环境相一致的完整的心理过程及认知过程，即消费者是如何解释他所面对的产品或服务的价格。消费者对产品的价格通过自身经验和现有认知，权衡之后会形成一个感知结果，这个结果是消费者对企业提供的产品或服务所具有价值的主观认知。

2. 品质知觉

消费者的品质知觉是指消费者对产品质量外部属性的整体反映。产品的品质可分为客观存在品质和主观感受品质。客观存在品质即产品固有的性能特征是否优越，主观感受品质即人们在心中对于产品性能价值等的判断和评估。消费者所感知的产品品质就是对产品的主观感受，受到产品本身的属性和产品外在属性的综合影响。产品本身的属性，如颜色、气味、质感等；产品本身以外的属性，如价格、品牌、原料、产地、制造商、销售商等。

3. 风险知觉

消费者的风险知觉是指消费者对购买商品后所承担的风险的认识。消费过程中消费者预感到的可能出现的危害，通常包括资金风险、功能风险、社会风险、心理风险等。

①资金风险。消费者的支付能力总是有限的，多种多样的消费欲望只能部分得到满足。因此，消费者购买任何一种商品时都会考虑：第一，在有限的支付能力下，这是最合理的开支吗？第二，该产品值得花这么多钱吗？如果这两个问题不能得到较满意的回答，消费者就

会产生消费支出的风险知觉体验。

②功能风险。消费者往往担心产品的质量和性能能不能达到期望水平的风险。当消费者没有选购这种商品的经验,并对该商品的有关信息了解得很少或者了解到的是虚假信息时,心里就会产生种种顾虑。

③社会风险。这是一种可能招致别人看不起购买者的风险。每个消费者都生活在一定的社会环境中,他们的行为受到参照群体的影响。一个消费者在购买之前就会想象:自己购买这个商品家人能赞成吗?该产品与自己所属群体所用产品相似吗?最好的亲朋好友会高兴吗?

④心理风险。这是关系到挫伤消费者自我的知觉风险。一个购买活动的成功与失败,会对消费者自己的心理产生很大影响。消费者在购买之前会产生这样的顾虑:该产品引人注目吗?使用该产品会获得满足吗?我的决定合适吗?

在不同的购买行为中,消费者对风险的觉察是不同的。如消费者对一般生活必需品,主要考虑短缺风险;对高档耐用消费品,主要考虑价值风险。个人情绪也会影响对风险的估计,如不良情绪将导致较高的估计,而积极的心情则将导致较低的估计。消费者预感到的风险有时实际上并不存在。

四、消费者知觉的影响

1. 有助于消费者确定购买目标

现在市场上的商品十分丰富,每天消费者都要接触不同媒体的各种广告,这些都加大了消费者进行购买决策的难度。而知觉的选择性可使消费者在众多的信息和商品中能够快速找到符合自己既定购买目标的信息和商品,同时排除那些与既定购买目标不相符合的信息和商品。另外,具有某些特殊性质和特征的消费对象,例如,形体高大、刺激强度高、对比鲜明、新奇独特、与背景反差明显等,往往容易引起消费者的知觉选择。营销人员了解了消费者知觉的这个特点后,可以采取适当的营销策略。

2. 提高广告宣传效果

根据知觉的理解性这一特点,企业在广告中要针对购买对象的特性,在向消费者提供商品信息时,其方式、方法、内容、数量必须与信息接受人的文化水准和理解能力相吻合,保证信息被迅速、准确地理解。根据知觉整体性这一特点,在广告设计中,可把着眼点放在与商品有关的整体上,使消费者获得充足的信息,形成一个整体的、协调的商品形象。

3. 明确对产品的态度

产品投放市场之后要对市场进行调查。如果消费者对产品认可,那么消费者的知觉是积极的,也就是产品在消费者的认知当中是积极的,消费者可能会去购买这种产品。反之,消费者不会去购买这种产品。

4. 促进商品销售

由于人们不愿放弃自己使用习惯的商品,所以知觉的恒常性可以成为消费者连续购买某种商品的一个重要因素。企业可以通过名牌商品带动其他商品的销售,或通过畅销的老商品带动新商品的销售。

6.1.3 消费者注意

一、消费者注意的含义与特征

注意是一种特殊的心理活动,它必须伴随其他心理过程而同时出现,消费者在购买活动中时刻离不开注意的参与。

1. 注意的含义

注意是人的心理活动对外界一定事物的指向与集中。它是伴随着感知觉、记忆、思维等心理过程而产生的一种心理状态。消费者的购买活动一般以注意为开端,在心理过程开始后,注意仍伴随着心理过程,维持心理过程的指向性和集中性。例如,消费者在选购商品时,其心理活动总是集中在购买目标上,全神贯注地将心理活动稳定在所选择的商品上。这时他对商场内的噪声、喧哗、音乐等干扰进行抑制,以获得对所选商品清晰、准确的认识,继而决定是否购买。

2. 注意的特征

在消费实践中,消费者的注意经常表现出一系列活动特征。

(1) 注意广度

注意广度又称为注意范围,是指消费者在同一时间内所能清楚地把握的消费对象的数量。在多个消费对象中,人们往往只能同时注意到少数几个对象。实验表明,成人在 1/10 秒的时间内能注意到 4~6 个彼此不联系的物体或符号,而幼童只能注意到 2~3 个。但是,如果消费对象的位置集中,彼此具有内在联系,消费者的注意范围会扩大。

(2) 注意分配

注意分配指消费者能在同一时间内把注意分配到两种或两种以上的消费对象或活动上,注意具有指向性。例如,在注意收听广播广告的同时,注意观察某种商品。注意分配的重要条件是,在同时存在的两种以上的消费对象中,只能有一种是消费者不太熟悉的、需要集中注意进行感知或思考的,其他则相对熟悉或了解,无须过分注意。

注意紧张指消费者集中注意一定对象时聚精会神的程度。当消费者进入紧张注意状态时,他的意识中会极其清晰和鲜明地反映这一对象;同时,其他对象会远离注意中心。此时,消费者的注意范围和注意分配能力都有所降低,但是注意的效果明显提高。

长时间高度的紧张注意会引起疲劳,注意力便趋于分散。注意分散是指消费者无法控制和集中自己的注意力。这种情况通常发生在生理疲劳、情绪激动或意志薄弱的消费者身上。当处于注意分散状态时,消费者对商品的感知和思考能力都会大大降低。

(3) 注意稳定

注意稳定指消费者在一定时间内把注意保持在某一消费对象或活动上。稳定是与分散相反的注意状态。显然,当消费者稳定地保持注意时,他对商品的了解将更加全面、深入。能否保持注意稳定与消费对象是否单调枯燥有关,但主要取决于消费者的主观状态和意志努力。

(4) 注意转移

注意转移指消费者根据新的消费目标和任务,主动把注意力从一个对象转移到另一个对象上。转移注意力是一种有意识的、需要意志加以控制的注意状态,它要求消费者具备较高的灵活性和适应性。如果能迅速自如地转移注意力，将有助于消费者更好地适应外部环境的变化，高效率地从事消费活动。

二、注意的分类

根据注意的产生有没有预定目的，以及保持注意时是否需要意志努力，可以把注意分为无意注意、有意注意和有意后注意。

（1）无意注意

无意注意又称不随意注意，是指事先没有预定目的，也不需要做意志努力的注意。这种注意的产生和维持，不是依靠意志努力，而是人们自然而然地对那些强烈的、新颖的和自己感兴趣的事物所表现的心理活动的指向和集中。实际生活中，引起无意注意的原因是经常综合在一起的，主要包括刺激物的特点和人本身的状态。刺激物的特点包括刺激物的强度、刺激物之间的对比关系、刺激物的活动和变化、刺激物的新异性。人本身的状态包括人的需要和兴趣、人的情绪和精神状态。

（2）有意注意

有意注意又称随意注意，是指事先有预定目的，必要时还需做一定意志努力的注意。有意注意主动地服从于既定的目的和任务，它受人的意识的自觉调节和支配。有意注意的客体不易吸引人的注意，但又是应当去注意的事物。因此，要使意识集中在这种对象上就必须有一定的意志努力。

（3）有意后注意

有意后注意指事前有预定的目的，不需要意志努力的注意。有意后注意是注意的一种特殊形式。它一方面类似于有意注意，因为它和自觉的目的、任务相联系；另一方面类似于无意注意，因为它不需要人的一直努力。有意后注意是个人的心理活动对有意义、有价值的事物的指向和集中，它是在有意注意的基础上发展起来的。人们开始从事某项生疏的或不感兴趣的活动时，需要一定的意志努力才能保持注意，经过一段时间对这项活动十分熟悉了，就可以不需一直努力而保持注意。

无意注意、有意注意和有意后注意在实践活动中紧密联系，协同活动。无意注意在一定条件下可以发展为有意注意，有意注意可以发展为有意后注意。

6.1.4 消费者记忆

一、记忆的含义

记忆是获得信息并把信息储存在头脑中以备将来使用的过程。记忆和学习有着密切的关系，从学习论的角度来定义，记忆即指个人对因经验所学得并保留的行为，在需要时不必再加练习即可重现的心理历程。《辞海》中"记忆"的定义是："人脑对经验过的事物的识记、保持、再现或再认。"记忆是一个复杂的心理过程，在生活实践中有重要意义。人的很多心理活动都与记忆有着密切的关系。当人们注意某项刺激之后，有了某一属性或整体的适当记忆，才会形成感觉、知觉。在此基础上，消费者形成了感情和情绪；有了记忆，消费者学习的效果才能保持，消费才能以适当记忆的信息为基础，形成态度，进而产生购买动机。

二、记忆的过程

从记忆的心理过程来看，记忆过程可以分为三个环节——识记、保持、再认或回忆

（如图 6-1 所示）。识记是指个体获得知识和经验的过程，是记忆过程的第一个基本环节。保持是巩固以前获得的知识、经验的过程，这是记忆过程的第二个基本环节。再认是指对识记过的知识、经验等再次出现时感到熟悉并能确认的过程。回忆是根据需要把过去感知过的事物的映像独立地在脑中呈现出来的过程。再认或回忆是记忆过程的第三个基本环节。

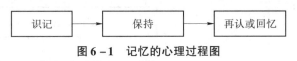

图 6-1 记忆的心理过程图

三、记忆分类

1. 根据记忆的内容或映像的性质划分

记忆的类别根据记忆的内容或映像的性质划分，可分为形象记忆、逻辑记忆、情感记忆和运动记忆。

形象记忆是以感知过的事物形象为内容的记忆。这些形象可以是视觉形象，也可以是听觉、嗅觉、味觉等形象。例如，消费者对商品的形状、大小、颜色等方面的记忆就是形象记忆。

逻辑记忆是以概念、公式、定理、规律等为内容的记忆，是通过语词表现出来的对事物的意义、性质、关系等方面的内容的记忆。例如，消费者对某种商品的制作原理、广告宣传等方面的记忆就是逻辑记忆。

情感记忆是以体验的某种情感为内容的记忆。例如，购买某品牌的商品后，在使用过程中感到满意和愉悦。

运动记忆是以过去做过的运动或动作为内容的记忆。例如，看电视"家庭生活"栏目了解如何制作鲜荷叶粉蒸肉，制作方法的记忆就是运动记忆。

2. 根据记忆保持时间长短或记忆阶段划分

用信息加工的观点看待人的认知活动，认为人的认知活动也可以看作是对信息进行加工的过程。它把记忆也看作是人脑对输入的信息进行编码、存储和提取的过程，并按信息的编码、提取方式、存储时间长短的不同，将记忆分为感觉记忆、短时记忆、长时记忆3个系统（如图6-2所示）。同时，记忆的3个阶段又称为3种记忆系统，它们是相互关联的。

感觉记忆又称瞬时记忆，是指当客观刺激物停止作用后，感觉信息在人脑中还能继续保持一个很短时间的记忆。进入瞬时记忆的信息在头脑中保持的时间为0.25~2秒。在瞬时记忆中被登记的信息，如果受到注意，它就转入第二个阶段，即短时记忆阶段；如果没有受到注意则很快消失。

短时记忆又称操作记忆，是指信息保持大约为1分钟的记忆。短时记忆在消费者活动中是必不可少的。例如，消费者了解广告信息等，是离不开短时记忆的。

长时记忆是指信息经过充分的和有一定深度的加工后，在头脑中长时间保留的记忆。它保存的时间长，从1分钟以上直到许多年乃至终身不忘。长时记忆是对短时记忆加工、复述的结果。只要有足够的复述，长时记忆的容量是相对无限的。有时强烈的刺激给人造成深刻的印象，也能一次形成长时记忆。

利用这一规律分析，企业首先应引起消费者注意，进而使瞬时记忆进入短时记忆和长时记忆，从而使消费者持久地记忆自己的品牌。

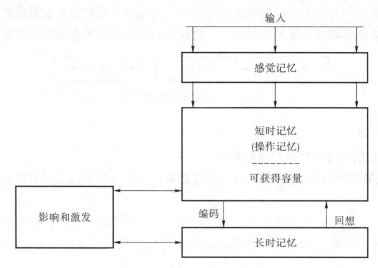

图 6-2　简化的记忆模型

（资料来源：John C. Mowen, Michael S. Minor. 消费者行为学 [M]. 黄格非，束珏婷，译. 北京：清华大学出版社，2003：52）

四、影响记忆的主要因素

1. 识记的目的与任务

识记的目的与任务对记忆效率和效果有一定的影响，如果识记者有一个良好的心态，对识记材料持良好的态度，具有提高自我或者增进知识等目的，记忆的效果会比较好。另外，识记的任务过重的时候，识记效果不会太好。

2. 识记材料的性质和数量

识记材料有无意义、有无内在联系，识记材料本身的数量、难易程度等，也会影响到识记的效果。

3. 识记者的身心条件

识记者身心条件好则记忆效果好；如果识记者体弱多病，则影响识记的效果。同样，识记者的心理条件也很重要。如果识记者抱着积极学习的心态，那么记忆效果会好，识记者精力充沛时的记忆要比身心疲惫时的记忆度要高。

4. 识记的方式和方法

识记材料的效果与采取什么样的方式方法有关。例如，刚刚学过的新知识，短期内重复、回忆、再认，尊重记忆规律，记忆效果获得提高。另外，如果形成合理的编码，记忆效果会更好。

五、消费者遗忘

1. 遗忘的含义与分类

遗忘是指对识记过的事物不能再认或回忆，或者表现为错误的再认或回忆。例如，学习过的知识没有很好地保持、被遗忘。

根据遗忘时间的长短，遗忘可以分为暂时性遗忘和永久性遗忘。随着时间的增加，遗忘的总量会增加，但是在单位时间内遗忘的数量会逐渐减少，最后几乎不会遗忘，即遗忘的速度会先快后慢。记忆与遗忘规律可以具体到每个人。因为每个人的生理特点、生活经历不同，可能导致不同的记忆习惯、记忆方式、记忆特点。因此，要根据每个人的不同特点，寻找到属于自己的遗忘曲线。

2. 影响遗忘进程的因素

造成消费者遗忘的原因是多方面的。遗忘进程不仅受时间因素的影响，还受许多其他因素的影响。

（1）学习态度

学习者对识记材料的需要、兴趣等，对遗忘的快慢有一定影响。在人们生活中没有重要意义、不占主要地位的内容，不能引起人们的兴趣，不符合人们需要的事情，会首先被遗忘；而人们需要的、感兴趣的、具有情绪作用的，则遗忘得较慢。经过人们的努力，积极加以组织的材料遗忘得较少；而单纯地重复材料，识记的效果较差，遗忘得较快。

（2）识记材料的性质和数量

一般来说，熟练的动作遗忘得较慢，形象性的材料比较容易长期保持，有意义的材料比无意义的材料遗忘得慢。在材料的数量方面，当学习材料数量超过记忆广度时，其数量的增加会引起学习的困难。在学习程度相同的情况下，要达到同样的识记水平，识记材料数量越多，遗忘得也就越快；识记材料越少，则遗忘较慢。

（3）材料在序列中的位置

识记材料的序列位置不同，遗忘的情况也不一样。一般是排列在序列首末两端部位的材料容易记忆，不易遗忘，而排列在中间部位的材料则容易遗忘。

六、记忆、遗忘与消费者行为

1. 利用记忆过程来提高消费者的记忆度

消费者记忆机制分为四个环节，即复述、编码、存储和提取四部分。

复述是指个体对进入短时记忆的信息或刺激予以默诵或做出进一步加工努力。编码是信息从一种形式或格式转换为另一种形式的过程。例如，视觉记忆、图片形式等信息更易被注意，新奇因素与神秘色彩的广告更容易引人注目，并形成记忆。存储是学习的信息存储在头脑中的过程。提取是指在特定环境下消费者可以提取存储在头脑中的信息。例如，回忆或再认的过程。企业可以利用消费者记忆机制的不同阶段来影响消费者，使其更好地复述、编码、存储和提取，以提高消费者的记忆度。

2. 利用记忆和遗忘的规律来减少消费者遗忘

对消费者的研究证明，有意义的材料比无意义的材料更容易记忆，强大的刺激和一些谐音法更容易被人们记忆，而如果把信息编成组块记忆度会更高，适当的重复也可以增加记忆度。在企业进行广告宣传、品牌营销时，可以利用上述特征增加消费者的记忆度，减少遗忘现象的发生。

6.1.5 联想

一、联想的含义

联想是由一种事物想到另一种事物的心理活动过程,是在消费者认知心理中比较重要的一种心理现象。联想可以由当时的情境引起,如当时注意、感知到的事物,也可以由内心的回忆等引起。消费者心理研究主要着重于注意、感知等因素所激发的联想,这是由于企业在开展营销活动时,可以通过控制购物环境或使用各种诱因,来引导消费者形成并促进消费的联想。

二、联想的一般规律

联想是心理学家研究得较早的一种心理现象,迄今为止,已经总结出来的一般性联想规律主要有接近联想、类似联想、对比联想、因果联想、特殊联想等。

1. 接近联想

由于两种事物在位置、空间距离或时间上比较接近,当人们认识到第一种事物时,很容易联想到另一种事物。例如,谈到北京,人们通常会联想到故宫、长城;提及西安,人们一般会联想到兵马俑、华清池等。

2. 类似联想

两种事物在大小、形状、功能、地理背景、时间背景等方面有类似之处,使人们在认识一种事物的同时会联想到另一事物。例如,我国著名水乡古镇周庄在进行国际旅游市场促销时,就曾利用类似联想推出"周庄——东方的威尼斯"的宣传口号,收到了很好的效果。

3. 对比联想

两种事物在性质、大小、外观等方面存在相反的特点,使人们在认识到一种事物的同时会从反面联想到另一种事物。这种联想会为企业创造出许多新的机会,开发出满足消费者相互对立的需求的商品。例如,可以设计出大包装和小包装、成人用和儿童用、黑色和白色等配套商品。

4. 因果联想

两种事物之间存在着一定的因果关系,容易使人由一种原因联想到其结果,或由事物的结果联想到其原因等。例如,企业宣布其商品全线降价时,往往会引发消费者对降价原因的联想,是否缘于商品供大于求,或质量下降,或原料价格降低,或竞争加剧等。消费者的这种因果联想经常影响企业营销策略的实施效应,因此要特别关注。

5. 特殊联想

两种事物之间不存在必然联系,而由于某些特殊事件导致其形成特殊关联,使消费者在见到一种事物时会自然地联想到另一种事物。例如,联想集团成为体育节目赞助商并冠名奥运指定商品,消费者在参与奥运活动时会联想到联想集团及其 IT 产品。

6.1.6 思维

一、思维的含义与特征

1. 思维的含义

思维是人脑对客观现实的概括的、间接的反映,是揭示事物的本质特征的理性认识,是人认识活动发展的高级阶段。具体地说，思维就是推理、判断、决策和解决问题。

2. 思维的特征

消费者在购物时往往要经过紧张的思维活动。一方面，由于所要购买的商品在满足需要上的特性不同，或者是为了实现购买还必须克服某些困难；另一方面，由于消费者个体的差异，在思维方式上又表现出不同的特点。

（1）独立性

有的消费者在购物中有自己的主见，不轻易受外界的影响，而是根据自己的实际情况权衡商品的性能和利弊等，独立做出购买决定；缺乏思维独立性与批判性的消费者，则容易受到外界的影响，缺乏自己的思考，容易追随他人，易被偶然暗示所动摇。

（2）灵活性

有的消费者能够依据市场的变化，运用已有的经验，灵活地进行思维并及时地改变原来的计划，做出某种变通的决定。有的消费者遇到变化时，往往呆板，墨守成规，不能做出灵活的反应或不能变通。

（3）敏捷性

有的消费者能在较短的时间内发现问题和解决问题，遇事当机立断，能迅速做出购买决定。相反，有的消费者遇事犹豫不决，不能迅速地做出购买决定而错失良机。

（4）创造性

有的消费者在消费活动中，不仅善于求同，更善于求异。能通过多种通道收集商品信息，在购买活动中不因循守旧，不安于现状，有创新意识，有丰富的创造想象力。

二、思维的分类

1. 根据思维活动的性质和方式划分

根据思维活动的性质和方式可以划分为动作思维、形象思维、逻辑思维。

动作思维又称实践思维，是以实际动作来解决直观、具体问题的思维，它是在实际的活动中进行的。消费者在实际的购买活动中需要有动作思维的参与。

形象思维是指利用事物的直观表象来进行分析、比较、综合、抽象、概括等内部的加工，从而解决问题。例如，消费者在购买家具时，会把眼前家具的颜色、款式与自己居室的颜色、摆放位置是否协调等进行形象思维，思维的结果影响其购买行为。

逻辑思维又称抽象思维，是用抽象的概念和判断、推理的方式解决问题的思维。消费者的购买活动同样离不开抽象思维的参与。

2. 根据思维的主动性和独创性划分

根据思维的主动性和独创性可以划分为常规思维和创造性思维。

常规思维又称习惯性思维，它是用常规方法来解决问题的一种思维。这种思维缺乏主动性和独创性，功能固着。

创造性思维是创造活动中的一种思维。它是用新的方案或程序，创造新的思维成果的思维活动。创造性思维是人类思维活动的高级过程，是一种复杂的心理活动，需要人们对已有的知识经验进行改组或重建，并在头脑中产生新的思维和想象。

6.2 消费者的情绪和情感过程

6.2.1 情绪和情感的含义与关系

1. 情绪和情感的含义

情绪或情感是人们对客观事物是否符合自己的需要所产生的一种主观体验。消费者在从事消费活动时，不仅通过感觉、知觉、注意、记忆等认识了消费对象，而且对它们表现出一定的态度。根据是否符合消费主体的需要，消费者可能对其采取肯定的态度，也可能采取否定的态度。当采取肯定态度时，消费者会产生喜悦、满意、愉快等内心体验；当采取否定态度时，则会产生不满、焦虑、憎恨等内心体验。这些内心体验就是情绪或情感。

情绪或情感是人对客观事物的一种特殊反应形式，它的发生与认识过程一样，源于客观事物的刺激。当刺激达到一定强度时，便会引起人的相应体验，从而产生各种情绪反应。这些情绪反应不具有具体的现象形态，但可以通过人的动作、语气、表情等方式表现出来。例如，某消费者终于买到盼望已久的新款名牌轿车时，他的面部表情和语气会表现欣喜、兴奋；而当发现商品存在质量问题时，又会表现出懊丧、气愤等表情。

2. 情绪与情感的关系

从严格意义上讲，情绪和情感是有区别的两种心理体验。情绪一般指与生理需要和较低级的心理过程（感觉、知觉）相联系的内心体验。例如，消费者选购某品牌香水时，会对它的香型、色泽、包装造型等可以感知的外部特征产生积极的情绪体验。情绪一般由特定的情境引起，并随着情境的变化而变化。因此，情绪表现的形式是比较短暂和不稳定的，具有较大的情境性和冲动性。某种情境一旦消失，与之有关的情绪就立即消失或减弱。情感是与人的社会性需要和意识紧密联系的内心体验。例如，理智感、荣誉感、道德感、美感等。它是人们在长期的社会实践中，受到客观事物的反复刺激而形成的内心体验。因此，与情绪相比，具有较强的稳定性和深刻性。在消费活动中，情感对消费者心理与行为的影响相对长久和深远。例如，对美感的评价标准和追求，会驱使消费者重复选择和购买符合其审美观念的某一类商品或款式，而排斥其他商品及款式式。

情绪与情感之间又有着密切的内在联系。情绪的变化一般受到已经形成的情感的制约，而离开具体的情绪过程，情感及其特点则无从表现和存在。因此，从某种意义上可以说，情绪是情感的外在表现，情感是情绪的本质内容。实践中二者经常作为同义词使用。

6.2.2 情绪和情感的分类

1. 根据情绪发生的强度、速度、持续时间、稳定性划分

（1）心境

这是一种比较微弱、平静而持久的情感体验。它具有弥散性、持续性和感染性的特点。在一定时期内会影响人的全部生活，使语言和行为都染上某种色彩。在消费活动中，良好的心境会提高消费者对商品、服务的满意程度，推动积极的购买行为；相反，不良的心境会使人对诸事感到厌烦，或拒绝购买任何商品，或专买用以排愁解闷的商品。

(2) 激情

这是一种猛烈的、迅速爆发而持续短暂的情绪体验。例如，狂喜、暴怒、恐怖、绝望等。激情具有瞬息性、冲动性和不稳定性的特点。激情爆发时，伴有明显的外部表现。例如，咬牙切齿、面红耳赤、捶胸顿足等，有时还会出现痉挛性的动作或言语紊乱。消费者处于激情状态时，其心理活动和行为表现会出现失常现象，理解力下降，自控能力减弱，以致做出非理性的冲动式购买举动。

(3) 热情

这是一种强有力的、稳定而深沉的情绪体验。例如，向往、热爱、嫉妒等。热情具有持续性、稳定性和行动性的特点，它能够控制人的思想和行为，推动人们为实现目标而长期不懈地坚持努力。

(4) 挫折

这是一种在遇到障碍又无法排除时的情绪体验。例如，怨恨、懊丧、意志消沉等。挫折具有破坏性、感染性的特点。消费者处于挫折的情绪状态下，会对厂商的营销策略采取抵制态度，甚至迁怒于销售人员或采取破坏行动。

2. 根据情绪表现的方向和强度划分

(1) 积极情绪

例如，喜欢、满足、快乐等，积极情绪能增强消费者的购买欲求，促成购买行动早日实现。

(2) 消极情绪

例如，厌烦、不满等。消极情绪会抑制消费者的购买欲望，阻碍购买行动的实现。

(3) 双重情绪

许多情况下，消费者的情绪并不简单地表现为积极或消极两种。例如，满意—不满意、信任—不信任等，而经常表现为既喜欢又怀疑，基本满意又不完全称心等双重性。例如，消费者对所买商品非常喜爱，但对价格偏高又感到有些遗憾。双重情绪的产生，是由于消费者的情绪体验主要来自商品和售货员两个方面。当二者引起的情绪不一致时，就会出现两种相反情绪并存的现象。

3. 根据情感的社会内容划分

(1) 道德感

这是人们根据一定的道德标准，评价自己和别人的言行、思想、意图时产生的情感体验。在购买活动中，消费者总是按照自己所掌握的道德标准，来决定自己的消费标准，挑选商品的造型、颜色。同时，如果消费者挑选或购买商品时，受到销售人员热情接待，就会产生赞赏感、信任感和满足感等属于道德感的肯定的情感，并以愉快、欣喜、兴奋等情绪形态反映出来。

(2) 理智感

这是人们的求知欲望是否得到满足而产生的情感体验。消费者的理智感是在认识商品的过程中产生的。例如，某些消费者对新型的、科学性较强的商品，往往不能做出正确的评价，下不了购买决心，会产生犹豫感，表现出疑虑的情绪色彩。

（3）美感

这是人们根据美的需要，按照个人的审美标准对自然和社会生活中各种事物进行评价时产生的情感体验。

6.2.3 情绪理论

情绪体验同时伴有生理和心理两种过程，情绪的理论试图对这两个过程以及它们的关系做出系统的解释，因而产生了许多不同的观点，进而形成了各种情绪理论。

1. 詹姆斯–兰格情绪学说

在情绪的早期理论中，有代表性的是詹姆斯–兰格情绪学说。美国心理学家威廉·詹姆斯（William James）和丹麦生理学家卡尔·兰格（C. Lange）于1884年和1885年分别提出了相似的情绪理论：情绪产生于植物性神经系统的活动。他们把情绪的产生归因于身体外周活动的变化。按照常理人们习惯性地认为，先受到某种刺激，产生了某种情绪，才会引发机体变化和反应。但詹姆斯和兰格的见解却与此相反，他们认为，在客观情境之后首先发生身体内部的生理变化，然后才引起情绪的自觉体验。"没有生理变化，就没有情绪体验"。所不同的是詹姆斯认为大部分或主要的情绪是由内脏的变化引起的，而兰格认为所有的情绪都是由内脏的变化引起的。

2. 情绪的动机–唤醒理论

这种理论认为，情绪是唤醒、激活动机的一种持续状态，将情绪与动机相提并论。在这里介绍美国心理学家扬（P. T. Yong）的理论。1961年，通过实验研究指出，情感过程与感知过程不同就在于它产生动机作用并影响行为。他认为情感的作用主要有以下四个方面：一是激活、诱发行为；二是维持并结束行为；三是调整行为，决定其是否继续与发展；四是组织行为，决定神经活动模型的形式。扬的理论着重于情绪的动机作用，大量引用了唤醒概念，将情感看成愉快—不愉快两极之间的享乐序列、享乐程度不同，其唤醒功能也不同，对行为施加了不同的影响。

3. 情绪的认知理论

认知理论认为，情绪的发生受到环境事件、生理状态和认知过程三种因素的影响，其中认知过程是决定情绪性质的关键因素。在这个理论中比较有名的是沙赫特和辛格的三因素论。美国心理学家沙赫特（S. Schachter）和辛格（J. Singer）在1962年做了一个实验。通过实验得出：情绪状态实际上是认知过程、生理状态和环境因素共同作用的结果。大脑皮层将外界环境信息、内部生理变化信息以及经验、情境的认知信息整合起来，产生了一定的情绪。

6.2.4 消费者购买活动的情绪过程

消费者在购买活动中的情绪过程大体可分为4个阶段。

1. 悬念阶段

在这一阶段，消费者产生了购买需求，但并未付诸购买行动。此时，消费者处于一种不安的情绪状态。如果需求非常强烈，不安的情绪会上升为一种急切感。

2. 定向阶段

在这一阶段，消费者已面对所需要的商品，并形成初步印象。此时，情绪获得定向，即趋向喜欢或不喜欢、满意或不满意。

3. 强化阶段

如果在定向阶段消费者的情绪趋向喜欢和满意，那么这种情绪现在会明显强化，强烈的购买欲望迅速形成，并可能促成购买决策的做出。

4. 冲突阶段

在这一阶段，消费者对商品进行全面评价。由于多数商品很难同时满足消费者多方面的需求，因此，消费者往往要体验不同情绪之间的矛盾和冲突。如果积极的情绪占主导地位，就可以做出购买决定，并付诸实现。

6.2.5 情绪和情感的影响因素

购买活动中，消费者情绪的产生和变化主要受 3 方面因素的影响：

1. 消费者的心理状态背景

消费者生活的遭遇、事业的成败、家庭境况等现实状况，对消费者的情绪过程有着重要的影响，从而影响他的购买决策过程。

2. 消费者不同的个性特征

消费者的个性特征主要包括个人的气质类型、选购能力、性格特征。这些个人的个性特征也会影响消费者购买活动的情绪体验。例如，某消费者选购能力差，在众多的商品中就会感到手足无措，这时候，麻烦的情绪袭上心头，就会产生放弃购买的心理。

3. 商品特性的影响

人的情绪和情感总是针对一定的事物而发。消费者的情绪首先是由他的消费需要能否被满足而引起和产生的，而消费者需要的满足则要借助于商品来实现。所以，影响消费者情绪的重要因素之一，是商品的各方面属性能否满足消费者的需要和要求。

（1）商品命名中的情感效用

厂家给商品取一个具有独特情绪色彩的名称，符合消费者某方面的需要，容易激起他的购买欲望。例如，白玉牌牙膏、乐口福麦乳精等，符合我国消费者图吉利的思想，很容易被消费者所接受。

（2）商品包装中的情绪效果

消费者选购商品时，首先看到的是商品的包装，包装对消费者购买商品起到很大的作用，会影响他的购买意愿。例如，有一种药品的包装造型像坦克，配以适当的说明，能给人以形象的暗示。

4. 购物环境的影响

心理学认为，情绪不是自发的，它是由环境中多种刺激引起的。从消费者购买活动来分析，直接刺激消费者感官、引起其情绪变化的主要有购物现场的设施、照明、温度、声响以及销售人员的精神风貌等因素。购买现场如果宽敞、明亮、整洁，整体环境幽雅，售货员服务周到热情，会引起消费者愉快、舒畅、积极的情绪体验，反之，会引起消费者厌烦、气愤的情绪体验。

6.3 消费者的意志过程

消费者的心理职能并不只限于对商品和服务的认识过程及产生一定的情感体验，更主要的是要有计划地实施购买决策。消费者为保证不受干扰地实现预定的购买目标，而采取的一系列心理活动，就是消费者的意志心理过程。

6.3.1 意志的含义与特征

1. 意志的含义

消费者在购买活动中有目的、自觉地支配和调节自己的行动，努力克服各种困难，从而实现既定购买目的的心理过程，就是消费者的意志心理过程。如果说消费者对商品认识活动是由外部刺激向内在意识转化，那么，消费者对商品的意志活动就是内在意识向外部行动的转化。消费者的意志过程同认识过程、情感过程一样，是消费者心理活动不可缺少的组成部分。

2. 意志的特征

（1）目的性

消费者在购买过程中的意志活动是以明确的购买目的为基础的。因此，在有目的的购买行为中，消费者的意志活动体现得最为明显。通常为满足自身的特定需要，消费者经过思考预先确定了购买目标，然后自觉地、有计划地按购买目的去支配和调节购买行动。

（2）克服困难性

现实生活中，消费者为达到既定目的而需要排除的干扰和克服的困难是多方面的。例如，时尚与个人情趣的差异，支付能力有限与商品价格昂贵的矛盾，售货方发货慢和服务质量差所造成的障碍，申请消费信贷与贷款利息高的矛盾，等等。这就需要消费者在购买活动中，既要排除思想方面的矛盾、冲突和干扰，又要克服外部社会条件方面的困难。所以，在购买目的确定后，为达到既定目的，消费者还需做出一定的意志努力。

（3）调节行动性

意志对行动的调节，包括发动行为和制止行为两个方面。前者表现为激发起积极的情绪，推动消费者为达到既定目的而采取一系列行动；后者则抑制消极的情绪，制止与达到既定目的相矛盾的行动。这两方面的统一作用，使消费者得以控制购买行为发生、发展和结束的全过程。

6.3.2 消费者的意志过程

尽管消费者的意志过程具有明确的购买目的和调节购买行为全过程的特征，但这些特征总是在意志行动的具体过程中表现出来的。通常，消费者意志过程可以分为3个行动阶段：

1. 采取购买决策阶段

这是消费者购买活动的初始阶段。这一阶段包括购买动机的取舍、购买目的的确定、购买方式的选择和购买计划的制订,实际上是购买前的准备阶段。消费从自身需求出发,根据自己的支付能力和商品供应情况,分清主次、轻重、缓急,做出各项决定,即是否购买和购买的顺序等。

2. 执行购买决策阶段

在这一阶段,购买决定转化为实际的购买行动,消费者通过一定的方式和渠道购买到自己所需要的商品或服务。当然,这一转化过程在现实生活中不会是很顺利的,往往会遇到一些障碍需要加以排除。所以,执行购买决定是消费者意志活动的中心环节。

3. 体验执行效果阶段

完成购买行为后,消费者的意志过程并未结束。通过对商品的使用,消费者还要体验执行购买决定的效果。例如,商品的性能是否良好,使用是否方便,外观与使用环境是否协调,实际效果与预期是否接近等。在上述体验的基础上,消费者将评价购买这一商品的行动是否明智。这种对购买决策的检验和反省,对今后的购买行为有重要意义。它将决定消费者今后是重复购买还是拒绝购买,是扩大购买还是缩小购买该商品。

在上述阶段的基础上,消费者完成了从认识到情绪到意志的整个心理活动过程。

6.3.3 消费者的意志品质

意志品质是消费者意志的具体体现。在购买行动中,常常可以观察到消费者的购买行为具有各种显著的特征。例如,有的人行为果断、快速、冷静、沉着、独立性强,而有的人则犹豫、彷徨、冲动、草率、独立性差。从一方面来讲,这是由于他们个性特征不同,但另一方面反映了他们意志品质的差别。消费者的意志品质主要表现在自觉性、果断性、自制性和坚韧性等几个方面。

1. 自觉性

自觉性指消费者能主动充分认识到自己行动的正确性以及行动的社会效果。自觉性是产生坚强意志品质的基本条件。富有自觉性的消费者在购买活动中不盲从和鲁莽,因为他们的购买目的、行动计划是在深思熟虑、权衡各种利弊的基础上制订的,对实现购买目的的重要性、正确性早已清晰明了。因此,购买行动是有条不紊地进行的,在遇到困难时,能理智分析,自觉修改购买方案,以利于克服困难,最终实现预设目标;相反,自觉性较差的消费者,其购买行为缺乏计划性、条理性,容易盲目地接受别人的暗示或影响,或者是不加分析地接受或拒绝别人的意见,在购买过程中往往表现为依赖、冲动和回避的态度,不愿付出必要的智力、思维和体力,从而影响购买行为的实现。

2. 果断性

果断性指消费者能迅速地分析所发生的情况,做出和执行决策。果断性较强的消费者在购买过程中往往善于捕捉机遇,积极全面地思考,正确迅速地决策,并坚定地执行决策。果断性差的消费者则常常表现出优柔寡断、犹豫不决,决策过程也会时断时续,且容易受到外界的干扰而发生变化。果断性会给消费者带来一些切身利益;反之,优柔寡断的消费者在不同的购买目的和购买手段之间取舍不定、犹豫不决,往往错过最佳购买时机或者不利于下一步执行决定的顺利实现。

3. 自制性

自制性指消费者善于支配、控制自己的情感，约束自己的言行的能力。在购买过程中，由于消费者心理活动和外界因素的交互影响，常常使购买行为变得十分复杂，发生一些出乎意料的事件。例如，消费者与营业员之间发生摩擦，此时，自制性较强的顾客，可以较好地控制自己的情绪，约束自己的过激言行，从而缓和矛盾。而自制性较差的顾客，则可能会与营业员爆发激烈的争吵，这既影响了购买行为的完成，又会造成自己心灵受伤。所以，消费者应很好地培养、锻炼自己的自制性，成为意志坚强的人。

4. 坚韧性

坚韧性指消费者善于克服困难，坚持不懈地努力，完成预定任务的素质。即通常所说的毅力。一般来说，活动的目的越明确，社会意义越大，则消费者热情越高，其坚韧性就越好。坚韧性强弱也与消费者的个性特征有关，做事虎头蛇尾、三分钟热情的人，其坚韧性较差，其购买活动的效率及成功率均较低。

本章小结

1. 消费者的一般心理过程分为认知过程、情感过程和意志过程。

2. 认识过程是消费者心理过程的第一阶段，是消费者其他心理过程的基础。人的认识过程主要是靠人的感觉、知觉、注意、记忆、联想、思维等心理活动来实现的。

3. 情绪或情感是人们对客观事物是否符合自己的需要所产生的一种主观体验。消费者在从事消费活动时，不仅通过感觉、知觉、注意、记忆等认识了消费对象，而且对它们表现出一定的态度。

4. 消费者的心理职能并不只限于对商品和服务的认识过程及产生一定的情感体验，更主要的是要有计划地实施购买决策。消费者为保证不受干扰地实现预定的购买目标，而采取的一系列心理活动，就是消费者的意志心理过程。

练习与思考

1. 消费者的一般心理活动过程包括哪些内容？
2. 消费者知觉的含义是什么？对消费者行为具有哪些影响？
3. 消费者注意的含义是什么？具有哪些特征？
4. 消费者情绪和情感的主要影响因素有哪些？

技能实训：分析消费者一般心理过程

1. 选择消费者一般心理过程的某一阶段：

2. 针对选择的心理过程阶段查找某一公司具体的营销策略进行白描：_____
_____
_____
_____

3. 针对某公司营销策略做出优缺点评价：_____
优点：_____
_____

缺点：_____
_____

扩展阅读

"佳佳"和"乖乖"的不同命运

"佳佳"和"乖乖"是香脆小点心的商标，曾经相继风靡20世纪70年代的台湾市场，并掀起过一阵流行热潮，致使同类食品蜂拥而上，多得不胜枚举。然而时至今日，率先上市的佳佳在轰动一时之后销声匿迹了，而竞争对手乖乖却经久不衰。为什么会出现两种截然不同的命运呢？

经考察，佳佳上市前做过周密的准备，并以巨额的广告申明：销售对象是青少年，尤其是恋爱男女（包括失恋者），广告中有一句话是"失恋的人爱吃佳佳"。显然，佳佳希望寄托在"情人的嘴巴上"，而且做成的是咖喱味，并采用了大盒包装。乖乖则是以儿童为目标，以甜味与咖喱味抗衡，用廉价的小包装上市，去吸引敏感而又冲动的孩子们的小嘴，叫他们在举手之间吃完，嘴里留下余香。这就促使疼爱孩子们的家长重复购买。为了刺激消费者，乖乖的广告直截了当地说"吃，吃得个个笑逐颜开！"可见，佳佳和乖乖有不同的消费对象、不同大小的包装、不同的口味风格和不同的广告宣传，正是这几个不同，最终决定了两个竞争者的不同命运。乖乖征服了佳佳，佳佳昙花一现。

消费心理研究指出，在购买活动中，不同消费者的不同心理现象，无论是简单的还复杂的，都需要消费者对商品的认识过程、情感过程和意志过程这三种既相互区别又相互联系、相互促进的心理活动过程。

首先，从消费者心理活动的认识过程来看，消费者购买行为发生的心理基础是对商品已有的认识，但并不是任何商品都能引起消费者的认知。心理实验证明：商品只有某些属性或总体形象对消费者具有一定强度的刺激以后，才会被选为认知对象。如果达不到强度或超过了感觉阈限的承受度，都不会引起消费者认知系统的兴奋。商品对消费者刺激强弱的影响因素较多。以佳佳和乖乖为例，商品包装规格大小、消费对象设计、宣传语言的选择均对消费者产生程度不同的刺激。佳佳采用大盒包装，消费者对新产品的基本心理定式是"试试看"，偌大一包不知底细的食品，消费者颇感踌躇，往往不予问津；而消费对象限于恋爱情人,又赶走了一批消费者;再加上广告语中的"失恋者爱吃佳佳"一语,又使一部分消费者在"与我无关"的心理驱动下,对佳佳视而不见、充耳不闻。乖乖的设计就颇有吸引力:一是廉价小包装,消费者在"好坏不论,试过再说"的心理指导下,愿意一试,因为量小,品尝不佳损失也不大;再者广告突出了"吃"字,吃得开心、开心地吃,正是消费者满足食欲刺激的兴奋点。两相对比,乖乖以适度、恰当的刺激,引起了消费认知,在市场竞争中,最终击败了佳佳。

其次,从消费心理活动的情感过程来看,通常情况下,消费者完成对商品的认知过程后,具备了购买的可能性,但消费行为的发生,还需要消费者情感过程的参与。积极的情感可以增强消费者的购买欲望,反之,消极的情感会打消购买欲望。佳佳的口味设计,咖喱的辣味与恋爱情调中的轻松与甜蜜不太相宜,未免扫兴。再加上"失恋的人爱吃佳佳"这种晦气的印象,给人以消极情感刺激。因此,它最终败下阵来也就没有什么可以奇怪的了。

在商品购买心理的认知过程和情感过程这两个阶段,佳佳都未能给消费者造成充分的良性情感刺激度,失去了顾客的爱心;而乖乖则给人以充分的积极情绪的心理刺激,大获消费者青睐。因此,消费者在意志过程的决断中,舍谁取谁,已在不言之中了。

(王官诚,汤晖,万宏.消费心理学[M].北京:电子工业出版社,2013:53.)

第 7 章

消费者需要与动机

学习目标

①理解消费者需要、消费者动机的含义。
②掌握消费者需要的研究方法。
③了解消费者需要的影响因素。
④掌握消费者动机的研究方法。
⑤了解消费者动机的影响因素。
⑥培养需求能力，增强社会责任意识。

引导案例

速溶咖啡为何受冷落

20世纪40年代，当速溶咖啡这个新产品刚刚投放市场时，厂家自信它会很快取代传统的豆制咖啡而获得成功，因为它的味道和营养成分与豆制咖啡相同但饮用方便，不必再花长时间去煮，也不要再为刷洗煮咖啡的器具而费很大的力气。出乎意料的是，速溶咖啡刚面市时却受到了冷落，购买者寥寥无几。为此，心理学家们对消费者进行了问卷调查，请被试回答不喜欢速溶咖啡的原因和理由。很多人一致回答是因为不喜欢它的味道，这显然不是真正的原因。

为了深入了解消费者拒绝使用速溶咖啡的潜在动机，心理学家们改用间接的方法对消费者真实的动机进行了调查和研究。他们编制了两种购物单，这两种购物单上的项目，除一张上写的是速溶咖啡，另一张写的是豆制咖啡这一项不同之处，其他各项均相同。把两种购物单分别发给两组妇女，请她们描写按购物单买东西的家庭主妇是什么样的妇女。结果表明，两组妇女所描写的想象中的两个家庭主妇形象是截然不同的。看速溶咖啡购物单的那组妇女几乎有一半人说，按这张购物单购物的家庭主妇是个懒惰的、邋遢的、生活没有计划的女人。有12%的人把她说成是个挥霍浪费的女人，还有10%的人说她不是一位好妻子。另一组妇女则把按豆制咖啡购货的妇女描绘成节俭的、讲究生活的、富有经验的和喜欢烹调的主妇。这说明，当时的美国妇女有一种带有偏见的自我意识：作为家庭主妇，担负繁重的家务劳动乃是一种天职，而逃避这种劳动则是偷懒的、值得谴责的行为。速溶咖啡的广告强调的正是速溶咖啡的省时、省力的特点，因而并没有给人以好的形象，反而被理解为它帮助了懒人。

由此可见，速溶咖啡开始时被人们拒绝，并不是由于它本身，而是由于人们的动机，即都希望做一名勤劳的、称职的家庭主妇，而不愿做被人和自己所谴责的懒惰、失职的主妇，这就是当时人们的一种潜在的购买动机，这也是速溶咖啡被拒绝的真正原因。谜底揭开之后，厂家对产品的包装做了相应的修改，除去了使人产生消极心理的因素。广告不再宣传又快又方便的特点，而是宣传它具有新鲜咖啡所具有的美味、芳香和质地醇厚等特点；在包装上，使产品密封十分牢固，开启时十分费力，这就在一定程度上打消了顾客因用新产品省力而造成的心理压力。结果，速溶咖啡的销路大增，很快成了西方世界最受欢迎的咖啡。

(资料来源：王官诚，汤晖，万宏. 消费心理学 [M]. 北京：电子工业出版社，2013：89-90.)

消费者的购买行为是整个消费活动中的重要环节。在购买过程中，消费者的购买行为能否发生、如何进行，都受到包括需要、动机等心理活动因素的制约。消费者购买行为的一般规律是：需要决定动机，动机支配行为，这是一个不间断的循环过程。

7.1 消费者需要

消费者为什么购买某种产品，为什么对企业的营销刺激有着这样而不是那样的反应？在很大程度上是和消费者的购买动机密切联系在一起的。研究购买动机就是探究购买行为的原因，即寻求对购买行为的解释，以使企业营销人员更深刻地把握消费者行为，在此基础上做出有效的营销决策。

7.1.1 消费者需要的含义、特征与分类

1. 消费者需要的含义

消费者需要是指消费者生理和心理上的匮乏状态，即感到缺少些什么，从而想获得它们的状态。个体在其生存和发展过程中会有各种各样的需要。例如，饿的时候有进食的需要，渴的时候有喝水的需要，在与他人交往中有获得友爱、被人尊重的需要等。需要是和人的活动紧密联系在一起的。人们购买产品，接受服务，都是为了满足一定的需要。一种需要满足后，又会产生新的需要。因此，人的需要绝不会有被完全满足和终结的时候。正是需要的无限发展性，决定了人类活动的长久性和永恒性。需要虽然是人类活动的原动力，但它并不总是处于唤醒状态。只有当消费者的匮乏感达到了某种迫切程度，需要才会被激发，并促动消费者有所行动。例如，我国绝大多数消费者可能都有住上更宽敞住宅的需要，但由于受经济条件和其他客观因素制约，这种需要大都只是潜伏在消费者心底，没有被唤醒，或没有被充分意识到。此时，这种潜在的需要或非主导的需要对消费者行为的影响力自然就比较微弱。

需要一经唤醒，可以促使消费者为消除匮乏感和不平衡状态采取行动，但它并不具有对具体行为的定向作用。在需要和行为之间还存在着动机、驱动力、诱因等中间变量。例如，当饿的时候，消费者会为寻找食物而活动，但面对面包、馒头、饼干、面条等众多选择物，到底以何种食品充饥，则并不完全由需要本身所决定。换句话说，需要只是对应于大类备选产品，它并不为人们为什么购买某种特定产品、服务或某种特定牌号的产品、服务提供充分解答。

2. 消费者需要的特征

（1）多样性和差异性

多样性和差异性是消费者需要最基本的特征，它既表现在不同消费者之间需要的差异上，也体现在同一消费者多样化的需要内容中。

消费者需要的产生取决于消费者自身的主观原因和所处消费环境两方面因素。每个消费者的年龄、性别、民族传统、收入水平、文化程度等存在诸多差异，由此形成多种多样的消费需要。每个消费者都会按照自身的需要选择、评价和购买商品。例如，有人追求商品的品牌和美观，有人以经济实用作为标准，由此表现出多样性、异质化的需要。消费者需要的多样性还表现为同一消费者对同一消费对象的多方面要求。例如，购买冬装既要具有良好的保暖性，也要美观、新颖、耐穿等。

（2）层次性和发展性

消费者的需要是有层次的，并由低层次向高层次逐级延伸发展。通常情况下，消费者首先关注低层次的需要，而当低层次需要被满足时，则会转向追求高层次需要。例如，充饥、御寒属于较低层次的需要；受人尊重、实现自我属于高层次的需要。通常，人们在满足生存、安全需要的基础上，才会追求受人尊重、自我实现等高层次的需要。

消费需要是一个由低级向高级、由简单向复杂不断发展的过程。因此，消费者需要不是一成不变的，而是具有发展性。随着社会经济的发展和人民生活水平的提高，消费者对商品的需要在数量和质量上都不断变化提升。消费需要的发展性可以促进社会经济的发展，而随着社会经济的发展，消费需要也在不断地发展变化。

（3）周期性

消费者的某些需要在获得满足后，一定时期内不再产生，但随着时间的推移还会重新出现，呈现出明显的周期性。重新出现的需要不是原有需要的简单重复，而是在内容、形式上有所变化和更新。这种需要的周期性特点主要是由消费者的生理运行机制及某些心理特性引起的，并受到自然环境变化周期、商品生命周期等影响。例如，消费者对食物呈现出明显的重复性周期需要，而对服装需要的周期则随着季节变化和时尚潮流不断更新。

（4）伸缩性

伸缩性又称需求弹性，是指消费者对某种商品的需要会因某些因素，例如支付能力、价格、储蓄利率等影响，而发生一定限度的变化。从支付能力看，在现实生活中，每个消费者都同时具有多种需要，但在一定时期内，多数消费者的支付能力是有限的。多方面的消费需要与有限的支付能力之间矛盾、转化的结果，使消费者的需要有限地得到满足，并表现出一定的伸缩性，即在需求的强度和容量上可多可少，可强可弱。价格亦是引起需要伸缩性的主要因素。一般来讲，价格与消费需求弹性呈反比，即价格上升，需求减少，反之亦然。可见，当客观条件限制需要的满足时，需要可以抑制、转化、降级，可以停留在某一水平上，也可以在较低数量上同时满足几种需要，还可以放弃其他需要而获得某一种需要的满足，由此表现出明显的弹性。

（5）可诱导性

消费者的需要不是一成不变的，任何层次的需要都会因环境的变化而发生改变。环境的改变或外部诱因的刺激、引导，可以诱使消费者需要发生变化和转移。因此，消费者需要具有可诱导性质，即可以通过人为地、有意识地给予外部诱因或改变环境状况，诱使和引导消费者需要按照预期的目标发生变化和转移。实践中，许多企业正是利用消费者需要的可变性和可诱导性这一特点，开展广告宣传，倡导消费时尚，创造示范效应，施予优惠刺激等，来有效地影响、诱导消费者形成、改变或发展某种需要。

3. 消费者需要的分类

消费者需要的类别极其丰富多样，对其研究的角度不同，分类的结果也就不相同。

（1）根据需要的起源划分

根据需要的起源可以分为生理需要和心理需要。

生理需要是消费者为维持和延续生命，对于衣、食、住、安全等基本生存条件的需要。这种需要是人作为生物有机体与生俱来的，是由消费者的生理特性决定的，因而叫生理需要。

心理需要是消费者在社会环境的影响下，所形成的带有人类社会特点的某些需要。例如，社会交往的需要、对荣誉的需要、自我尊重的需要、表现自我的需要。这种需要是人作为社会成员在后天的社会生活中形成的，是由消费者的心理特性决定的，因而叫心理需要。

（2）根据消费需要的市场实现程度划分

根据消费需要的市场实现程度可以分为已实现的需要、现实需要和潜在需要。

已实现的需要指消费者已经在需要和动机的驱使下完成了对某种商品的购买，达到了最初的目标，满足了需要。

现实需要指消费者已经具备对某种商品的实际需要，且具有足够的货币支付能力，而市场上也具备充足的商品，消费者的需要随时可以转化为现实的购买行动。

潜在需要指目前尚未显现或明确提出，但在未来可能形成的需要。这种需要通常是由于某种消费条件不具备所致。例如，市场上缺乏能满足需要的商品，消费者的货币支付能力不足，缺乏充分的商品信息，消费意识不明确，需求强度较弱等。当上述条件具备时，潜在需要可以立即转化为现实需要。

（3）根据消费需要的强烈程度划分

根据消费需要的强烈程度可以分为充分需要、过度需要、低速需要和无需要。

充分需要又称饱和需要，是指消费者对某种商品的需求总量及时间与市场商品供应量及时间基本一致，供求之间大体趋向平衡。这是一种理想状态。但是，由于消费需要受多种因素的影响，任一因素变化都会引起需求的相应变动。因此，供求平衡的状况只能是暂时的、相对的。

过度需要又称超饱和需要，指消费者的需要超过了市场商品供应量，呈现供不应求的状况。这类需要通常由外部刺激和社会心理因素引起。例如，多数人的抢购行为是出于对未来经济形势不乐观的心理预期等。

低迷需要指消费者对某种商品的需要远远不及市场上商品的供应量，处于供过于求的状况。

无需要又称零需要，是指消费者对某类商品缺乏兴趣或漠不关心，不产生任何需求。无需要的商品可能不具备消费者需要的效用，或消费者对商品缺乏了解和认识，没有与自身利益联系起来。

（4）根据消费需要的变动规律划分

根据消费需要的变动规律可以分为周期需要、不规则需要、渐进需要、退却需要。

周期需要指某些消费需要在获得满足后，一定时间内不再产生，但随着时间的推移还会重新出现，并且在时间上呈现出明显的周期性。

不规则需要又称不均衡或波动性需要，是指消费者对某类商品的需要在数量和时间上呈不均衡波动状态。例如，许多季节性商品、节日礼品以及旅游、交通运输的消费需求，就具有明显的不规则性。这种波动也可能随着社会的发展或者环境的变化而变化。

渐进需要又称累进需要，是指由于某种商品引起了消费者的注意和兴趣，而使消费者对该种商品的需要逐渐增加。

退却需要是指消费者对某种商品的需要逐步减少，并趋向进一步衰退之中。导致需要衰退，通常是由时尚变化、消费者兴趣转移，或新产品上市对老产品形成替代，或消费者对经济形势、价格变动、投资收益的心理预期等引起的。

（5）根据消费需要的指向内容划分

根据消费需要的指向内容可分为正当需要、无益需要和否定需要。

正当需要是指不仅能使消费者的正当利益得到满足，而且对他人或社会的利益不会造成任何危害。

无益需要是指消费者对某些危害社会利益或有损于自身利益的商品或服务的需要。例如，对香烟、烈酒、毒品、赌具、色情服务的需要，对消费者个人和社会都是有害无益的。

否定需要是指消费者对某类商品持否定、拒绝的态度。因此，拒绝其需要。之所以如此，可能是商品本身不适合消费需要，或者因旧的消费观念束缚、错误信息误导所致。

（6）根据需要的对象划分

根据需要的对象可分为物质需要、精神需要。

物质需要是指消费者对以物质形态存在的、具体有形的商品的需要。这种需要反映了消费者在生物属性上的欲求。其中又可以进一步划分为低级和高级。低级的物质需要指向维持生命所必需的基本对象；高级的物质需要是指人们对高级生活用品（如家用电器、高档服装、健身器材、家庭轿车等）以及用于从事劳动的物质对象（如劳动工具）的需要。

精神需要是指消费者对意识观念的对象或精神产品的需要。例如，获得知识、提高技能、艺术欣赏、情操陶冶和追求真理等方面的需要。这种需要反映了消费者在社会属性上的欲求。

（7）根据需要的层次

美国人本主义心理学家马斯洛于1943年提出了"需要层次论"，把人类多种多样的需要划分为上述五个层次：即生理需要、安全需要、爱与归属需要、尊重需要和自我实现需要。

①生理的需要，是维持个人最基本的生存的需要，如食物、水、衣服等。

②安全的需要，包括人身安全、生活稳定的需要等。

③爱与归属的需要，个人要求与他人建立情感联系以及隶属于某一群体，并在群体中享有地位的需要。

④尊重的需要，包括自尊或尊重的需要，属于一种精神、情感层次的需要，是自我价值的个人感觉和他人对自己的认可与尊重的需要。包括对于地位、声望、荣誉等的需要或欲望。

⑤自我实现的需要，是指个体向上发展和充分运用自身才能、品质、能力倾向的需要。

马斯洛的需要层次理论对研究和划分消费者的需要类别以及各类需要之间的相互关系具有重要的指导意义，因而受到广泛关注。

7.1.2 消费者需要的具体研究方法

从消费者需要的基本形态可以了解，需要不仅是消费者购买行为的动力，它还是动态的，这样一来，消费者需要是永远不会被彻底满足的，所以，消费者的购买行为也永远不会停止。企业必须努力探索消费者尚未满足的需要，不断推出新产品以唤起人们潜在的需要。如何去探索、认识消费者的需要呢？可以用观察法、调查法，包括问卷调查、访谈、电话调查、小组讨论和线上调查等具体方法，还可以用二手资料分析法了解消费者需要。

7.1.3 消费者需要产生和发展变化的影响因素

影响消费者需要的产生和发展变化的因素很多，主要包括5个方面。

1. 个体的生理状态

均衡说认为，有机体生理状态的平衡是维持个体生存的必要条件，机体内部某种东西缺乏就会破坏均衡，从而使机体产生紧张感，于是产生生理及安全的需要。这个学说能比较好地解释人的一些低级需要的产生原因，不能解释高级的如自我实现的需要的产生原因。例如，饥饿需要的产生，依赖于味觉、胃的收缩、血液含糖浓度、激素状态以及神经活动。脑及神经系统的活动等人的生理状态与人的需要产生有关。

2. 个性心理因素

一个人个性结构中占主导地位的是需要结构，它是个性倾向性的标志之一。因此，需要不仅影响个性的形成和表现，也同时受到个性的制约。

3. 个体的认知因素

有关心理学研究表明，人的思想特别是想象和幻想可能使一个人不断地产生某些需要。例如，有些人幻想自己是有钱人，其言谈举止、消费等行为都模仿"大款"，甚至采取非法手段骗取钱财挥霍，想象和错觉可以导致需要的产生。

4. 家庭经济状况和个体素质

家庭经济状况直接制约消费者需要的水平和消费者的需要结构：一般而言，收入较低者其消费需求偏低，更注重产品的价格因素；收入较高者其消费需求较高，更注重产品的质量和品牌，而且消费需求会更多地考虑精神方面的因素。个体的素质集中表现在个体的文化和修养上，因为文化和修养上的差异，生活中的个体会呈现不同的情趣和审美需要。因此，在消费的内容、方式上，在产品品位要求上都有较大的差异。

5. 环境因素

自然与社会环境因素容易诱发人产生需要或者增加已经产生的需要的强度。例如，食品的色、香、味，商品的外观、式样，他人购买的某种产品等。此外，社会的政治、经济、文化等因素也对人的需要产生很大的影响。

7.2 消费者动机

消费者动机一般指消费者的购买动机。

购买动机是在消费需要的基础上产生的，是引发消费者购买行为的直接原因和动力。相对于消费者的需要而言，购买动机更为清晰显现，与消费行为的联系也更加直接具体。

7.2.1 动机的含义、功能和特征

1. 动机的含义

心理学将动机定义为引发和维持个体行为并导向一定目标的心理动力。购买动机是消费者基于某种需要和各种刺激引起的心理冲动。它的形成要具备一定的条件。首先，购买动机的产生必须以需要为基础。只有当个体感受到某种生存或发展条件的需要，并且需要达到足够强度时，才有可能产生采取行动以获取这些条件的动机。购买动机实际上是需要的具体化。购买动机不仅建立在消费需要的基础上，也受消费需要的制约和支配。其次，购买动机的形成还要有相应的刺激条件。当个体受到某种刺激时，其内在需求会被激活，使内心产生某种不安情绪，形成紧张状态。这种不安情绪和紧张状态会演化为一种动力，由此形成动机。最后，需要产生以后，还必须有满足需要的对象和条件，才能形成动机。例如，消费者具有御寒的需要，但是，只有当冬季来临，消费者因寒冷而感到生理紧张，并在市场上发现待售的羽绒服时，才会产生购买羽绒服的强烈动机。在消费者购买动机的形成过程中，上述三个方面的条件缺一不可，其中以外部刺激更为重要。因为在通常情况下，消费者的需要处于潜伏或抑制状态，需要外部刺激加以激活。外部刺激越强，需要转化为动机的可能性就越大，否则，需要将维持原来的状态。购买动机的形成过程说明企业在营销活动中要多方位地满足消费者的需要，强化商品或服务的刺激，这对于促成消费者产生购买动机是非常重要的。

2. 动机的功能

购买动机是发动和维持消费者行为的内在原因和直接动力，因此，购买动机在激励消费者行为活动方面主要具有以下功能：

（1）发动和终止行为功能

动机是人们行为的内在驱动力，它具有引发个体活动的作用，消费者的购买行为就是由购买动机发动引起的，而当购买动机指向的目标达成，即消费者在某方面的需要得到满足之后，该动机会自动消失，相应的行为活动也告终止。

(2) 指引和选择行为方向功能

动机不仅能引发行为，而且还能使行为指向一定的方向。动机的这种功能在消费活动中，首先表现为在多种消费需求中确认基本的需求，如生理、安全、社交或成就等。其次，表现为促使基本需求具体化，形成对某种商品或服务的具体购买意愿。在指向特定商品或服务的同时，动机还影响消费者对选择标准或评价要素的确定。通过上述过程，动机使消费行为指向特定的目标或对象。与此同时，购买动机还可以促使消费者在多种需求的冲突中进行选择，使购买行为向需求最强烈、最迫切的方向进行，从而求得消费行为效用和消费者需求满足的最大化。

(3) 维持与强化行为功能

动机的实现和需要的满足要有一定的时间和过程。在这个过程中，动机会贯穿于某一具体行动的始终，为人的行动提供动力，直到动机实现。另外，动机对行为还具有重要的强化功能，即由某种动机引发的行为结果对该行为的再生具有加强或减弱的作用，即行为的结果对动机的"反馈"，满足动机的结果能够保持和巩固该行为，称作"正强化"；反之，减弱或消退该行为，称作"负强化"。

3. 动机的特征

与需要相比，消费者的动机较为具体直接，有着明确的目的性和指向性，但同时也更加复杂。

(1) 主导性

在现实生活中，每个消费者都同时具有多种动机。这些复杂多样的动机之间以一定的方式相互联系，构成完整的动机体系。在动机体系中，各种动机所处的地位及所起的作用互不相同。有些动机表现得强烈、持久，处于支配性地位，属于主导性动机；有些动机表现得微弱而不稳定，处于依从性地位，则属于非主导性动机。一般情况下，人们的行为是由主导性动机决定的，尤其当多种动机之间发生矛盾冲突时，主导性动机往往对行为起支配作用。

(2) 实践性

购买动机不是朦胧的意向，它已经与一定的作用对象建立了心理上的联系，所以购买动机一旦形成，必将导致消费行为。因此，购买动机是消费活动的推动力，有购买动机产生，就有消费行为活动。消费者可能用不同的方法达到不同的目的，但却都是在购买动机的驱使下进行的。

(3) 可转移性

可转移性是指消费者在购买过程中，由于新的消费刺激出现而发生动机转移，原来的非主导性动机由潜在状态上升为主导性动机的特性。现实中，许多消费者改变预定计划，转而购买其他商品或品牌的现象，就是动机发生转移的结果。例如，某消费者本欲购买羽绒服，但在购买现场得知皮衣降价销售，降价刺激诱发了潜在的求奢动机，遂转而决定购买皮衣。有时，动机的改变可能是由于原有动机在实现过程中受到阻碍。例如，因餐馆卫生状况不佳，消费者追求美食的动机受到抑制，维护健康安全的非主导性动机转而占据主导地位，导致就餐行为的终止。

(4) 内隐性

在现实生活中，消费者的动机并不总是容易捕捉和觉察的，其真实动机经常处于内隐状态，难以从外部直接观察。事实上，消费者经常出于某种原因而不愿让他人知道自己的真实动机。动机的内隐性还可能由于消费者对自己的真实动机缺乏明确意识，即动机处于潜意识状态，这种情况在多种动机共同驱动一种行为时经常发生。例如，某消费者购买一副高档眼镜的主要动机是为了保护眼睛，同时也可能怀有增加魅力和风度，或者掩盖眼部缺陷等其他潜在动机。

(5) 组合性

当动机实现为行为时，有的动机直接促成一种消费行为，如在饥饿状态下，觅食动机会直接导致寻找和摄取食物的行为，而有些动机则可能促成多种消费行为的实现。例如，展示个性、显示自身价值等较复杂的动机会推动消费者从事购买新潮服装、名牌化妆品、购置高档家具、收藏艺术品等多种行为。在某些情况下，还有可能由多种动机支配和促成一种消费行为。例如，城市居民购置房产，就可能出于改善住房条件、投资增值、遗赠子女、攀比炫耀等多种动机。由此可见，动机与消费行为之间并不完全是一一对应的关系。同样的动机可能产生不同的行为，而同样的行为也可以由不同的动机所引起。

(6) 冲突性

当消费者同时具有两种以上的动机且共同发生作用时，动机之间就会发生矛盾和冲突。这种矛盾和冲突可能是由于动机之间的指向相悖或相互抵触，也可能是由于各种消费条件的限制。人们的欲望是无止境的，而拥有的时间、金钱和精力却是有限的。当多重动机不可能同时实现时，动机之间的冲突就不可避免，而冲突的本质是消费者在各种动机实现所带来的利害结果中进行权衡比较和选择。

7.2.2 动机的分类

一、消费者一般的购买动机

由于消费者需要和外在影响因素的多样性，购买动机的表现十分复杂细微，但是，在现实生活中，消费者的购买动机又呈现出一定的共性和规律性。不论购买个体在购买动机上表现出多么大的差异，共性和规律性却始终存在。在这个问题中，我们把消费者在各种消费活动中普遍存在的购买动机概括为两种类型。

1. 生理购买动机

生理购买动机是指消费者为保持和延续生命有机体而引起的各种需要所产生的购买动机。这种购买动机都是建立在生理需要的基础之上的。具体可以分为四种类型：

(1) 维持生命的购买动机

消费者饥时思食、渴时思饮、寒时思衣所产生的对食品、饮料、衣服等的购买动机均属于这一类。

(2) 保护生命的购买动机

消费者为保护生命安全的需要而购买商品的动机。例如，购买建筑材料建房子，为治病而购买药品的动机等，就属于这一类。

(3) 延续生命的购买动机

消费者为了组织家庭、繁殖后代、哺育儿女的需要而购买有关商品的动机，就属于这一类。

（4）发展生命的购买动机

消费者为使生活过得舒适、愉快，为了提高文化科学知识水平，为了强身健体而购买有关商品的动机，就属于这一类。

2. 心理购买动机

心理购买动机是指由消费者的认识、情感、意志等心理过程引起的购买动机，具体包括情绪动机、情感动机、理智动机和惠顾动机。

（1）情绪动机

情绪动机是由人的喜、怒、哀、乐、欲、爱、恶、惧等情绪引起的购买动机。情绪动机推动下的购买行为，一般具有冲动性、情景性和不稳定性的特点。

（2）情感动机

情感动机是由人的道德感、理智感和审美感等人类高级情感引起的购买动机。这类动机推动下的购买行为，一般具有稳定性和深刻性的特点。

（3）理智动机

理智动机是建立在消费者对商品客观、全面认识的基础上，对所获得的商品信息经过分析、比较和深思熟虑以后产生的购买动机。理智动机推动下的购买行为，具有客观性、周密性和控制性的特点。

（4）惠顾动机

惠顾动机是建立在以往购买经验基础之上，对特定的商品、品牌、商店等产生特殊的信任和偏爱，使消费者重复地、习惯地前往购买的一种购买动机。消费者个人的购买活动体验对惠顾动机的形成有重要影响，惠顾动机推动下的购买行为，具有经验性、稳定性和重复性的特点。

二、具体购买动机

1. 求实动机

求实动机是指消费者以追求商品或服务的使用价值为主导倾向的购买动机。在这种动机支配下，消费者在选购商品时，特别重视商品的质量、功效，要求一分价钱一分货，相对而言，对商品的象征意义、所显示的"个性"、商品的造型与款式等不是特别强调。例如，在选择布料的过程中，当几种布料价格接近时，消费者宁愿选择布幅较宽、质地厚实的布料，而对色彩、是否流行等给予的关注相对较少。

2. 求新动机

求新动机是指消费者以追求商品、服务的时尚、新颖、奇特为主导倾向的购买动机。在这种动机支配下，消费者选择产品时，特别注重商品的款式、色泽、流行性、独特性与新颖性，相对而言，产品的耐用性、价格等成为次要的考虑因素。一般而言，在收入水平比较高的人群以及青年群体中，求新的购买动机比较常见。改革开放初期，我国上海等地生产的雨伞虽然做工考究、经久耐用，但在国际市场上，却竞争不过我国台湾地区、新加坡等地生产的雨伞，原因是后者生产的雨伞虽然内在质量很一般，但款式新颖，造型别致，色彩纷呈，能迎合欧美消费者在雨伞选择上以求新为主的购买动机。

3. 求美动机

求美动机是指消费者以追求商品欣赏价值和艺术价值为主要倾向的购买动机。在这种动机支配下,消费者选购商品时特别重视商品的颜色、造型、外观、包装等因素,讲究商品的造型美、装潢美和艺术美。求美动机的核心是讲求赏心悦目,注重商品的美化作用和美化效果,它在受教育程度较高的群体以及从事文化、教育等工作的人群中是比较常见的。

4. 求名动机

求名动机是指消费者以追求名牌、高档商品,借以显示或提高自己的身份、地位而形成的购买动机。当前,在一些高收入层、大中学生中,求名购买动机比较明显。求名动机形成的原因实际上是相当复杂的。购买名牌商品,除了有显示身份、地位、富有和表现自我等作用以外,还隐含着减少购买风险、简化决策程序和节省购买时间等多方面的考虑因素。

5. 求廉动机

求廉动机是指消费者以追求商品、服务的价格低廉为主导倾向的购买动机。在求廉动机的驱使下,消费者选择商品以价格为第一考虑因素。他们宁肯多花体力和精力,多方面了解、比较产品价格差异,选择价格便宜的产品。相对而言,持求廉动机的消费者对商品质量、花色、款式、包装、品牌等不是十分挑剔,而对降价、折让等促销活动怀有较大兴趣。

6. 求便动机

求便动机是指消费者以追求商品购买和使用过程中的省时、便利为主导倾向的购买动机。在求便动机支配下,消费者对时间、效率特别重视,对商品本身则不甚挑剔。他们特别关心能否快速方便地买到商品,讨厌过长的候购时间和过低的销售效率,对购买的商品要求携带方便,便于使用和维修。一般而言,成就感比较高、时间机会成本比较大、时间观念比较强的人,更倾向于持求便的购买动机。

7. 储备购买动机

储备购买动机是以储备商品的价值或使用价值为主要目的的购买动机。例如,购买金银首饰、名贵工艺品、名贵收藏品等进行保值储备,收藏这类商品不仅能保值,而且在收藏期间还会增值。再比如购买有价证券进行保值储蓄等。

8. 模仿或从众动机

模仿或从众动机是指消费者在购买商品时自觉不自觉地模仿他人的购买行为而形成的购买动机。模仿是一种很普遍的社会现象,其形成的原因多种多样。有出于仰慕、钦羡和获得认同而产生的模仿;有由于惧怕风险、保守而产生的模仿;有缺乏主见,随波逐流而产生的模仿。不管缘于何种缘由,持模仿动机的消费者,其购买行为受他人影响比较大。一般而言,普通消费者的模仿对象多是社会名流或其所崇拜、仰慕的偶像。电视广告中经常出现某些歌星、影星、体育明星使用某种产品的画面或镜头,目的之一就是要刺激受众的模仿动机,促进产品销售。

9. 好癖动机

好癖动机是指消费者以满足个人特殊兴趣、爱好为主导倾向的购买动机。其核心是为了满足某种嗜好、情趣。具有这种动机的消费者,大多出于生活习惯或个人癖好而购买某些类型的商品。例如,有些人喜爱养花、养鸟、摄影、集邮,有些人爱好收集古玩、古董、古书、古画,还有人好喝酒、饮茶。在好癖动机支配下,消费者选择商品往往比较理智,比较挑剔,不轻易盲从。

以上列举的仅是现实购买活动中常见的一些购买动机。需要指出的是，消费者的购买动机是一个复杂的体系，人们的消费行为往往不是由一种动机引发的，而是多种动机共同作用的结果。同时，当消费者不情愿或说不清其真实的购买动机时，会给营销者了解消费者的真实购买动机增加难度。因此，在调查、了解和研究过程中，对消费者购买动机切忌做静态和简单的分析。

7.2.3 关于动机的理论

在很长一段时间里，国外专家学者就消费者购买动机进行了大量的研究。购买动机理论研究的中心问题是消费者行为中"为什么"的问题。在研究的过程中，专家学者提出了一些很值得研究的理论。在这里对主要理论和当前比较流行的理论做要点介绍。

1. 本能理论

本能说是解释人类行为的最古老的学说之一。最初的本能理论只不过是人们对所观察到的人类行为予以简单命名或贴上标签而已。20世纪初，美国心理学家麦克道尔提出人类具有觅食、性欲、恐惧、憎恶、好奇、好斗、自信等一系列本能。按照本能说的解释，人生来具有特定的、预先程序化的行为倾向，这种行为倾向纯属遗传因素；无论是个人还是团体的行为，均源于本能倾向。换句话说，本能是一切思想和行为的基本源泉和动力。本能行为必须符合两个基本条件：其一，它不是通过学习而获得的；其二，凡是同一种属的个体，其行为表现模式完全相同，都属于本能行为。从市场营销角度来看，本能行为的价值在于，它针对这些行为的特定的营销刺激更具有效性。例如，在广告宣传中以母爱为诉求，可能很容易唤起成年人对某些儿童用品的好感，从而有助于这些产品的销售。

相对于多样、复杂的人类行为，本能行为只是很小的一部分，而且许多被视为具有"人类天性"的行为也可以通过学习来加以改变。基于此，现在很少有学者坚持用人的天性或本能作为人类复杂行为后的动因。

2. 动因理论

20世纪20年代出现了动因理论，动因理论认为人也与动物一样，由于受外部刺激而做出行为，根据过去所获得的经验方法来反应，激励行为的能量源在于有机体内部。动因理论假定，人和动物的行为均是受内部能量源的驱动，是经由学习而不是由遗传所引起的。

动因是由于个体生理或心理的匮乏状态所引起并促使个体有所行动的促动力量。动因为个体消除匮乏感或满足其需要的各种活动提供能量，它总是与个体生理或心理上的失衡状态相联系的。动因的减少，伴随着个体的愉快感和满足感。因此，它是个体所追求的。动因减少所带来的奖赏效果会导致个体的学习行为，经由学习积累经验，会使个体对获得哪些满足物和采用何种方式消除其匮乏感有深刻认识，并在此基础上形成习惯。所以，动因理论认为，动因为行为提供能量，而学习中建立的习惯决定着行为的方向。

3. 诱因理论

诱因理论是20世纪50年代提出来的动机理论。该理论认为不仅内部动因引起行为，而且诱因这样的外部刺激也会引起行为。持诱因论的学者采用两个概念，即感受－激励机制和预期－激励机制。感受－激励用来解释个体对特定刺激物的敏感性，以及由此对行为产生的激励作用或激励后果。波利（Powley）的一项研究表明，诸如分泌唾液、胃液、胰岛素等引起饥饿感的预备反应是由食物感觉属性（如外观、气味等）所引发的，由此说明外部诱因可能对行为起一种牵引作用。预期-激励机制是指因对行为结果的预期而产生的行为激励后果。诱因论者认为，个体关于行为奖赏的预期将直接影响其活动状态。如果行为预期的奖赏效果好，个体将处于更高的活动水平；反之，将处于较低活动水平。这实际上隐含着个体受目标导引而且知悉行为后果这一基本假设。

诱因论与动因论的一个很大不同点是，前者侧重从外部刺激物对行为的影响能力来分析行为动机，后者则主要从个体的内部需要寻求对行为和动机的解释。需要注意的是，诱因论并没有否定个体内在动机的地位与作用，而只是将关注点放在潜伏于个体身上的内在动机在多大程度上能够被特定的外在刺激物所激活的引导上。从这个意义上讲，诱因论并不是对动因论的排斥，而应视为是对后者的补充与发展。

4. 唤醒理论

依照传统动因理论，人的行为旨在消除因匮乏而产生的紧张，但人类某些追求刺激的冒险行为，例如，登山、探险、观看恐怖电影等，恰恰是为了唤起紧张而不是消除紧张。这类现象是动因理论无法解释的。为此，一些学者提出了唤醒理论，认为个体在身心两方面，各自存在自动保持适度兴奋的内在倾向，缺少则寻求增加，过多则寻求减少。

人的兴奋或唤醒程度可以很高，也可以很低，从熟睡时的活动几近停止到勃然大怒时的极度兴奋，中间还有很多兴奋程度不等的活动状态。

刺激物的某些特性，例如，新奇性、变动性、模糊性、不连贯性、不确定性等均可以引起人们的兴奋感。根据唤醒理论，个体寻求保持一种适度的兴奋水平，既不过高也不过低。因此，人们总是偏好那些具有中度唤醒潜力的刺激物。影响个体最适度兴奋水平的因素很多。例如，一天中不同的时间段、刺激物的类别、个体本身的差异等。一般而言，个体倾向于使兴奋水平处于小范围的起伏状态，追求那些具有中度不确定性、新奇性和复杂性的刺激物。

5. 马斯洛需要层次理论

在前面讨论消费者需要的分类时，已经涉及了马斯洛需要层次论。该理论既是一种动机理论，又是一种激励理论。马斯洛把人类多种多样的需要划分为五个层次，即生理需要、安全需要、爱与归属需要、自尊需要、自我实现需要。在马斯洛看来，各层次的需要间存在着一定的关系：首先，各种需要并不是杂乱无序的，而是相对排列成层次，呈阶梯状由低到高逐层递升。最基本的生理需要和安全需要得到满足后，高层次的需要才能依次出现并得到满足。当然，每一层次的需要并不是截然分开的，各层次的需要之间有密切联系，在实际消费生活中，生理需要往往与其他需要交织在一起。其次，同一时期内，一个人可能同时存在几种需要，但必定有一种需要占主导地位，成为推动行为的主导动机。这种占主导地位的需要叫作优势需要。人在不同的时期，有不同的优势需要。再次，人的需要满足是相对的。五种需要都不可能完全得到满足。越到高层次需要，满足程度越低。从消费者行为分析角度看，这一理论对理解消费者的行为动机，对于厂商针对消费者的需要特点制定营销策略，具有重要价值。

6. 双因素理论

双因素理论由美国心理学家弗雷德里·赫茨伯格（Frederick Herzberg）于 1959 提出。

赫茨伯格将导致对工作不满的因素称为保健因素，将引起工作满意感的一类因素称为激励因素。保健因素，诸如规章制度、工资水平、福利待遇、工作条件等，对人的行为不起激励作用，但这些因素如果得不到保证，就会引起人们的不满，从而降低工作效率。激励因素（如提职、工作成就感、个人潜力的发挥等）能唤起人们的进取心，对人的行为起到激励作用。要使人的工作效率提高，仅仅提供保健因素是不够的，还需要提供激励因素。

双因素理论运用于消费者动机分析。商品的基本功能或者为消费者提供的基本利益与价值，实际上可视为保健因素。这类基本的利益和价值如果不具备就会使消费者不满。例如，保温杯不保温、收音机杂音较大等。要使消费者对产品形成忠诚感，那么除此之外还需要提供产品的附加值。例如，产品具有独特形象，包装与众不同，产品象征一定的社会地位等，这一类因素才属于激励因素，对满足消费者社会层次的需要具有直接意义。

当然商品的哪些特征、利益具有保健因素的成分，哪些具有激励因素的成分不是固定不变的，从刚发明时的黑白电视机到现今高清晰效果的彩电就是一个例证。

7. 显示性需要理论

美国学者戴维·麦克里兰（McClelland）侧重分析环境或社会学习对需要的影响。因此，该理论又被称为习得性需要理论。麦克里兰特别关注四项需要，即成就需要、亲和需要、权力需要和独特性或新颖性需要。

成就需要是指人们愿意承担责任，解决某个问题或完成某项任务的需要。具有高成就动机的人，一般设置中等程度的目标，并具有冒险精神，而且更希望有行为绩效的反馈。例如，具有高成就动机的购买代理商可能会花相当多的时间和精力寻求如何降低购买品价格；相反成就动机较低的代理商通常只是被动地接受货品出售方的标准报价。

亲和需要是指个体在社会情境中，要求与其他人交往和亲近的需要。获得别人的关心，获得友谊、爱情，获得别人的支持、认可与合作，均可视为亲和需要。亲和需要在很大程度上是经由学习形成的：个人目标实现遇到困难时，学到求人帮助；遇到危险情境时，学到求人保护；对事物不了解时，学到求人指导。具有高亲和动机的人，特别关心人际关系的质量，友谊和人际关系往往先于完成某项任务或取得某项成就，特别关心人际关系的质量，友谊和人际社会关系往往优先于完成某项任务或取得成绩。高亲和动机的消费者比较注重同事、朋友对自己购买行为的评价。因此，在购买决策中易受他人影响。

权力需要是指个体希望获得权力、权威，试图强烈地影响别人或支配别人的倾向。麦克里兰发现，凡是对工作成就动机高的人均无领袖欲。换言之，成就需要和权力需要是彼此不同的两种需要。研究发现，凡是对社会事务有浓厚兴趣的人，其行为背后均存在强烈的权力动机。权力动机有两种类型：个人化权力动机与社会化权力动机。前者出于为己之目的，后者出于为人或为公之目的。麦克里兰认为，权力可以朝着两个方向发展：一是负面方向，强调支配和服从；二是正面方向，强调劝说和激励。

独特性需要是指渴望被别人认为自己是与众不同的且独一无二的。马斯洛认为，尽管社会因素对个体如何满足其需要有重要作用，但就其本质而言，这些需要是人生来就具有的。与此不同，麦克里兰特别强调需要从文化中的习得性，所以，他的理论与学习、人格概念有着紧密联系。

7.2.4 动机的测量

1. 测量内容

消费者的购买动机是产生购买行为的直接原因。动机测量的内容包括动机的强度与方向。消费者的动机有能量与方向两个主要的要素。能量指所有的行为都会要求我们付出一些内在的能量。方向指内在能量必须被引导去执行一些较有生产力或较具吸引力的行为，以使我们在行动上能够更有效率。我们常用动机的唤起来代表动机的强度。一个人动机的唤起主要是受内部刺激与外部刺激共同的影响。常见的内部刺激包括生理上的唤起、情绪的唤起以及认知的唤起等；而外部刺激主要是指来自外在环境刺激的唤起。

（1）生理上的唤起

大部分的生理上的唤起是非自愿性的，往往它们是来自生理上的变化。例如，因为血糖降低而引起的饥饿感，或是体温下降而感受到的寒冷。这种生理上的变化引发令人不舒服的紧张。在营销上，我们往往发现电视广告经常透过令人垂涎的美食画面来引发消费者的生理上的唤起。例如，可口可乐常利用沾满水珠的可口可乐瓶子，来引发消费者对于清凉的追求，从而引发消费者生理上的口渴感觉，因而强化其想要饮用可口可乐的欲望。

（2）情绪的唤起

利用人们的想象来引发情绪的唤起，而促使人们采用某些行为来降低其令人不舒服的紧张。例如，化妆品中的香水便常勾起一个人的想象空间，使人们处在一种强烈想要实现该种想象的情绪当中，进而采取达成该目标的行为。

（3）认知的唤起

有时一些不经意的念头也可能会促使一个人在认知上感受到该种需要的存在。例如，在母亲节时，厂商营销人员可以通过母亲形象的提醒，来唤起一个人在认知上的送礼需要，以传达其对母亲的孝意和感念；在新车上市时，营销人员也可通过新车性能的展示，来引发消费者认知的唤起，以促使他产生换车的念头。

（4）环境的唤起

人们有些潜伏的需要是被外界环境的刺激所引发，这便是一种环境的唤起。例如，在傍晚时刻，走过面包店被店内所传出的面包香味所刺激而引发的饥饿感便是一种环境的唤起；同事身上所穿新购的漂亮服饰也会引发我们的购买欲望。

有关动机唤起的观点，行为主义学者的看法与认知心理学者的看法刚好相反。行为主义学者认为动机是一种机械化的过程，行为不过是对于刺激的一种反应，通常行为主义学者对于消费者心中的认知性思考和处理过程往往会加以忽略。例如，冲动性购买便是一种典型的刺激－反应的单纯关系。但是，认知心理学者则认为所有的行为都是根据个人的需要与过去的经验来对刺激进行处理、分类，并转换成态度与信念，而这一态度与信念决定了行为，并将行为导向满足个人的目标。因此，认知心理学者较强调消费者心中的认知性思考和处理过程。

2. 测量方法

实践中，营销人员经常采用相对简单易用的心理分析方法来了解消费者的购买动机。

（1）直接询问法

企业的营销人员可以通过调查问卷或者访谈的方式来了解消费者选择、购买以及使用某种商品的原因，进而了解消费者的购买动机。例如，营销人员可以针对消费者对洗发水产品的选择设计问题："为什么选择这种品牌的洗发水呢？"消费者的回答可能是："这种产品比较便宜，适合全家人使用""这种产品可以去头屑""看了某个名人做的广告，觉得质量应该信得过吧"等。在得到消费者的回答后，营销人员经过分析便会发现消费者购买这种洗发水的动机是"经济实惠""去头屑"和"广告引导"。

(2) 联想分析法

在使用直接询问法了解购买动机的过程中，消费者可能因某种原因不愿直接向调查人员说明。例如，张先生声称自己购买 iPad 的动机是为了方便查询业务信息，但内心的真实想法可能是出于追随时尚潮流或者跟同事攀比。对于那些隐藏在消费者内心深处的真实动机，往往很难通过直接询问反映出来，这时就需要调查人员运用联想分析法加以间接测量。联想分析法是由著名心理学家弗洛伊德发明的用以进行精神分析的方法，近年来一些营销学者用来研究消费者的购买动机，其中主要采用投射法进行。

投射法是指根据无意识的投射作用探询个体动机的方法，其作用在于能够超越表面的防御来探询潜在的动机。常见的投射方法有以下几种：

①角色扮演法。

角色扮演法是指被试者不直接说出自己对某种商品的动机，而是通过他对别人对这种商品的动机和态度的描述，间接暴露出被试者本人真实的动机和态度。

②TAT 法。

TAT（thematic apperception test）意为主题统觉测验，又称绘图解释法。由美国哈佛大学的摩根（C. D. Morgan）和默里（H. A. Murry）于 1935 年编制。TAT 法可以用于了解被试者的心理需要与矛盾及内心情感。全套测验包括 30 张内容模糊的黑白图片及一张空白卡片。实际测验时，测验人员按被试者的年龄、性别从 30 张黑白图片中选取 20 张图片，让被试者根据图片自由陈述图片所代表的故事。测验中不对被试者所编故事的内容进行任何限制，但可事先提示被试者故事必须涉及图示情境、意义、背景、演变及其个人感想等方面。对被试者所编故事进行的分析是以被试者在每个故事中涉及的主题为核心的，这在默里的人格理论中是被假定反映个体深层需要、欲望、矛盾、恐惧等状态的。该测验的目的在于通过被试者的自由陈述将其内心的情绪自然投射于故事，从而找出个人生活经验、意识、潜意识与其当前心理状态的关系。TAT 的施测与分析对测验者有较高的要求，一般需要经过严格培训后才可进行。

③词联想法。

词联想法是给被试者出示一系列意义无关的词的词表，让被试者看到词后说出最先联想到的词汇。通过记录被试者的反应与时间并进行分析，可以了解被试者对刺激词的印象、态度和需求。词联想法包括以下几种：

自由联想法，即被试者自然、任意地说出联想到的词。例如，看到鸭梨一词，被试者首先想到苹果一词，则让被试者说出或记下苹果这个词。

控制联想法，即测试人加以控制的联想方法，被试者说出按某种要求所联想到的词。例如，看到洗发水一词，让被试者说出所联想到的品牌名称。

连续联想法，即当被试者说出第一个联想词后，测试人要求被试者连续说出第二、第三个联想词。

④造句测验法。

造句测验法又称文章完成法,是通过给被试者一些不够完整的句子,让被试者迅速造出完整的句子来了解被试者的想法。例如,给出"假如你需要一台冰箱,可以买……","如果推荐一个手机的品牌,你会选择……"等。这种方法便于了解想要调查的商品及品牌的购买动机。

⑤示意图法。

示意图法是指向被试者出示一张图画,让被试者写出图中所画任务提出问题的答案,从而了解被试者的想法。

(3) 推测实验法

这种方法是使被试者对具备特定条件的人的职业、年龄、个性、行动等加以想象和说明,从中了解被试者对商品的印象。例如,甲消费者购买了一台低配置、低价位的笔记本电脑,若调查甲消费者的朋友乙对笔记本电脑的看法,就让乙对甲的购买行为进行评论。乙可能会说,甲收入不高,这样配置的电脑够用了,但是对于甲来说,如果用电脑玩游戏就不够用了,不如再攒钱买个好一点的。从乙的这些评论中,可以了解到乙对笔记本电脑的印象和需求意向有3个:一是低配置的电脑可以接受;二是高配置的电脑玩游戏比较好用;三是不能因一时手头紧而凑合。

采用以上方法了解到的购买动机通常只是消费者的动机方向。在营销实践中,营销人员还可以运用一些测量方法来测量消费者的动机强度。例如,可以使用语义区别的方法测定被试者对商品、品牌的购买动机的强度。具体方法是采用5级或7级等距离的序数量表,在表上列出几组正反意义的形容词,让被试者反复进行概念判断,从中了解消费者对某商品购买欲望的强烈程度,进而判断其市场潜力的大小。

分析消费者购买动机的目的是为企业制定营销策略提供依据。营销人员应该认真分析消费者的动机,并找出企业提供的产品或服务与消费者动机之间的差距,从而运用营销策略和手段有效地引导消费者的购买动机,推动其购买行为的实现。

3. 动机冲突

在消费活动中,常见的动机冲突的形式有三种:

①趋向-趋向冲突。

消费者在两个具有吸引力的替代方案中进行抉择时所面临的动机冲突,就是一种趋向-趋向冲突。例如,口袋里只有20元,是要看电影或是吃牛肉面呢?看了电影就不能吃牛肉面,吃了牛肉面就不能看电影,鱼与熊掌不能兼得,这种冲突便是趋向-趋向冲突。

②趋向-规避冲突。

当消费者对某一事物既希望趋向又想规避所引发的冲突。例如,时髦少女想要购买新潮的服饰,但又怕父母责骂以及社会的指指点点。这种"既期待又怕受伤害"的冲突心理,便是趋向-规避冲突。大部分的产品除了提供某些正面的利益外,也附着一些负面的风险。当然,消费者的最后决策和行为则视这两种力量的相对强弱而定。

③规避-规避冲突。

和趋向-趋向冲突完全相反的便是规避-规避冲突。消费者所面临的可能是两个具有负面风险的替代方案。因此，他必须在两者之间做一抉择以尽可能地降低其风险。这种"两害相权取其轻"的动机冲突便是规避-规避冲突。由于消费者可以拥有一定程度的消费自由。因此，规避-规避冲突在消费者决策中出现的概率并没有前两种冲突高。不过，在医疗上常可见这样的状况。消费者虽然对打针与吃药都不喜欢，但他可以在医生的同意下，在二者之间做一个选择，这便是一种规避-规避冲突。

4. 动机的影响因素

需要是人的动机产生的基础。内部需要和外部刺激相结合，使需要具有一定目标和方向，就成为行为的动机了。因此，影响人的动机模式的主要因素中，除了外部的客观环境、人际交往活动、物质与精神诱因等对动机会产生较大影响外，人的内部的心理需要对动机模式会产生决定性的影响。

（1）生活价值观

人的生活价值观指人对社会生活方式与生活目标的社会意义和价值的观念，是人生观的重要组成部分，受人的世界观的制约。研究表明：个人价值体系的形成首先是接受家庭的影响，随后通过交友以及受学校和所在社会团体提倡、认同、重视的社会价值的影响，还要受社会政治、经济与文化的影响，个体常常把从不同方面接受到的价值观念融合在一起，形成一个影响其行为的价值体系，其中人生观和世界观起着主导作用。人的生活价值观不同，其对生活目标的追求也不同，有人以务实、奉献为目的，有人以追求真理为目标，有人则以物质享受为乐趣等。

（2）兴趣与爱好

兴趣与爱好是与人的愉快情绪相联系的认识与活动的倾向性。这种倾向性能使人积极地参加各种活动，从而满足人的求知与活动的欲望，是影响人的动机模式的重要因素。

（3）理想与信念

价值观的终点是人的理想和信念。理想是人们对未来生活目标向往和追求的一种想象。一个人有了理想和追求，行为就有了动力，前进就有了方向，就会为实现理想而奋斗终生。理想追求不同，其行为活动就有很大的差异。从一定程度上说，理想和追求本身就是一种行为动机。信念是人的行为的主导动机，是坚信某种观点的正确性，并从感情上愉悦接受，以此来支配自己行为活动的个性倾向性。一个人的信念一旦形成，就会对其动机和其他心理活动产生巨大的影响。信念能成为强大的动力，使人满怀信心地按一定的道路勇往直前，走向预定的目标。

本章小结

1. 消费者的购买行为是整个消费活动中的重要环节。在购买过程中，消费者的购买行为能否发生、如何进行，都受到包括需要、动机等心理活动因素的制约。消费者购买行为的一般规律是：需要决定动机，动机支配行为，这是一个不间断的循环过程。

2. 消费者需要是指消费者生理和心理上的匮乏状态，即感到缺少些什么，从而想获得它们的状态。个体在其生存和发展过程中会有各种各样的需要。

3. 心理学将动机定义为引发和维持个体行为并导向一定目标的心理动力。动机是一种内在的驱动力量。当个体采取某种行动时，总是受到某些迫切需要实现的意愿、希望和要求的驱使，而这些内在的意愿、希望和要求具有能动的、积极的性质，能够激发和驱动特定行为的发生，由此就构成该行为的动机。

4. 购买动机是在消费需要的基础上产生的，是引发消费者购买行为的直接原因和动力。相对于消费者的需要而言，购买动机能更为清晰地显现，与消费行为的联系也更加直接具体。

练习与思考

1. 划分消费者需要的常用标准有哪些？
2. 消费者的常见购买动机有哪些？
3. 阐述消费者需要对消费者行为的影响。
4. 阐述消费者动机对消费者行为的影响。

技能实训：消费者购买动机

1. 选择市场上的某一产品：_____
2. 分析自己购买该商品的购买动机：_____

3. 分析他人购买该商品的可能购买动机：_____

4. 现有市场上，企业满足购买该商品消费者不同购买动机的基本情况：_____

5. 针对可能的购买动机，为相关企业提出可行的操作性建议：_____

扩展阅读

成功的销售——创造需求

乡下来的小伙子去应聘城里"世界最大"的"应有尽有"百货公司的销售员。老板问他："你以前做过销售员吗？"他回答说："我以前是村里挨家挨户推销的小贩子。"老板喜欢他的机灵:"你明天可以来上班了。等下班的时候,我会来看一下。"

一天的光阴对这个乡下来的穷小子来说太长了,而且还有些难熬。但是年轻人还是熬到了5点,差不多该下班了。老板真的来了,问他说:"你今天做了几单买卖?""一单。"年轻人回答说。"只有一单?"老板很吃惊地说,"我们这儿的售货员一天基本上可以完成20～30单生意呢。你卖了多少钱?""300 000美元。"年轻人回答道。"你怎么卖到那么多钱的?"目瞪口呆、半晌才回过神来的老板问道。

"是这样的,"乡下来的年轻人说,"一个男士进来买东西,我先卖给他一个小号的鱼钩,然后中号的鱼钩,最后大号的鱼钩。接着,我卖给他小号的渔线,中号的渔线,最后是大号的渔线。我问他上哪儿钓鱼,他说海边。我建议他买条船,所以我带他到卖船的专柜,卖给他长20英尺①有两个发动机的纵帆船。然后他说他的大众牌汽车可能拖不动这么大的船。我于是带他去汽车销售区,卖给他一辆丰田新款豪华型'巡洋舰'。"

老板后退两步,几乎难以置信地问道:"一个顾客仅仅来买个鱼钩,你就能卖给他这么多东西?""不是的,"乡下来的年轻售货员回答道,"他是来给他妻子买发卡的。我就告诉他:'你的周末算是毁了,干吗不去钓鱼呢?'"

(资料来源:费明胜,杨伊侬.消费者行为学[M].北京:人民邮电出版社,2017:135.)

---

① 1英尺=0.304 8米。

第 8 章

消费者学习与态度

学习目标

①了解消费者学习的常见方法。
②掌握消费者学习的测量。
③理解消费者态度的构成、形成及影响因素。
④掌握消费者态度的测量。
⑤培养正面的消费态度和行为。

引导案例

一次性尿布的故事

"方便尿布"用纸制成，用过一次便弃掉，故亦称"可弃尿布"或"一次性尿布"。当年美国某企业向市场推出其新产品"方便尿布"时，在产品推广的初期，广告诉求的重点放在方便使用上，结果销路不畅，营销人员很是头疼，问题到底出现在哪里呢？

后经调查了解，其中一位消费者讲到这样一个故事：一位年轻的母亲正在给自己的孩子换"一次性尿布"，这时门铃响了，原来是婆婆来家看望孩子。这下搞得母亲很紧张，情急之下，一脚将换下的尿布踢到床下，然后才去给婆婆开门。为什么要把尿布踢到床下？原来怕婆婆看到后有意见。在婆婆看来，给孩子洗尿布是母亲的天职，哪能嫌麻烦呢？给孩子用"一次性尿布"的母亲，必定是一个怕麻烦、懒惰的、对孩子不负责任的母亲。

鉴于此，新的广告策划与策略针对这种心理进行了调整，广告诉求的重点发生了改变。新广告着重突出该尿布比布质更好、更柔软、吸水性更强、保护皮肤，婴儿用了更卫生、更舒服等特点。把产品利益的重点放在孩子身上，淡化了对于母亲方便省事的描述。广告语是："让未来总统的屁股干干爽爽！"于是，"一次性尿布"就受到了母亲们的普遍欢迎，因为它既满足了她们希望婴儿健康、卫生、舒适的愿望，又可心安理得地避免懒惰与浪费的指责，同时兼顾了两方面的心理满足。从此"一次性尿布"就在美国流行起来。

（资料来源：王官诚，汤晖，万宏. 消费心理学 [M]. 北京：电子工业出版社，2013：1.）

许多营销者意识到,这种产品与记忆之间长期习得的联系是一种重要的商机,也是培养和保持品牌忠诚的有效途径。学习是人类的重要特征,人们的学习行为是非常普遍的。消费者学习使得消费者不断地了解外部事物,不断地改善和修正自己的行为,使自己成为理性的消费者。对消费者学习特征的研究具有重要的意义和价值。

8.1 消费者学习

8.1.1 消费者学习的定义与功能

一、消费者学习的含义、要素与特征

1. 消费者学习的含义

学习是由经验引起的相对较长久的行为改变。学习者不一定直接获得经验,也可以通过观察那些对人产生影响的事件而获得经验。有时甚至不做任何尝试也在学习。例如,消费者即使没有使用过某些产品,但也可以识别出这些产品的品牌并熟悉其广告语。这种随意的、无意识的知识获取过程就是无意识学习。学习是一个不断前进的过程。随着我们不断面对新的刺激,和随之接收到的反馈,我们会不断地修正自己对这个世界的认识。正是这种认识,使得以后当我们处于相似情境时,可以调节我们的行为。学习的概念包括很多方面的内容,从消费者对产品标志的刺激与反应的简单联想,一直到复杂的认知活动,都属于学习的范畴。

从营销观点看,消费者学习是指消费者在购买和使用商品的活动中,不断地获取知识、经验与技能,通过积累经验、掌握知识,不断地提高自身能力,完善自身的购买行为的过程。这个定义中有几点值得注意。首先,消费者学习是一个过程;就是说,由于新得的知识,在不断发展变化,或者说实际经验、新得知识或个人实践都会得到反馈,并为未来相似情况下的行为提供基础。其次,经验在学习中起到作用并不意味着所有的学习都是有意获得的。尽管很多学习都是有意的,很大数量的学习是偶然的,是意外获得的。例如,一些广告会引发学习,尽管消费者注意力在另外的地方,打算购物的消费者则会寻找并细心阅读其他广告。

2. 构成消费者学习的要素

尽管对学习的含义说法不一,理论界各执一词,但大多数研究者都比较认同要使学习发生,必须具备一定的条件,这些基本条件要素包括动机、暗示、反应、强化和重复等五个方面。

(1) 动机

动机是基于需要和目标的,是学习的一种刺激。例如,想成为网球好手的人都被激励去学习有关网球的知识并随时练习。如果他们了解到好的球拍是打一场好球的必备器材,他们会寻找有关球拍的价格、质量与特性的信息。相反,对网球不感兴趣的人,很可能忽略所有有关这项运动的信息。目标事物与他们不相关、相关或者介入的程度,决定了消费者去寻找产品或服务的知识或信息的动机的大小。找出消费者动机是营销者的主要任务之一，然后试着告诉被激发的顾客自己的产品怎样满足了他们的需要。

（2）暗示

暗示为动机指向的确定提供线索（商品陈列）。如果动机刺激了学习，那么暗示就是产生动机的刺激物。一个网球训练营的广告可能是对网球迷的暗示，他们可能突然发现，参加网球训练营是提高球技的集中途径，还可以度假。这个广告就是一个暗示，或刺激物，暗示了一条专门途径来满足明显的动机。市场上的价格、款式、包装、广告和商品陈列都可以成为帮助消费者满足特殊产品需要的暗示。当暗示与消费者期望相符时，会指引消费者行为。营销者必须在提供暗示上很小心，避免与消费者期望不符。例如，消费者希望设计师设计的衣服昂贵并且在高档的零售店销售。这样，一个高级时装设计师设计的服装应该只在高档商店销售并且在高档时尚杂志上做广告。如果营销者想要暗示充当刺激物来引导消费者的话，营销组合的每个方面都需要起到强化其他方面的作用。

（3）反应

反应是根据刺激和暗示采取的行动（选择）。个体怎样对驱动或者暗示做出回应——他们怎样行动——构成了他们的反应。即使反应不公开，学习也会发生。汽车制造商对消费者不断提供暗示并不一定产生购买行为。然而，如果制造商成功地在消费者头脑中制造了有利的形象或特殊的汽车模型，当消费者准备购买时，很可能会考虑这种制造或模型。一对一的形式中，反应并不取决于需要。实际上，一种需要或动机会引起一系列的反应。例如，对应锻炼身体的需要，可以有很多途径。暗示提供给了一些方向，但是消费者会意识到很多种暗示。消费者怎样反应取决于先前的学习；就是说，转而决定于事先相关的反应是如何被强化的。

（4）强化

强化能够增加某种反应在未来重复发生的可能性，包括正强化和负强化。正强化：如果行为反应后能得到愉快的再刺激，即愉快的结果，那么，以后这个行为出现的频率就会趋向增加。负强化：排除一个跟随在某种反应之后的令人不愉快的刺激，便能提高这一反应的概率，从而带来满足的结果。

（5）重复

重复刺激既能增加学习强度又能增加学习速度（熟能生巧）。

人们从事社会实践活动的过程就是学习的过程。同样，消费者从事购买活动的过程也是学习的过程，是不断积累知识、丰富经验的过程，是一个由不知到知，由知之不多到知之较多的过程。

消费者学习的内容比较复杂，因人而异。但消费者知识是消费者学习的重要内容之一。知识是指储存在人们头脑中的信息，反映人们对某个或某些事物的熟悉程度。一般包括事实、信息描述或在教育和实践中获得的技能等。消费者知识一般包含产品知识、购买知识以及使用知识三个方面。产品知识的范围很广，涉及很多方面。例如，关于产品类型及每类产品中各种品牌的知识，关于产品术语、产品特征与属性的知识，关于具体产品或品牌信息的知识等，都属于产品知识的范畴。购买知识主要涉及在哪里买和何时买两个方面。使用知识主要是指关于产品如何使用、适合在什么场合使用、使用时应注意哪些事项和要求等方面的知识。企业在进行市场营销活动时，使消费者拥有足够的产品知识、购买知识和使用知识是非常重要的。

3. 消费者学习的特征

了解消费者学习的一些基本特征，可以帮助营销人员掌握消费者学习心理活动的特点和规律，以便有针对性地采取措施，强化消费者对产品、广告、品牌、服务等营销活动的认知度。在消费者学习的基本特征中，对营销人员最有价值的是学习强度、消退、刺激泛化、刺激辨别和反应环境。

（1）学习强度

学习强度是指习得行为或反应不被遗忘、能够持续的程度。学习强度受4个因素的影响：一是学习内容或被学习事物的重要性；二是强化的水平或程度；三是重复的水平；四是产品或品牌的意象。一般而言，接受的信息越多，过程中接受的强化（或惩罚）越多，刺激重复（或练习）的次数越多，信息中包含的意象成分越多，学习就越快而且记忆也越持久。

（2）消退

消退又称自然消退，是指撤销对原来可以接受的行为的正强化，即对这种行为不予理睬，以表示对该行为的轻视或某种程度的否定。心理学的研究证实，一旦对于习得的反应所给予的强化减弱，习得的反应不再被运用或消费者不再被提醒做出反应，消退或遗忘就会发生。

遗忘发生的速度与最初的学习强度呈负相关关系，即学习的内容越重要、强化越多、重复越多、意象越多，学习对遗忘的抵制就越强。营销人员通常希望消费者能对本企业产品品牌、广告等保持长久的记忆和深刻的印象，但如果不注意强化，这种期望就是不现实的。这一点在广告记忆效果调查中得到了很好的验证，在一次对13 000多名成人进行的民意测试中发现，有一半以上的人记不起刚过去的30天里看过的、听过的或读过的具体广告。遗忘给企业的促销工作带来了很大的困难。

（3）刺激泛化

刺激泛化是指由某种刺激引起的反应可经由另一种不同但类似的刺激引起。例如，一个消费者知道伊利的冰激凌很好吃，就认为新推出的伊利酸奶也好喝，这种情况就是刺激泛化。泛化在营销中是一个非常重要的概念，越来越多的名牌产品运用这一原理进行品牌延伸，且极易获得成功。

研究表明，泛化的程度与两个刺激的相似性有密切关系，即新刺激与原有条件刺激越相似，泛化越明显；相反，两者差异越大，泛化越小。然而，对于企业来说，刺激的泛化是一把"双刃剑"，一方面，企业可以利用刺激泛化将消费者形成的关于本企业或产品的一些好的情感和体验传递到新产品上去，以此促进新产品的接受和购买；另一方面，关于企业或其产品的不好的信息经由刺激泛化以后，会对企业的营销活动产生不利影响，存在一荣俱荣、一损俱损的风险。

（4）刺激辨别

刺激辨别又称刺激识别，是指人们将某一刺激与另一类刺激相区分的学习过程，或者说是消费者对相互类似的刺激予以不同反应的学习过程。

刺激辨别与刺激泛化是具有紧密内在联系的学习现象。对新刺激的最初反应通常是接近于对以往类似刺激所做的反应。只有经过这样一个泛化阶段以及随之而来的对有关线索的学习之后，我们才开始学会将新刺激与旧刺激区别开来。刺激辨别在市场中不是个别现象。随着市场竞争加剧，同类产品繁多，产品同质化现象日趋突出，产品之间的差异变得越来越小，要让消费者对不同产品做出准确判断，不是一件容易的事情。目前，广告宣传是大多数企业用于帮助消费者进行刺激辨别的主要手段。通过各种传播渠道，引导消费者注意本企业产品的特征，强化差别认识。例如，产品的一切外部特征，包括品牌、品名、色彩、外观、包装等，最终把自己的产品从同类产品中区分出来。

（5）反应环境

反应环境指消费者学习信息和回忆信息时所处的环境。现实中常常出现这样的情况，在需要的时候我们找不到存储在记忆中的相关信息。影响信息提取能力的因素有两个，即最初的学习强度与回忆时所处的环境是否与最初的学习环境具有相似性。最初学习的强度越大，在需要的时候，提取相关信息的可能性就越大。在回忆时提供越多与当初学习该信息时相似的环境线索，回忆就越有效。反应环境对消费者的品牌学习有着基本的意义，通过反应环境有助于唤醒和强化品牌记忆。

二、消费者学习的功能

学习既可能是来自消费者本人的亲身体验，也可能是来自非实践的学习。当然，由学习导致个人行为的改变，有时是立刻就会发生的，但有时是潜移默化的，行为改变也是在学习的长期积累后才会显现出来。消费者学习主要有以下几种作用：

1. 获取消费信息

消费者的购买决策是以获得有关所要购买商品的知识和信息为前提的，信息获取本身就是一种学习，而通过哪些渠道获取信息，获取哪些方面的信息，均需要借助学习这一手段。另外，在现代社会，随着产品更新换代的加快，消费者获取的信息内容也越来越多、越来越广、越来越杂，消费者或主动或被动地接触这些信息，而其中被消费者接受并能够影响其行为或行为潜能的可能只有一小部分，但是正是这一小部分信息，使消费者行为不同以往，使其购买决策更富于理性和趋于优化。

2. 触发消费联想

联想是指消费者由一种事物想到另一事物的心理过程。例如，人们一提到北京，就联想到天安门；一提起教室，就联想到黑板、投影仪等。

3. 影响消费决策

学习的过程常常贯穿于消费者的购买决策全过程。分解消费者的购买决策过程，我们会发现：消费者通过学习获取所需要的信息，对所要购买的商品有了大致了解后，在确定方案阶段，还要通过学习进一步掌握新的信息，做出最后决策。所以，学习的过程，也是选择购买方案的过程。

8.1.2 消费者学习理论

研究学习的心理学家们发展了很多解释学习过程的理论。代表性的理论包括行为学习理论（包括经典性条件反射、操作性条件反射）、认知学习理论、卷入理论等。

一、行为学习理论

行为学习理论认为学习是外部事件引起的反应。认同这一观点的心理学家们并不关注人的内部思维过程，相反，他们提议将大脑看成一个"黑箱"，强调可观察的行为。行为学习理论主要通过研究行为来反映个体的心理现象。行为派的学习理论认为行为的多次愉快或痛苦的后果改变了个体的行为。巴甫洛夫的经典条件反射学说、斯金纳的操作条件反射学说是行为派的代表学说。

1. 经典性条件反射

（1）经典条件反射的内容

巴甫洛夫是苏联著名的生理学家，曾因为对动物消化腺的创造性研究而获得1904年诺贝尔生理学奖。巴甫洛夫对动物消化腺的研究主要以狗为研究对象。他与助手在对狗的研究中发现，当助手给狗食物时，狗吃到食物，会分泌很多唾液；此后又发现狗只要看到食物，就开始分泌唾液；再后来，只要听到助手的脚步声，狗似乎知道马上就可以吃到食物，唾液的分泌也开始增加。巴甫洛夫系统研究了这种现象，提出了"条件反射"的概念，后人称之为"经典条件反射"。巴甫洛夫认为，条件反射形成的条件是无条件反射：食物吃到嘴里，引起唾液分泌增加，这是自然的生理反应，形成后不需要学习，这种反应叫作无条件反射；此时引发反应的刺激是食物，为无条件刺激，做出的反应是无条件反应。另外一种是条件反射：研究助手的脚步声与狗的唾液分泌增加本来没有必然的联系，是一种无关刺激，或称中性刺激；当脚步声与食物同时、多次重复后，狗听到脚步声，唾液分泌就开始增加，这时中性刺激由于与无条件刺激联结而变成了条件刺激，由此引起的唾液分泌就是条件反射。

（2）经典条件反射特征

获得：将条件刺激与无条件刺激多次结合呈现，可以获得条件反射和加强条件反射。例如，将声音刺激与喂食结合呈现给狗，狗便会获得对声音的唾液分泌反射。

消退：对条件刺激反射不再重复呈现无条件刺激，即不予强化，反复多次后，已习惯的反射就会逐渐消失。例如，学会对铃声产生唾液分泌的狗，在一段时间听到铃声而不喂食之后，可能对铃声不再产生唾液分泌反射。

恢复：消退了的条件反射，即使不再给予强化训练，也可能重新被激发，再次出现，这被称为自然恢复作用。

泛化：指某种特定条件刺激反射形成后，与之类似的刺激也能激发相同的条件反射。例如，狗对铃声产生唾液分泌反应后，对近似铃声的声音也会产生反射。

（3）认知关联学习

当代行为科学家将经典条件反射看作那些允许生物体预测和"陈述"环境中事件间联系的学习。根据这个观点，在条件刺激和非条件刺激（铃声与肉）的联系影响了狗的期望，这时反过来影响了他们的行为（分泌唾液）。经典性条件反射作用，被看作认识关联学习——不是获得新的反射作用，而是获得关于世界的新知识，这不仅仅是一种条件反射行为。根据一些研究人员的观点，乐观的条件作用是在条件刺激和非条件作用刺激之间创造一种强烈联系。

在新巴甫洛夫理论中，消费者被视作使用逻辑和感知的事物相联系的一个信息搜寻者，通过他或她的先入为主的观念，以形成一个对世界的复杂认识。条件作用是通过接触在环境中的事物联系形成的学习,这种接触创造了对环境结构的期望。条件作用也导致人们更加注重随后的广告和其他产品促销手段。

(4) 经典性条件反射在营销上的应用

许多营销策略都集中在如何建立刺激和反应之间的联结上。从创立出总的品牌形象到建立产品和消费者需要之间的知觉联系,行为主义学习原理能解释许多消费现象。

从无条件刺激到条件刺激的直接迁移,解释了为什么万宝路、可口可乐或者 IBM 这种"拼凑"的品牌名称能够对消费者产生如此强大的影响。万宝路和香烟之间的联结是如此之强,以至于在一些情况下,公司没有必要在其广告中显示出品牌名称。将无任何意义的音节与漂亮或者成功之类的词匹配起来之后,此意就转移到这些创造的词上。这些最初没有任何意义的词变得有象征意义表明,即使是复杂的意义也能通过很简单的方式使创造出的词产生条件作用。对依赖品牌资产的创建和维持的许多营销小策略来说,这些联系非常重要。品牌资产是品牌在消费者记忆中产生了极其良好的印象,并因此赢得了许多忠诚的消费者。

(1) 重复的应用

有广告研究者认为,原则上营销信息只要见到 3 次就够了,超过了就是多余的。第一次会引起消费者对产品的知觉,第二次会引起消费者与产品之间的某种联系,第三次则会提醒消费者有关该产品的益处。这个非常直接的方法表明,至少要重复三次才能确保消费者获得(并加工)这个信息。人们倾向于拒绝或者曲解许多营销信息,所以没办法确保传播出去的信息能够到达消费者。如果试图将某种联结变成消费者的条件反射,就必须确保目标消费者能够收到足够多次的刺激,从而使那个刺激对消费者产生"黏性"。

另一方面,对一件事的把握是多方面的。消费者对听到或看到的某种营销刺激会习以为常,不再注意它,这被称为广告疲劳或广告损耗。通过保留基本信息而改变表现方式可以缓解这个问题。

(2) 条件下产品联结的应用

通常,为了创造出一种理想的联结,广告会把某个产品与一个正确的刺激相配对。市场信息的各个方面,例如,音乐、幽默或者比喻都能影响到条件反射。例如,在一项研究中,让被试者观看关于钢笔的幻灯片,同时播放愉快或者不愉快的音乐。后来发现,被测试者更有可能选择那些与愉快音乐相配对的钢笔。

条件性刺激和非条件性刺激出现的先后次序会影响到学习是否能够发生。一般来说,条件性刺激应该在非条件性刺激之前出现。反向条件作用一般来说没有多大效果。例如,先播放广告语,然后再呈现软饮料。因为条件反射需要刺激物按一定顺序出现才能发生,所以在静态下不会形成经典性条件反射。例如,与电视广告或广播广告相比,杂志广告中不能控制条件刺激和非条件刺激被感知到的顺序,所以难以形成经典性条件反射。

正如刺激-反应可以形成联结,这种联结也可以消失。由于刺激和反应之间有可能消退,对于那些经常能遇到的产品,行为学习理论中的刺激策略可能不会有太大效果。例如,一瓶百事可乐配上碳酸饮料在冰上的清爽声音,虽然可以看作是条件反射的一个很好应用,但不幸的是,生活中常常看到百事可乐出现在没有这类声音的情况下,这就降低了条件反射策略的效果。

为什么该选一种新颖的曲调而不是流行的曲调来配合产品呢?这是因为在没有该产品出

现的很多情况下，也能听到流行歌曲。音乐电视可以作为有效的非条件刺激，因为它常常影响着观众的情感，这种影响会转移渗入伴随着音乐电视的广告中去。

（3）刺激泛化的应用

品牌创立和包装的核心通常是刺激泛化的过程，通过建立消费者对现存某一品牌或公司名称的良好印象和联想而产生经济效益。在大学里，获得胜利的运动团队给我们展示了一个令人钦佩的刺激具有多么高的营销价值，那些忠诚的爱好者们会疯狂地抢购从衣服到浴室用品各种带有学校名字的用品。这种现象在 20 年前是不存在的，因为当时的学校还不愿意将其形象商业化。当有人将农校的标志印在手枪系列商品上之后，得克萨斯州农工大学便成为最早一所要将学校形象进行商标保护的学校。而今天，情况完全不同。从印有学校标志的汗衫到杯子垫，甚至马桶，许多学校的管理者从中获得了不错的版税收益。基于刺激泛化的策略包括下面几点：

一方面，采取家族品牌策略。家族品牌是指公司所有产品都是用同一个品牌——这种新的战略假定消费者往往只能记住几个最喜欢的品牌，而不管它是什么产品。许多产品都是因为公司良好的品牌声誉而盈利。例如，金宝汤、亨氏和通用电气等公司就是依靠他们良好的企业形象来销售不同的产品系列。

另一方面，保洁公司的优势却在于对同一种产品使用不同的品牌。例如，公司提供了 11 个品牌的洗浴产品（绝大多数是清洁剂，也有一些纤维保护产品），3 个品牌的止汗药等。几个品牌的联合常常为宝洁公司在与美国及全世界广告媒体谈判和争取货架空间方面提供优势。它也可以帮助宝洁公司对任何一个竞争者做出反击，使其不敢在宝洁占统治地位的产品领域嚣张。然而，最近几年，为了削减成本，宝洁公司把多个品牌统一在宝洁一个品牌之下，卖清二手品牌、标准化产品配方从而简化产品供给。

自有品牌往往也能和家族品牌获得同样的效果。例如，沃尔玛过去经常这样做广告，说它的超市只卖一些"你能信任的品牌"。现在，沃尔玛这个名字本身已经成为一个让消费者信任的产品品牌，并且沃尔玛这个产品品牌也为这个超市品牌增加价值。

（4）刺激甄别的应用

定位的一个重要方面，就是如何强调特色而将其与竞争者区别开来，因为消费者就是由此学会讲一个品牌与其竞争者品牌相区分的。这可不是一件容易的事，尤其是在一些产品类目中，替代产品的品牌名称众多并且相似。

在我们过分沟通的社会，刺激辨别的关键在于有效定位，有效定位能为企业带来竞争优势。形象——或者说是位置——是消费者头脑中存在的对产品和服务的概念，是成功的关键。当一个营销者通过一种非常有利的沟通方式来向消费者强调它能很好地满足消费者的需求时，一般希望消费者能够把它的产品和货架上竞争者的产品区别开来。而那些模仿者则不是这样的。它们希望消费者能认为市场领导者产品的一些特殊优势也同样存在于它们自己产品上。一般情况下，市场领导者倒是希望消费者能够区分这些相似的刺激。一些大营销者总是很警惕地关注一些看起来很相似的品牌，并且经常起诉那些它们认为在蚕食他们销售额的零售商。它们希望它们的产品被消费者认为是能够独特地满足他们需求的。研究已经表明，有效定位导致的认可态度以及刺激识别通常能在消费者头脑中长期存在并且影响他们日后的购买行为。

已经成功塑造品牌形象的公司试图通过强化某一独特属性来获得竞争对手的刺激识别。因此，美国运通旅行支票不断提醒："旅行支票用运通。"另一方面，如果一个品牌名称用得太广泛，就不再具有与众不同的特色，甚至成为公共名称的一部分而被竞争对手使用，例如，阿司匹林、悠悠球、自动扶梯等。

一个相关的问题是赝品假冒真品。国际反假同盟（一个反版权侵犯的工业组织）估计商标假冒行为每年给美国带来2 000亿美元的损失。对知名品牌的"冲击"在世界上一直是个问题。例如，查克泰勒全星运动鞋是巴西儿童最喜欢的一款鞋，而只有在美国和日本拥有这种鞋子的销售权。许多人并没有意识到的问题是：在巴西所出售的这些全星运动鞋都是赝品。这些帆布胶底运动鞋看起来跟真的一样，鞋面圈子上面都是五角蓝星。一家当地公司在1979年就将全星商标注册为自己的商标，并从那时起就相当于美国售价1/3的价格每年销售大约100万双全星鞋。

2. 操作性条件反射

（1）桑代克的尝试－错误学习

桑代克是美国著名的心理学家，获得博士学位以后，他在哥伦比亚大学开始研究动物的随意学习行为。桑代克设计了有名的"迷笼实验"。通过对动物学习行为的研究，桑代克提出了尝试－错误学习理论。这一理论认为，学习的实质是通过"尝试"在一定的情景与特定的反应之间建立某种联结。在尝试中，个体会犯很多错误，通过环境给予的反馈，个体放弃错误的尝试而保留正确的尝试，从而建立起正确的联结，这就是学习。桑代克认为，在尝试－错误学习中，行为的后果是影响学习关键的因素，如果行为得到了强化，证明尝试是正确的，行为就能保留下来，否则就会作为错误尝试而放弃。总之，正强化会促进行为，而负强化或惩罚会削弱行为，桑代克称之为"效果律"。之后，桑代克又提出了准备律和练习律，后来又做了较大的修改。

（2）斯金纳的操作性条件反射

20世纪30年代后期，行为主义心理学家斯金纳改进了桑代克的"迷笼"设计，设计了"斯金纳箱"，并用来研究各种动物。实验中，动物从开始的混乱动作中无意地碰到杠杆，得到了食物，学会了按压杠杆与得到食物之间的联结。通过更为复杂的设计，动物还可以学会分化行为。例如，当灯亮时按压杠杆可以得到食物，而灯灭时按压杠杆得不到食物。因此，动物学会了只在灯亮时按压杠杆。通过研究，斯金纳认为存在两种类型的学习：一类是应答性反应，与经典性条件作用类似；另一类是操作性条件作用，它不是由刺激情景引发的，而是有机体的自发行为。在日常生活中，人的绝大多数的行为都是操作性行为。影响行为巩固或再次出现的关键因素是行为后所得到的结果，即强化。他区别了两种类型的强化——正强化与负强化。无论是正强化还是负强化，其结果都是增加行为再次出现的概率，促进行为的发生。强化的类型多种多样，包括连续强化和间隔强化、固定比例强化和变化比例强化、固定时间强化。

（3）操作性条件反射在营销上的应用

当消费者因其所做出的购买决策而受到奖赏或惩罚时，操作性条件反射原理便在起作用了。商家会通过采取适当行动来逐步强化消费者反应从而改变他们的行为。例如，一个汽车经销商会鼓励一个犹豫不决的购买者坐到展品车里，然后建议他试开，再然后就试图将车卖出去。

①消费的强化。

营销者用很多方式来强化消费者，从购物后简单的致谢到客观的折扣以及电话回访，这些都是强化消费者的方式。例如，与那些没有受过任何强化的受控制小组相比，那些每次付钱之后都收到感谢信的新顾客组，使人寿保险公司得到更高的保单更新率。

所有营销努力的目的应该是最大限度地提高消费者满意度。营销者必须确保提供可能最好的与价格相符的产品，同时，避免使消费者对于产品（服务）的期望上升到超过产品（服务）本身可承受的范围。除了使用产品本身的经历，消费者可以从其他消费情境的要素中得到强化。例如，交易环境或者员工们的礼仪等。例如，一个满足高消费群体的美容沙龙，除了优美的环境之外，可能需要提供咖啡或者软饮料给那些等待的客户，也可以在每个美容美发吧台上提供免费的本地电话服务。尽管这些花样的效果不会很大，但是消费者可能因为周围的氛围和服务而感到自己受到悉心照顾，从而再次光临。从另一个角度看，尽管有场所环境的积极强化，如果沙龙里的服务人员在服务的过程中忙着互相说话而使消费者感到自己受到冷落，那么她就很可能不会再光临。

某些旅馆通过一些宜人的小手段来给客人提供强化，诸如在枕头边放巧克力或者在梳妆台上放一瓶水；其他旅馆则增加水果拼盘甚至一瓶酒给回头客来表达旅馆对于消费者重新光顾的谢意。许多针对常客的计划都是基于增强正强化进而鼓励重新光顾行为，消费者消费得越多，他得到的奖励就越多。Kellogg曾经实施过类似的常客计划。Kellogg谷类食品的盒子上放优待券，这种优待券可以累积，也可以换取各种奖品，诸如印有公司标志的咖啡杯子或者粗斜纹棉布衬衫。

关系营销——同客户建立一种紧密的个人化关系——另一种非产品强化。当消费者知道他在即将到来的购物活动中能得到商家提供的好建议或者某些他需要的商品商家已经为他留出的时候，消费者对于这家商店的忠诚度就会得到巩固。消费者在某家银行通过打电话给他的"私人"银行家就可以完成账户间的资金转移或者消费者不到这家银行就可以完成其他交易业务，这些都会使消费者对这家银行的满意度得到强化。

营销者发现，为了使期望中的消费者消费行为继续，必须使产品的质量保证在高水平，并且保证消费者在使用的时候感到满意。尽管如此，他们也发现一些非产品奖励并不需要在每次交易的时候都发生，甚至一个偶然的奖励也可以带来强化和鼓励消费者再次光顾。例如，航空公司可能偶尔让旅客在机舱门口升级，或者衣服折扣柜台一遍又一遍地通过商店广告系统宣传一个小时的促销。可能得到奖励的承诺带来积极强化并鼓励回头客。

②集中学习与分布式学习。

时机对于消费者学习具有重要影响。一个学习计划是应该延伸到一段时间内完成（分布式学习），还是应该集中在很短的时间内呢（集中学习）？这个问题对于正在进行媒体广告计划的广告者很重要，因为大规模的广告产生了比较多的集中学习，而分布式计划则常常使学习持续一段比较长的时间。当一个广告者需要广告产生瞬间影响（例如，接受一款新产品或者对竞争者的闪电攻击进行反击）的话，他们通常利用集中式计划去抓住消费者。然而，如果光顾者的目标吸引建立在通常基础上的长期重复购买的话，分布式计划会更合适。一个分布式计划使广告基于通常基础上的重复，常常能达到促使消费者长期学习的效果，同时对抵抗消失相对比较有效。

③示范学习与观察学习。

行为学习理论者们已经注意到相当一部分的学习反射在没有直接强化的情况下，不管是正强化还是负强化，这部分的学习称为示范或者观察学习的过程。消费者经常观察其他消费者在某种情境（刺激）下是如何反应的，反应的结果（强化）如何。他们遇到相似情况的时候就模仿那些能得到积极强化的行为。示范学习是个体在观察了其他个体行为及其后果后进行行为学习的过程。他们学习和模仿的往往是他们敬仰或者羡慕的人，这些人可能因为外表、成就、技能甚至社会阶层等方面的特征而得到他们的敬仰或者羡慕。

广告商意识到观察学习模型在他们选择模型过程中的重要性，不管这些模型是名人还是无名小卒。如果一个年轻人看到广告所描述的社会成功是因为使用了某种洗发水，那么她就会购买这种洗发水。替代性（或者观察）学习是今天许多广告的基础。容易被目标广告受众识别的广告模特通过使用广告所宣传的产品而在相同的困境或问题中取得了积极的成果。孩子们从他们的父母、姐姐和兄长那里学到了许多社会行为和消费行为。他们模仿所看到的被奖励的行为，并期望在采用相同行为的情况下受到相同的奖励。

有些时候广告也展示了某种行为的负面结果。这点特别适用于公益广告，公益广告可能展示了吸烟、超速驾驶和吸毒等的负面结果。通过观看其他人的行为及其结果，消费者学会区分正确和不正确的行为。

二、认知学习理论

1. 认知学习理论的内容

不是所有的学习都是行为重复经验的结果，大量的学习是经由消费者思考和解决问题的过程而发生的。瞬间学习也是存在的，当面临一个问题时，我们有时会很快想到解决方法，然而，更多的时候我们倾向于搜集相关信息作为做决定的基础，同时为尽可能达到我们的目的，做出最好的决定。我们总是仔细评价所学的东西。

基于心理活动的学习称为认知学习。认知学习理论认为人类最典型的一种学习是问题解决，它使个体能控制周围环境，与行为学习理论不同的是，认知理论认为学习包括对信息的复杂的心理加工过程。认知理论学家不强调重复或特定反应与奖励联结的重要性，他们强调在产生期望反应的过程中动机和心理加工的作用。

2. 认知学习理论信息加工过程

（1）信息输入

与把计算机接受信息的过程称为输入一样，人脑接受信息的过程也被称为输入。信息加工既与消费者的认知能力有关，也与被加工信息的复杂性有关。消费者通过属性、品牌、品牌间的比较或综合这些因素来加工处理产品信息。虽然属性特征包括在品牌信息中，可用选择方案的数量影响信息加工的强度或程度，但是，具有高认知能力的消费者明显要比具有较低认知能力的消费者能获得更多的产品信息，且更有能力综合产品几个属性的信息。

消费者在意象方面也存在差异——也就是形成意象的能力——这些差异影响了他们回忆信息的能力。个体意象加工的差异性可以通过意象逼真性测验（唤起清晰形象的能力）、加工模式测验（倾向于视觉加工还是言语加工以及加工的频率）与白日梦（幻想）的内容和频率测验等手段来测量。

一个消费者接触一个产品种类的经历越多,他(她)利用产品信息的能力就越强;他所接触的产品与曾经接触过的产品种类越相似,在做出新的购买决定时的认知能力就会越高,特别是有关技术性的信息。一些消费者通过类推的方法学习,也就是说,为了促进了解,他们将熟悉的关于产品的知识转移到新的不熟悉的产品上。一项研究发现,当人们对一个选择对象在信息加工过程中做出了更多的努力时,他们经历的是对这个选择对象的加工 - 诱导的负面效应,就更有可能选择一个不需要做出很大努力去评价的产品。但是当有一个明确的占有优势的选择时,负面效应不会影响产品选择。

(2) 记忆储存

在信息加工过程中发挥最主要作用的是人的记忆,大多数认知科学家正设计一些基本研究来探索信息在头脑中是如何被储存、保持和提取的。

因为信息加工的发生是有阶段的,所以通常认为在记忆中有一些单独、连续的"贮存室",信息进一步加工之前被临时贮存在这里。这种贮存室主要有感觉"贮存室",短时"贮存室"和长时"贮存室"。从短时记忆转到长时记忆的信息的数量决定于所给予的复述的数量,不管是重复还是与其他信息联系,一旦失败就会导致信息的消退和最终丢失,信息也会因为注意的竞争而丢失。例如,如果短时"贮存室"同时从感觉"贮存室"中接收到大量的输入信息,它的能力可能降到只能贮存一到两条信息。

其中,最为重要的一步是复述和编码。复述的目的是使信息能在短时"贮存室"中保持足够长的时间,以便编码能够发生。编码是我们选择言语或视觉图像来代表所知觉到的事物的一个过程。例如,从事商品买卖的人通过使用品牌符号来帮助消费者对品牌进行编码,绿色巨人公司有它的绿色巨人,戴尔(Dell)计算机用一个旋转的、作为一个可快速识别的名字,微软使用的是一个世人皆知的符号化窗门。

研究已经发现,对一个广告的编码与这个广告所插播的节目有关。一个电视节目的某些部分可能需要观众提取认知资源的大部分来进行加工,当观众提取了更多的认知资源对付节目本身时,他们对广告所提供的信息的编码和存贮就相对少了。当插播紧接着一个戏剧性节目播放广告时,那些需要较少认知加工的广告比那些需要较多有意加工的广告会更有效果;其他研究也表明,对一个电视节目非常投入的观众,对紧接着这个节目的广告也会有积极的反应,从而产生较积极的购买倾向。

(3) 保持

信息并不单单只是停留在长时记忆中等着被提取,而是不停地被组织和再组织,在信息块之间形成新的联系。实际上,许多信息加工理论家把长时贮存看作是包含许多节点的一个网络,它们之间都有联系。消费者对一个产品名称的记忆也可能通过与广告中起用的代言人相联系而被激活。对许多人来说,迈克尔·乔丹就意味着耐克运动鞋作为一个线索被激活。

贮存在记忆中的产品信息一般是基于品牌的,消费者通过与原来的信息组织方法一致的方式来解释新信息,他们每年都会遇到成千上万的新产品,通常他们依靠信息搜索这些新产品与已经贮存在记忆中的产品种类有多大相似或差异。一项研究发现,存在中等水平的差异时,比起在更广的属性范围内寻找新信息,消费者更可能从深度上检查相关属性。另一项研究发现,消费者对熟悉品牌的新产品信息能更好地回忆。这强调了一个事实,那就是在广告中树立一个品牌有诸多优势，消费者更有可能回忆起所接收到的熟悉品牌名称的新产品的信息，他们的记忆较少地受到其他竞争广告的影响。

（4）提取

提取是我们从长时记忆中恢复信息的过程，大多数人都有记不起他们非常熟悉的事情的经历。信息加工理论家把遗忘看作是提取系统的失败。大量的调查研究都将重点放在个体如何从记忆中提取信息。研究表明消费者更容易记住产品的利益而不是它的属性，这就解释了当广告信息把产品的属性与消费者能从产品上得到的利益联系起来时广告最有效。

（5）干扰

在一类产品中竞争的广告越多，分配到某一特定的产品品牌的回忆就越少。这种被竞争广告混淆而引起的干扰效应会导致提取失败。对某个竞争品牌来说，广告能起到提取线索的作用。

竞争品牌的广告或者同一制造商制造的其他产品的广告都能降低消费者记住相关广告品牌信息的能力，即使数目很少的类似的广告之间也会发生这种效应。干扰的水平取决于消费者先前的经验、有关品牌属性信息的先入知识以及做选择时能得到的品牌信息的数量。有两种实际的干扰种类：新的学习能干扰对以前贮存材料的提取，先前的学习也能干扰对新近所学材料的回忆，存在这两种干扰的重要原因是新旧信息的相似性，创造一个与众不同的品牌形象能帮助信息内容的保持和提取。

（6）有限的和扩展的信息加工

很长时间以来，消费者研究者相信所有的消费者在做出一个购买决定时都要经过一系列复杂的心理和行为阶段，这些阶段从觉察（信息的呈现）到评价（偏爱、对信息的态度）到行为（购买），再到最后的评价（采用或拒绝），这个相同系列的阶段被称为消费者采用过程。

近些年来，一些模式已经发展起来，用来表达对消费者做出的信息连续加工过程的看法。最初，市场研究专家认为消费者做出的扩展性的复杂的信息加工可以应用到所有的购买决定中。然而，以他们自己作为消费者的主观经历为基础，一些理论家开始认识到一些简单的购买情境中不需要扩展的信息加工和评价，有时仅仅是出于对日常购买需要的觉察，而不需要另外的信息搜索和心理评价，这种购买被认为是最小个人相关，它与高相关的搜索、定向的购买相对。最小个人相关也被称为低卷入购买，复杂的搜索、定向的购买称为高卷入购买。下面介绍卷入理论的发展以及在市场策略中的应用。

三、卷入理论

（1）卷入理论简介

卷入理论又称涉入理论，最早是在1947年由美国学者塞利弗（Sherif）和肯切尔（Cantril）在研究社会判断理论时提出来的。简单地说，社会判断理论认为，一个人对某一事件的自我卷入程度越深，则其接受相反意见的余地就越小，此乃反比效应；相反，对于与自己相同的意见，自我卷入程度深的人不但乐于接受，而且还会予以支持，此为同比效应。当时，塞利弗和肯切尔将自我卷入定义为一个人因其地位或角色的限制而对于相反意见的态度，它是一个人对别人意见做出反应的前提条件。塞利弗和肯切尔的开创性工作当时并未引起营销学者的注意，卷入理论也只是在行为心理学研究中被心理学家们经常使用。

(2) 卷入理论在营销上的应用

卷入理论自从被应用于消费者行为研究以来，引起了许多西方营销学者的浓厚兴趣，经过多位学者近10年的努力，到20世纪80年代后期，其内容日益丰富和充实。从卷入的类型来看，如果以卷入对象来分类，卷入可分为广告卷入、商品卷入和购买决策卷入三种类型。广告卷入是指观众对于广告信息所给予的关心程度或接触广告时的心理状态，从高度关注到视而不见；商品卷入，是指消费者对于商品的重视程度或消费者对于商品的个人主观认识，从对商品完全投入的自我认同，到不屑一顾的漠不关心；购买决策卷入是指消费者对某一次购买活动的关注程度，它与商品卷入关系密切但不等于商品卷入。例如，酒类低卷入者有一天为了宴请重要宾客必须选购酒类时，他这一次购买酒类的行为就属于高度卷入。除了按对象分类外，另一种分类方法是根据卷入的来源进行分类，这种分类方法将卷入分为情境卷入、持久卷入和反应卷入。情境卷入是指卷入的起因是外在的，是一个人在某种特殊情境下对事物的短暂关切状态；持久卷入是指卷入的起因来自个人内在的原因，是一个人对某一事物相对持久的关切状态；反应卷入是指由情境卷入与持久卷入结合而产生的、对某一事物的关切状态。以上关于卷入的分类为卷入理论应用于消费者行为研究奠定了理论基础。

(3) 卷入的测量

假设卷入理论是从高和低卷入媒介的概念、高和低卷入消费者、高和低卷入产品和购买、高和低卷入情境中说服的顺序发展起来的，那么发现卷入本身在概念表达和测量中有很多变化是不会令人惊讶的。研究者已经用各种方法定义并使卷入概念化，包括自我卷入、约定、交流卷入、购买重要性、信息搜索的延伸、人、产品、情境和购买决策。一些研究已经尽力在品牌卷入和产品卷入之间做出区分，其他研究则在情境的持久和反应卷入之间做出区分。

8.1.3 消费者学习的常见方法

消费者购买活动的每一步都是在学习，从感知商品到购买决策及使用体验，都是学习的过程，可见学习对消费者的重要性。消费者通常采用以下3种方法进行学习：

1. 模仿法

模仿就是仿效和重复别人行为的趋向，它是消费者学习的一种重要方法。一些演艺明星和体育明星的发型、服饰，甚至生活方式，之所以能很快在一些人群中流行开来，就是模仿心理的作用。模仿可以是有意的、主动的，也可以是无意的和被动的。当被模仿行为具有榜样作用，社会或团体又加以提倡时，这种模仿就是自觉进行的。在社会生活中还有很多模仿是无意识的。例如，小孩模仿大人的行为，经常接触某个群体的成员，就会不自觉地带有该群体的行为特征等。

2. 试误法

试误法又叫尝试错误法，它是消费者通过尝试与错误，从而在一定的情境和一定的反应之间建立起联结。消费者渴了的时候，可以喝茶、咖啡、可乐或者矿泉水等，也就是说可以做出许多不同的反应，但经过多次尝试，发现做出某种特定反应能获得最满意的效果，于是此种反应与这一情境的联结就会得以保存。如果在今后的行为练习中，做出此种反应之后总是伴随着满足,则联结的力量会增强;反之,若做出反应之后伴随的是不满和烦恼,联结的力量将减弱。

3. 观察法

观察法是指消费者通过观察他人的行为,获得示范行为的象征性表象,并做出或避免做出与之相似的行为的过程。在消费过程中,消费者或自觉或不自觉地观察他人的消费行为,并以此指导自己的消费实践。例如,当发现同事买的某种牌子的手提电脑质量好,效果也好,就可能在头脑中留下印象,在自己需要购置手提电脑时,就会不自觉地想到同事的那台手提电脑,并形成购买意向。反之,如果经过观察发现同事所买的那台手提电脑不那么理想,则在购买手提电脑时,可能会避免选择该牌子的产品。观察学习使个体突破直接经验的限制,获得很多来自间接经验的知识、观念和技能,它是消费者普遍采用的学习方法。

4. 发现法

发现法是指消费者对消费对象认识、发现以及主动进行思维、记忆等获得的一切知识。例如,某消费者在对某种商品发生兴趣后,积极主动收集有关信息,从而获得对该商品的深入认识。一般购买价值较大或重要产品时,通常采用发现法进行学习。

5. 对比法

对比是人们认识事物常用的一种方法。消费者在消费活动中可以对消费对象、消费内容、消费经验等方面进行对比,并从中得出属于自己的认知,而这种认知通常是可以找到统计规律的。

8.1.4 消费者学习的测量

对商家来说市场份额和品牌忠诚消费者的增加是针对消费者学习的双重目标。这两个目标是相互依存的。品牌忠诚的消费者为一个稳定和不断壮大的市场份额提供基础,占有较大市场份额的品牌相应地拥有较大的忠诚购买群。商家将他们所有增进的投入重点放在努力教会消费者知道他们的品牌是最好的,他们的产品能最好地解决消费者的问题,满足消费者的需要。因此,对消费者学习效果的测量对商家来说是非常必要的。对消费者学习的各种测量主要集中于再认和回忆测量、认知测量与品牌忠诚的态度、行为测量等方面的测量。例如,再认和回忆测量用来判断消费者是否记住了所看的广告、他们读或看以及能回忆其内容的程度、他们最终对这个产品或品牌的态度、他们的购买意向等。再认测量是建立在辅助性记忆基础上的,而回忆测量则使用非辅助性记忆:在再认测量中,向消费者呈现一个广告,问他(她)是否看过某本特定的杂志或看过某特定电视节目。例如,看过则问其能否回忆起所看到的任何一个广告,被广告宣传的产品、品牌以及关于产品的任何方面。一项研究发现,明确涵盖产品利益的一个品牌名称比一个非启发性品牌名称更能引起回忆。许多调查机构开展再认和回忆测量。例如,Starch 读者友谊服务中心评价杂志广告的效果,在读完给定的一本杂志的问题后,向回答者呈现这本杂志,并请他们指出哪个广告是他们注意的,哪个使他们与广告客户联系,哪个他们读得最多,还问他们广告的哪个部分他们注意得最多并读得最多。当与类似型号商品的广告、竞争对手的广告和商家自己先前做的广告相比较时,所得出的读者再认得分才有意义。

8.2 消费者态度

在影响消费者行为的诸因素中，态度具有极为重要的作用。消费者在购买活动中，之所以有这样或那样的不同决策，采取迥然相异的行为方式，无不与对商品或服务的态度密切相关。大部分的消费者实际行为的产生，都会先经过态度的产生，态度对于行为具有某种程度的预测能力，营销人员如果不了解消费者态度，便难以掌握消费者行为。

8.2.1 态度的含义、构成与特征

一、态度的含义与构成

1. 态度的含义

18 世纪末，生物学家达尔文在生物学意义上使用这一词，并赋予它"在身体上表达情感"或"情感的外部表露"之类的意思。在现代心理学中，态度指人们对于事物所持有的肯定或否定、接近或回避、支持或反对的心理和行为的倾向。

消费态度是消费者评价消费对象优劣的心理倾向，导致消费者喜欢或讨厌，接近或远离特定的产品和服务。消费者对产品或品牌的态度会直接影响其购买决策，在使用商品或服务中获得的经验又转过来直接影响消费者的态度，从而影响下一次的购买决策。

态度作为一种心理倾向，通常以语言形式的意见，或非语言形式的动作、行为作为态度自身的表现形态。因此，通过对意见、行动的了解、观察，可以推断出人们对某一事物的态度。同样，通过消费者对某类商品或服务的意见、评价，以及积极、消极乃至拒绝的行为方式，也可以了解其对该类商品或服务的态度。例如，当观察到消费者对某品牌液晶彩电踊跃购买的情况时，就可以推断出消费者对该品牌持肯定和赞赏的态度。

2. 态度的构成

态度通常是指个人对某一客体所持的评价与心理倾向；换句话说，就是个人对环境中的某一对象的看法，是喜欢还是厌恶，是接近还是疏远，以及由此所激发的一种特殊的反应倾向。态度的心理结构主要包括 3 个因素，即认知成分、情感成分、行为倾向。

（1）认知成分

认知是指一个人对该态度标的物的知觉、信念与知识。这些认知往往来自对态度的直接经验，或其他相关的信息来源。通常，认知成分在复杂的产品上特别重要。例如，计算机、汽车等产品。认知一般常以信念的方式出现，也就是消费者会认为态度标的物具有某些属性，因而若采取该特定行为则会导致某一特定的结果。在态度这 3 个成分中，情感最重要，因为品牌评估可以说是情感成分的具体代表；而品牌评估则是形成态度的重要核心，因为其总结了消费者对品牌成分的有利或不利倾向；就认知成分而言，情感也总结了认知的结果，也就是认知的意义必须表现在其对品牌评估的影响上；而品牌评估也是行为的一种倾向。

（2）情感成分

情感是指一个人对该态度标的物的整体感觉与情绪。这种感情和印象，被消费者行为研究者看作本质上最初的评价，即它们是一个人对态度对象直接的或总体的评价。例如，

尊敬—蔑视，同情—冷漠，喜欢—厌恶等。情感因素对于某些传达消费者自我的产品上，可发挥最大作用。

①经由消费经验而产生的情感。有些产品本来就是在产生某种情感。例如，看场电影往往最后所得到的可能是一种由于高潮迭起的剧情所带来的情感变化与享受。当然，有些产品则看起来好像和产生情感没有关联。例如，我们买了一张椅子。但是买了一张令人坐起来不舒服的椅子，或是没有坐多久便坏掉的椅子，则是一种很令人沮丧与挫折的经验，进而可能令人气愤。这样的情感自然会影响消费者对该产品的评估。例如，精彩的电影有口碑，而令人不满意的椅子使消费者发誓不再买这个品牌的椅子。当然，正面的情感往往带来良好的评价，而负面的情感往往也带来负面的态度。

②经由厂商的营销信息经验而产生的情感。除了使用商品可能产生情感外，消费者也可能因为接受厂商的营销信息而产生情感。例如，很多营销厂商的广告便是希望通过广告的呈现与展露来引起消费者的好感。例如，利用一位普遍受目标消费者欢迎的明星来当产品代言人，来引发消费者对于广告的好感，因喜欢该明星而对该广告本身产生好感，进而将此对于广告的好感转移至所广告的产品身上。例如，消费者因喜欢该广告的表现手法或模特，通过条件反射作用或移情效用，也转而喜欢广告的产品。因此，观看一个令人产生好感的广告，也可能使消费者形成对于所广告产品的良好态度。同样地，一个让消费者讨厌的广告也可能祸及其所广告的商品。因此，过去的研究也证实对于广告的态度会影响品牌的态度，也就是消费者对于广告的态度扮演着广告认知与品牌态度间的中介角色。

③经由购买情境经验而产生的情感。购买情境中的很多因素也会影响消费者的情感。例如，零售店的音乐、装潢、人潮、店员服务品质以及商品布置等都会影响消费者在购买情境当时的情感。而如同条件反射作用一样，一个令人愉悦的购物环境往往带来对该购物环境中商品的好感，进而影响了消费者的购买意愿。

（3）行为倾向

行为倾向是指个人对态度对象的肯定或否定的反应倾向，即行为的准备状态。通常，消费者对某些商品或服务有喜爱的倾向，就会导致购买行为的发生；反之，则不会导致购买行为的发生。这3种要素各有特点：认知是态度的基础，其他两种要素是在对态度对象的了解、判断基础上发展起来的。情感对态度起着调节和支持作用，而行为倾向则制约着行为的方向性。

二、态度的功能

在众多研究消费态度基本功能的理论中，受到广泛关注的是卡茨（Katz）的理论。卡茨认为，消费态度主要有以下4种基本功能：

（1）效用功能

效用功能基于奖罚原则，指态度能使人更好地适应环境和趋利避害，或者说，利用态度使回报最大化，使惩罚最小化。

（2）价值表现功能

价值表现功能是指通过态度表现出消费者的性格、兴趣、核心价值观或自我概念。同时反映消费者可能选择的决策方案和即将采取的购买行动。例如，有的消费者喜欢通过喝可乐、吃西餐的形式表达他们对美式文化的喜爱。

（3）自我防御功能

自我防御功能是指当消费者的个别行为与所属群体的行为相左，或与社会通行的价值标准发生冲突时，消费者可以通过坚持固有态度以保护个体的现有人格；或适当调整和改变态度，求得与外部环境的协调，从而减少心理紧张，保持心理平衡，同时增强对挫折的容忍力与抗争力。例如，一些收入水平即使不高的消费者也会购买一些高档化妆品来预防因容貌衰老带来的不安心理，并对购买高档化妆品行为持积极的态度，实际上也是出于自我防御的目的。

（4）知识功能

知识功能又称认识功能，是指消费者形成某种态度，更有利于其对事物的认知和理解，简化决策过程。事实上，态度可以作为帮助消费者理解商品或服务、广告促销活动等的一种标准或参照物。消费者在已经形成的态度倾向性的支配下，可以决定是趋利还是避害。知识功能可以使外部环境简单化，从而使消费者集中精力关注那些更为重要的事情。另外，消费态度的知识功能也有助于部分地解释品牌忠诚度的影响。对某一品牌形成好感和忠诚度，能够减少信息搜集时间，简化消费决策程序，并使消费者的行为趋于稳定。

三、态度的特征

态度作为消费者的一种复杂的、复合型的心理活动，具有6方面特征。

（1）对象性

态度的对象性是指态度是针对某一对象或状况而产生的。因此，具有主体客体的相对关系，离开了具体的对象，态度本身也就不存在了。

（2）社会性

消费者对某类商品或服务的态度并非与生俱来，而是在长期的社会实践中不断学习、不断总结经验逐步积累而成的。因此，消费者的态度必然带有明显的社会性和时代特点。

（3）等级性

等级性是指态度不同的程度，即对态度对象肯定或否定的程度。一般来说，越是强烈的态度就越难改变。另外，肯定或否定是对态度两个极端的表达，在这两个极端的态度上存在着中间的态度等级。

（4）稳定性

态度的形成需要相当长的一段时间，一旦形成了某种态度就趋于相对稳定状态，态度的稳定性使消费者的一些购买行为具有一定的规律性、习惯性，从而有助于某些购买决策的常规化、程序化。

（5）协调性

态度是由认知、情感、意向3种心理成分所组成的，对一个正常的人来说，这3种因素往往是协调一致的，从而指导其行为。但有时也会发生不一致的情况，这时情感因素就会起主导作用。因此，我们在改变消费者态度和平衡自己的态度时，一定要注意情感因素。

（6）内隐性

态度是一种心理倾向，是行为的一种准备。因此，人们不能直接观察它。但我们可以从消费者的言论、表情和行为中去间接进行分析，并测定他的态度。

8.2.2 消费者态度形成的相关理论

1. 诱因理论

诱因论是从趋近因素和回避因素的冲突看态度问题，即将态度的形成看作在权衡利弊之后而做出抉择的过程，以此来分析消费者行为。消费者对于一种产品或服务既有一些趋近的理由，也有一些回避的理由。例如，新产品上市与众不同，能够体现自己的个性，使用时可能会获得来自同事、朋友的赞叹，产生令人兴奋的感觉，但是这种产品的品质不一定有保证，价格比较贵，而且自己的父母或家里的其他成员并不喜欢这种产品。前者会使消费者对购买这种新产品产生积极的态度，后者则会使之产生消极的态度。按照诱因论，消费者最终态度是由趋近和回避两种因素的相对强度来决定的。如果前者在强度上超过后者，则会形成总体上的积极态度；反之，则会形成消极态度。

诱因论把人的态度的形成看成是有理性的、主动决策的过程，与学习论对态度的解释相比是一种进步，但把人的态度看成是为追求个人得失而进行周密思考和计算的表现，似乎并不完全符合事实。不少研究表明，态度一旦形成，即使当时诱发态度形成时的诱因已被遗忘，人们的原有态度仍倾向于保持不变。对人、对事的情感成分比认知成分往往更为持久和更加有力。同样品质、同样价格的产品，仅仅由于原产地的不同，人们的评价会有令人惊异的差别；为了购买到产自家乡的产品或很久以前所喜爱的产品，消费者愿意付出更多的时间和金钱。这些事实说明，人的态度形成是一个复杂的过程，不一定或并不总是依理性原则行事。

2. 学习理论

学习理论认为，态度是个体后天习得的。在态度的形成过程中，强化和模仿起了重要的作用。如果个体的某种态度得到了强化，受到了社会的赞许，那么这种态度就倾向于保持下去。反之，如果某种态度得不到社会赞许，受不到强化，就会消失。而人们的很多态度都是来自对榜样人物的模仿。榜样人物对某种事物持怎样的态度，人们就容易模仿他们的态度。

凯尔曼的理论不仅很好地解释了态度的形成从外到内、由浅入深的过程，并且使我们认识到态度的形成与改变是一个复杂的过程，并非所有人对所有事物的态度都必然经历上述过程。如果仅停留在顺从或认同，稳固、持久的态度的形成就十分困难。这就告诉厂商，在企业经营活动中，应注意消费者态度的形成与转化，设法进行消费引导、消费教育，促进态度的内化。

3. 认知相符理论

认知相符论，也称为认知一致论，是 20 世纪 50 年代提出的社会心理学理论。其基本观点是人的态度如果和其他观点、行为发生矛盾，就会存在一种内在力量推动其进行自我调节，避免逻辑矛盾，以维护自己的理性形象，达到认知上的相符和一致。认知相符理论认为人的内部动机对其心理活动、行为和人际交往等现象会产生根本的影响。具体而言，认知相符理论主要有平衡理论、认知-情感相符理论和认知失调理论。

（1）平衡理论

平衡理论是由心理学家海德（F. Heider）1958 年提出的。平衡理论（balance theory）是指人们会考虑他所认为相互关联的一些事物的关系。该理论认为，认知的平衡状态是一种理想的或令人满意的状态。如果认知上出现了不平衡，就会产生心理上的紧张、焦虑和不舒适、不愉快。为了从不平衡状态恢复到平衡状态，需要改变现有的某个认知或添加一种新的认知。

一般而言，他所考虑的关系主要包括 3 种关系：他自己（O）、他对他自己与其他人（P）关系的知觉以及他自己与其他的人对态度标的物（X）的知觉（如图 8-1 所示）。因此，每一组态度结构都包含这 3 种因素之间的 3 种关系。他们会希望维持一种认知一致性的状态。当三角关系不平衡时，人们会为了保持各因素间的协调关系而形成新的态度直到重新恢复到平衡的三角关系为止。

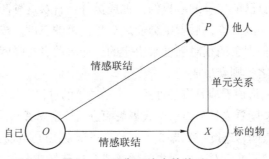

图 8-1 平衡理论中的关系

根据这一理解，当消费者与他人产生对产品的相反态度时，便发生了三角关系的不平衡。为消除不平衡，一种结果是消费者顺从他人的态度形成新的态度，另一种结果是坚持自我的态度而降低他人在自己心目中的地位。

(2) 认知-情感相符理论

认知-情感相符理论指人们总是倾向于对某一事物的认知和感情相符合，即人的情感一定程度上支配信念和认知。例如，有些家长溺爱自己的儿女，以致不能够认识到或者理性对待儿女的缺点，甚至会为了弥补孩子的错误而违反自己原有的信念。

(3) 认知失调理论

认知失调理论是由费斯汀格提出的，它描述了一种影响方式，即人们的行为对其态度有影响。认知失调是指某人在做出决定、采取行动或者接触到一些有违原先信念、情感或价值的信息之后所体验到的冲突状态。当人们的态度与行为不一致，并且无法为自己的行为找出外部理由时，常常会引起个体的心理紧张，为了克服这种由认知失调引起的紧张，人们需要采取多种方法，以减少自己的认知失调。

在消费者行为领域认知失调常常表现在消费者购买行为发生后，称为购买后失调。由于购买决定的做出需要大量的妥协，当我们选购完一件商品后，可能会想到没有选择的其他产品的独特性和优秀品质，产生后悔或者怀疑自己的不良情绪。此时，人们会努力寻找有利的信息来支持自己的决策，消除认知失调，以达到态度与行为的一致性。为此，营销者应重视提高消费者购买后的满意度，提供额外的强化，以便建立积极的品牌态度。

4. 自我知觉理论

自我知觉理论的中心思想是消费者根据自己的行为或者实施行为的环境推断出自己对某一事物的态度。当消费者对某一事物的认知模糊，或者缺乏相关体验的时候，通常会根据对行为的感知来推断自己的态度。这种理论更加侧重于态度的形成而不是变化。在没有压力的情况下，消费者一般认为通过自我认知形成的态度是真实的。但是当存在明显外部压力的时候，消费者就会认为自我的行为是由于外部原因而不是内部真实意愿的驱使。例如，某一产品刚上市的时候价格比较昂贵，但是不久之后就不断打折促销，消费者慢慢地就会降低对该产品内部价值的评价，而把购买产品的原因归结为外部促销活动。一旦产品停止促销，消费者也会停止购买。

5. 社会判断理论

社会判断理论假设人们根据已知的或已有的感觉来吸收和同化态度对象的新信息。其中原有的态度起到指导框架作用，新的信息根据已有的标准进行分类。根据这一理论，人们的现有态度会对新态度的形成产生影响和制约。这就像我们总是根据以前搬箱子的经验来判断一个箱子的轻重一样，我们在对态度对象形成判断时也会采用一套主观的标准。该理论强调，某个刺激或者信息是否被接受总是因人而异，而人们在态度标准基础上形成了可接受与拒绝的态度。属于可接受态度的观念会被欣然接受，否则就会被拒绝。一个人对某个对象的介入程度越高，对这个对象的可接受范围就越窄，这时，消费者能接受远离其立场的观念越来越少，而且会反对哪怕是与主观标准只有细微偏差的观念。

8.2.3 态度的形成过程与影响因素

一、态度的形成

态度是在社会生活中，经过社会化而逐渐形成的。态度的形成过程和个体的社会化过程同步。个体在从自然人变化为社会人的过程中，逐渐形成了对周围世界的种种态度。当态度一旦形成，便成为人格的一部分，影响一个人的行为。态度不同于一般的认知活动，它具有情感等因素，比较持久、稳固。态度的形成需要经历服从—同化—内化3个阶段。

1. 模仿与服从

态度的形成，开始于两个方面：一是出于自愿，不知不觉地开始模仿；二是出自受到一定压力的服从。人有模仿和认同他人的倾向，尤其是倾向于认同他所崇拜、敬爱的对象。由于人在模仿中认同不同的对象，因而习得不同的态度。以模仿习得态度，是态度形成的开端。在家庭中，父母常常是孩子认同的对象。随着年龄的增长、交往的增多，使个体在学校、社会模仿不同对象，不断习得不同的态度。这时态度往往以不知不觉、自觉自愿的方式表现。在市场营销中，生产商、营销商要选择受人尊敬的、敬爱的、美丽的人物作为广告的载体，以利于消费者模仿学习，形成认可、接受该产品（劳务）的态度。服从又称顺从，是指一个人按社会要求、群体规范或别人的意志而做出的行为。其特征表现为行为、观点受外界的影响而被迫发生。对服从的影响来自两种行为：一是外在强制下被迫服从，二是受权威的压力而产生的行为。在市场经济条件下，外压力强制下被迫服从所产生的消费行为（接受态度）是不可能的，也是法律所不允许的。值得思考的是受权威的压力而产生的消费行为，一般来说，态度的形成也会从中开始。但是在消费领域，消费者态度的形成，也许主要是从模仿中开始，这一点还需要深入研究。

2. 同化

同化，是指在思想、感情和态度上主动地接受他人的影响。态度在这一阶段已由被迫转入了自觉地接受、自觉地形成。在这个阶段，新的态度还不稳定，还没有同原有态度体系相融合,容易改变。

3. 内化

内化是指真正地从内心接受他人的思想观点,并将自己所认同的新思想与自己原有的观点结合在一起,构成统一的、新的态度体系,这是态度形成的最后阶段。这个阶段所形成的态度比较稳固,不容易改变。

态度的形成是从模仿到学习,从自发到自觉,从感性到理性,不断深化,不断增强的过程。但并不是所有的人对所有事物的态度都能完成这个转化过程,有些人对一些事物的态度可能完成了整个过程,但对另一些事物可能只停留在服从或同化阶段。有的即使到了同化阶段,还要经过多次反复,才有可能进入内化阶段,或者一直停留在同化阶段徘徊不前。因此,要形成人们牢固的态度十分艰巨。就生产商、销售商而言,某产品(商标)要成为消费者"永远的信赖""永远的首选",任务十分艰巨,但应该作为组织追求的目标。同时,我们要改变人的态度,最好在服从、同化阶段进行,因为这时态度成分的组织未固定化,容易改变。而进入内化阶段后,再要改变态度,困难就要大得多。就消费者态度的形成而言,基于求新、求异的心理,消费者态度一般都处于服从、同化阶段,很难达到内化阶段。

二、态度形成的影响因素

社会心理学家认为个体的社会经验在态度的塑造过程中扮演了重要角色。人们的认知经验、情感经验和行为经验是态度形成的关键。态度受到人们的背景、文化、信念、教育、朋友、家人、重要事件等因素的影响。拥有不同的个性、出身和文化背景,处于不同团体的人对同一事物可能抱有截然不同的态度(如图8-2所示)。这里将消费者态度形成的影响因素总结为4个方面。

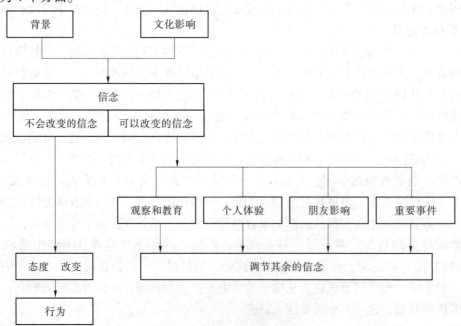

图8-2 态度的形成与影响因素

(资料来源:多米尼克·夏代尔,拉祖. 消费者行为学——概念、应用和案例 [M]. 北京:中国财政经济出版社,2007:88.)

1. 对产品的观察

消费者对某种新产品的态度常常与该产品的品牌有关,而对该品牌喜爱的态度可能源于对同一公司的其他产品感到满意。例如,我们看到宝洁公司推出的某款新产品,会联想到宝洁产品一贯的质量,从而对这个新产品产生好感。

2. 获得的产品信息

消费者获得的关于某产品的信息越多,越有可能形成对该产品的态度,包括肯定的或否定的态度。然而,消费者一般仅使用有限的有用信息做出判断。研究者指出,只有两三个重要的产品特质决定态度的形成,而不太重要的特质在态度形成中并没有什么作用。因此,营销者应该避免在广告中展示出产品的所有特质,而应集中介绍产品有别于竞争者的关键特质。

3. 直接经验与间接体验

产品态度的形成最初源于消费者试用和评价产品的直接经验。此外,亲友、同事、偶像等影响着人们的意见和观点,他们对产品的偏好也会潜移默化地影响消费者态度的形成。例如,年轻消费者可能会因喜欢周杰伦而喜欢"优乐美"奶茶,或因朋友的影响更喜爱肯德基而不是麦当劳。

除直接经验外,消费者对产品的态度也来自间接的体验。现代商业社会,报纸、杂志、广播、电视、互联网等大众媒体每天都向我们传递大量的商品信息。虽然有研究表明,大众媒体在培养消费者态度方面的作用有限,但是它可以强化已经存在的态度,为此营销者仍利用大量的媒体广告来强化消费者的忠诚态度。

4. 个性因素

个性对消费者态度的形成具有极大的影响。不同个性的消费者即使接受同样的信息和体验,也不一定会形成同样的态度。固执的人往往非常排斥与原有信念不同的意见,坚持已形成的态度,开放型的人则比较容易受到外部信息的影响,改变已有态度。

8.2.4 态度的测量

一、测量内容

1. 认知测量

对消费者认知的测量是测量其对产品各个具体属性的信念。对认知的测量首先要区分出消费者能够识别的属性,然后再通过具体的方法测量消费者对每一属性的认识。

2. 情感测量

情感的测量是测量消费者对产品具体属性的感觉,通常与消费者对品牌的情感相关,体现了消费者对品牌的整体评价。在实际操作中,一般通过在问卷或量表中测量消费者对包含特定情感的陈述句的强弱态度来测量其对产品的情感成分。

3. 行为倾向测量

一般可通过直接询问等具体方法,对消费者可能购买产品的基本情况或是可能性来测量消费者的行为倾向。

这样的测量对于大多数产品是有效的,但对那些强烈地与某些社会规范相联系的产品,这种方法就不一定奏效，消费者会倾向于隐瞒或低报对这类"负面"产品的消费。比如，象牙制品等。

二、测量角度

1. 态度的一致性

为了维持消费者本身的和谐，消费者的态度往往会表现出一致性原则，消费者会在他们认知、情感与行为3个态度成分上维持一致与和谐，即消费者态度中的3个主要成分必须相互一致，如果不一致，消费者便需要进行这3个成分的调整，以使他们达成相互一致。例如，我们很难对一个评估不佳（认知成分）的产品品牌，维持一个很好的产品印象和偏好（情感成分），更不大可能去购买（行为成分）这个品牌的产品，我们会对这一产品品牌有不好的感觉，如此才能维持我们内在的平衡。

态度的一致性主要和两个因素有关：态度的价值性与强度。态度的价值性是指认知、情感与行为成分的正面性或负面性；为了维持一致性原则，正面的认知会伴随正面的情感，而负面的认知则会伴随负面的情感。另外一个因素则是强度，高强度的认知必须伴随高强度的情感，而低强度的认知则会伴随低强度的情感。由于一致性原则必须维持这三者的平衡，因此这3个部分会相互影响（如图8-3所示）。

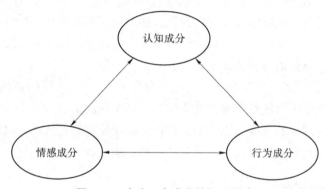

图8-3　态度3个成分的相互影响

2. 态度的强度

态度在强度上，可以有所不同。一般认为态度的强度和其对产品的涉入有关。态度的强度通常是以态度的承诺程度来表示，高强度的态度也代表着高承诺。态度的强度依其强弱可以分为服从、认同和内化3个层次。

首先，在低收入的情况下，态度是一种服从，此时态度之所以会形成，是因为它帮助一个人从他人处可以取得报酬和避免惩罚，此时态度往往是很浮面的，很容易改变，当诱因失去时，态度则不容易维持。例如，俗语的"有奶便是娘"就是这个层次的；我们常到便利商店去购买商品往往是因为其便利性，而不是基于对其所出售商品的忠诚度，一旦便利性消失，则诱因也就失去了，就很少去光顾该店。

其次，态度可能会达到认同的层次。认同的产生主要是因为态度的形成是为了迎合其他的人或其他的群体。例如，广告利用模仿对象的示范来促使消费者产生模仿的行为，很多商品也利用同辈群体的示范来形成消费者对该商品的认同。当我们很多朋友都使用智能手机时，如果我们不买一部智能手机，那我们便会被我们的朋友认为是落伍了，因此，很难被他们接纳。这时我们对智能手机的态度已经达到认同的层次。

最后，当涉入很高时，态度则可能会内化。内化是指消费者的态度已经深入其内心，而变成其价值系统的一部分，由于这些态度已经变成一个人相当重要的一部分，因此很难改变。例如，我们经常会看到各种产品的收藏迷，他们事实上已经将对该产品的正面态度内化为其自身的一部分。

三、测量方法

从一定意义上讲，消费者具有某种态度将直接决定购买决策与购买行为的实现程度。深入分析消费者的态度，对于企业营销具有十分重要的意义。但是，在现实生活中，消费者对某类商品或服务的态度在形态上表现为一种心理活动和行为的准备状态，无法直接加以观察。因此，必须采取一定的技术方法进行间接测量。所谓消费者态度的测量就是指运用科学的测量方法和技术手段，广泛调查，汇集有关态度的事实资料，并加以定性、定量的分析，以求得关于消费者态度的正确结论。态度的测量在对消费者的研究中占有重要的地位。

1. 瑟斯顿等距量表

瑟斯顿（L. L. Thurstone）和蔡夫（F. J. Chave）在其1929年出版的《态度的测量》一书中，提出了态度测量的等距量表法。该方法的特点是以等间隔方式拟定有关事物的题目，使问题按照强弱程度形成一个均衡分布的连续统一系统，并分别赋予量表值，然后让被测者任意选择自己同意的题目。根据被测者所选题目的量值，来确定其态度的倾向及强弱程度，得分越高表明态度的强度越高。瑟斯顿量表法可以较详尽地给出供选择的题目，准确反映态度倾向的细微差异，因而对于复杂态度的测量具有良好效果。但是该表的测量程序比较复杂，对陈述项目的分类标准难于把握，因而在一定程度上削弱了其实用价值。

2. 李克特量表

李克特量表法是美国心理学家李克特（R. A. Likert）1932年提出来的。这个量表在瑟斯顿量表的基础上，设计出一种更为简便的态度测量表。该表同样使用陈述性语句提出有关态度的题目，但不将题目按内容强弱程度均衡分解为若干个连续系列，而是仅采用肯定或否定两种陈述方式，然后要求被测者按照同意或不同意的程度做出明确回答。供选择的态度程度在量表中用定性词给出，并分别标出不同的量值。程度的差异一般可做 $5\sim7$ 级划分。与瑟斯顿量表相比之下，李克特量表易于得到被测者的配合，且包容量大，而工作量却只有瑟斯顿量表的几分之一到几十分之一，其所测得的结果与用瑟斯顿量表所得的结果相关度达0.80，由此不难解释李克特量表受到普遍欢迎的原因。

3. 语意差别量表

语意差别量表又叫语意分析量表，是由奥斯古德（C. E. Osgood）等人于1957年提出来的一种态度测量方法。该量表的基本思想是，对态度的测量应从多个角度并采用间接的方法进行，直截了当地询问人们对某一主题或邻近问题的看法与态度，结果不一定可靠，人们对某一主题的态度，可以通过分析主题概念的语意，确定一些相应的关联词，然后再根据被测者对这些关联词的反应来加以确定。

具体应用是主测者设计一对对反义词分置两端，中间分为7个部分，要求被测者对某一物品的形容词的两极描述做出选择，在相应的位置上打"√"。差别量表构造比较简单，使用范围广泛，几乎可以用来测量消费者对任何事物的态度。虽然如此，这一量表也是有局限性的。这种态度测量方法并未摆脱被测者自我报告程式，而且量表中各评价项目仍带有一定的主观性。相关部门还可以以等级评定法和语意差别量表法为基础，变换出多种测量方法。

4. 多重性测量法

多重性测量法又称多属性测量法，假定消费者对态度对象的态度（评价）取决于其对该对象的几个属性的信念，并且以各种构成信息的评分作为加权系数。多属性态度模型通过确认和协调特定信念并把它们结合起来，推导出一个测量消费者综合态度的方法，实际中还可用来预测消费者对一种产品或品牌的态度。多重性测量法包括多种不同的测量模型，在这里介绍两种。

（1）期望值模型

期望值模型又称客体态度模型，因为是费希宾（Fishbein）提出的，又称费希宾模型。它是一个测量或预测消费者态度的多重属性的模型。这一模型在消费者行为和市场营销研究领域受到广泛关注。该模型认为，消费者对商品的态度是基于消费者显意识中对商品多重属性的认知。由于商品的属性是多种多样的，在购买商品之前，消费者只对该商品多重属性中的一部分属性比较了解，即商品的这些属性在消费者的头脑中处于显意识的位置，只有这些处于显意识位置的属性才影响消费者对该商品的态度，并最终影响消费者对于该商品的购买行为。

（2）理想点模型

理想点模型的独特之处在于提供了消费者心目中理想品牌的信息和消费者对实际品牌的看法。如果消费者对某品牌的态度与理想品牌的差距越低，则该品牌的各属性越接近理想品牌，消费者对该品牌的不满意态度就越低，该品牌被选中的可能性就越大。

8.2.5 态度的改变

任何消费态度的形成都是消费者在后天环境中不断学习的过程，是各种主客观因素不断作用影响的结果。由于促成消费者态度形成的各种因素具有动态性质，且处于不断变动之中。因此，某种态度在形成之后并非一成不变，而是可以予以调整和改变的。消费者态度的改变指已经形成的态度在受到某种因素影响后而引起的变化。

一、态度改变的理论

1. 霍夫兰德和詹尼斯的态度改变说服模型

霍夫兰德（C. I. Hovland）和詹尼斯（I. L. Janis）于1959年提出了一个关于态度改变的说服模型（如图8-4所示）。这一理论认为，任何态度的改变都涉及一个人原有的态度和外部存在的不同看法。由于两者间存在差异，会导致个体内心冲突和心理上的不协调。为了恢复心理上的平衡，个体要么接受外来影响，即改变自己原有的态度，要么采取各种办法抵制外来影响，以维持原有态度。

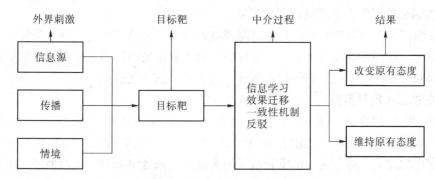

图 8-4 态度改变的说服模型

（资料来源：叶敏，张波，平宇伟. 消费者行为学 [M]. 北京：北京邮电大学出版社，2008：324）

这个模型将态度改变的过程分为 4 个相互联系的部分。第一部分是外界刺激，包括 3 个要素，即信息源（传递者）、传播与情境。信息源是指持有某种见解并力图使别人接受这种见解的个人或组织。传播则是指以何种方式和内容把一种观点或见解传递给信息的接收者或目标靶。情境是指对传播活动和信息接收者有附带影响的周围环境。例如，信息接收者对劝说信息是否预先有所了解，信息传递时是否有其他干扰因素等。第二部分是目标靶，即信息接收者或企业试图说服的对象。第三部分是中介过程，是指说服对象在外部劝说和内部因素交互作用下态度发生变化的心理机制，具体包括信息学习、效果迁移、一致性机制、反驳等方面。第四部分是结果，结果不外乎两种：一是改变原有态度，接受信息传递者的劝说；一是对劝说予以抵制，维持原有态度。这 4 个部分是相互联系的整体，每一部分都会影响到消费者态度的改变。因此，消费者态度的改变是个体、情境与传播特点交互作用的结果。其具体影响机制表现在以下方面：

（1）信息源对消费者态度改变的影响

信息源是指传播信息的个体或组织。研究表明，信息源的可靠性和吸引力对消费者态度的改变具有重要作用。当消费者认为营销信息的来源高度可靠时，营销活动就比较容易影响消费者的态度。信息源的吸引力是指信息源被感知到的社会价值，这一特性可以从个人的长相、个性、社会地位或者与接受者的相似性中产生。

（2）传播特征对消费者态度改变的影响

在沟通过程中，信息的安排与选择、信息的情绪特征（恐惧唤起）、信息的单方面呈现或双方面呈现、信息传递途径等都会影响说服效果。

（3）目标受众特征对消费者态度改变的影响

被说服者的某些特征会影响说服的效果。一是被说服者的人格，它包括个体的易受暗示性、智力和自尊。自尊和态度改变的关系大致为：由于低自尊的个体比较关心自己的不足，对待自己比较容易抱否定态度，缺乏自信，所以一般比高自尊的人更容易被说服。二是被说服者的心境。詹尼斯等人（Janis 等，1965）通过研究指出，心情好的人更易于接受他人的说服性观点。在一项实验中，他们让一些被试者在读说服性信息时有东西吃，可以让其心情好，而另一些则无，结果前一组发生了更大的态度改变。此外，被说服者的卷入程度、自身的免疫力、认知需求、自我监控性及年龄等个体差异都会以某种方式影响说服的效果。

（4）沟通情境对消费者态度改变的影响

说服过程不是在沟通者和说服对象之间孤立地进行，而是在一定的背景条件下和特定的情境中进行的。这些背景或情境因素，对说服效果有着重要的影响。在某种背景或情境条件下，说服效果可能很好，而换一种情境条件，说服效果就可能很差。

2. 精细加工可能性模型

20世纪80年代佩蒂（Petty）、卡西欧波（Cacioppo）提出了精细加工可能性模型（elaboration likelihood model，ELM）。该模型是关于态度如何形成以及如何在不同的介入程度下发生变化的理论，将个人、情境和市场因素综合起来理解态度。该模型假定消费者一旦接收到信息，就开始加工过程。根据信息与个人的相关程度，接受者会遵循两条劝导路线中的一条。在高度介入的情况下，消费者会选择劝导的中央通道，而在低度介入的情况下，消费者会选择边缘通道（如图8-5所示）。

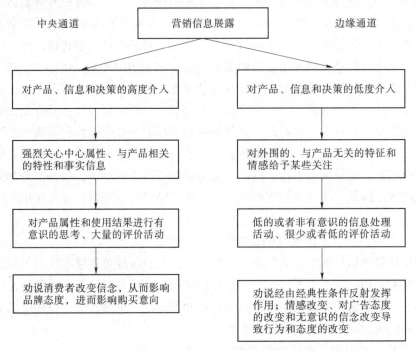

图8-5　精细加工可能性模型

（资料来源：德尔·霍金斯. 消费者行为学［M］. 北京：机械工业出版社，2007：321）

当消费者发现说服性的信息是与自身密切相关或者很有趣时，他会认真考虑信息的内容，并对产品属性和使用结果进行有意识的思考。例如，一个怀孕的妈妈看到有关辐射对胎儿的危害时会很关注，进而购买防辐射的产品。

与中央通道相反，边缘通道是人们没有动机去认真思考所提供的论述时采取的路线。消费者很可能会因为广告中的外在因素来决定一条信息的适宜性。例如，人们可能因为产品迷人的包装、受欢迎的代言人所做的广告，或者可能仅仅创造了舒适的购物环境，而购买低介入的产品。

ELM模型认为，要进行有效的传播和说服，对高介入度和低介入度的消费者应采取完全不同的传播策略。一般而言，在高介入情境下，传播应提供更具体、更具有逻辑性和实时性的信息，而对于低介入度的个体，需要先给予有限的信息，以使消费者迅速地知悉该产品的关键属性。

二、态度改变的主要影响因素

态度的改变受到消费者的个人、家庭、群体、情境及广告宣传等因素的影响。不同的消费者个体以及同一个体在不同的情境下态度转变的难易程度是不一样的。

1. 消费者所在群体的影响

每一个消费者都在一定的群体中生活，群体的态度会影响到消费者的态度。美国心理学家勒温（K. Lewin）在研究群体影响个人态度方面，提出了群体动力学理论，把个人在群体中的活动分为主动性和被动性两种。主动性的人积极参与群体的各项活动，参与群体规范的制定，主动自觉地遵守群体的各项规范和要求；被动性的人则服从于权威，听从别人的安排，遵守群体的规范和要求。

群体态度对个体态度的影响方式有3种：一是个体对某种商品已有一定的态度，并且个体的态度与集体的态度相一致，这种情况下就会进一步强化个体的态度；二是消费者对某种商品还没有形成自己的看法，但是所在的群体已经对这种商品形成了一定的看法，这时候如果个体认同其所在群体的态度，就会与群体的态度保持一致；三是消费者对某种商品有一定的态度，但是其态度与所在群体的态度不一致或者冲突，这时候个体迫于群体的压力，往往会改变自己的态度以获得群体的认同。

2. 传播者的信用、形象

接收者改变态度的决定条件，首先是传播者的信用、形象。"信用较好的传播者比信用较差的传播者容易引起接收者改变态度"。虽然随着时间的推移，传播者信用好坏对消费者态度的转变没有多大差别，但就营销而言，为使接收者暂时改变态度，聘用信用好、形象优秀的传播者是决定性的措施。权威引起人们改变态度，是由于人们很注意专业的论点，并认真加以考虑；喜欢引起人们改变态度，是由于吸引。为长期引起消费者态度的转变，应充分重视消费信息的真实性与科学性。

3. 接收者特征

由于受众的知觉、需要、个性等不同，因而产生传播信息效果上的差异。

（1）态度改变者的原有态度

如果信息与原有态度的距离过大，就应该分阶段来改变态度。否则，要求过高，非但不能改变受众原有的态度，而且会导致受众对新信息加以拒绝、排斥。

（2）态度改变者的人格特征

自尊心强的人比自尊心弱的人更难以改变态度，智力高的人比智力低的人更不容易被说服。

（3）态度改变者的社会背景

目标对象所处的家庭、社会地位、社会文化、居住条件等因素都会影响对劝导者信息的接受。

4. 消费者对产品的参与程度

消费者对产品的参与程度较低时，其态度容易改变。低参与度的产品特点包括：产品的个性色彩不浓、消费者对产品没有什么感情、产品没有象征意义。例如，纸巾通常被认为是一种低参与度的产品，不具有象征意义，也难以成为某种身份的标志。因此，消费者极易转换购买纸巾的品牌。对于参与程度较高的产品，例如，享乐性产品，消费者的态度改变就比较困难。只有在信息与其信念相一致时，消费者才会接受信息，改变自己的态度。

5. 广告信息的效果

成功的广告容易引起消费者改变态度，从而接纳某类产品。现代营销手段五花八门、式样繁多，在这些手段中，以广告形式最受人们的注意，它对消费者心理行为已经构成最具冲击力的影响。广告对于企业的经营活动如此重要，以至于任何企业如果没有广告的支持，营销活动就很难进行下去。在市场营销过程中，企业是通过市场调查研究活动来为其确定目标市场的，而目标市场一旦确定下来，就要运用营销组合手段去进行经营。在市场营销组合中，广告是属于促销领域，是一个局部发展要素。

6. 具体情境因素

具体的情境因素在消费者态度转变中也有一定的影响。例如，在营销信息传播的过程中，消费者所在的情境有其他外部干扰，使他注意力不集中，接收不到这些信息，那么营销信息就是无效的。适度的分心对改变态度有帮助，但是过度的分心会降低劝说效果，阻碍态度改变。

三、态度改变的策略

消费态度的改变可分为两种：一是方向的改变，即原来反对的变成赞成，或原来喜欢的变成不喜欢。这种态度的改变也称为不一致性改变。二是强度的改变，但态度的方向不变。例如，原来态度为赞成（或反对），改变为强烈赞成（或强烈反对），即指增加积极度（或消极度），使之成为一种更加强烈的积极态度（或消极态度），这种改变也称为一致性改变。消费者在购买决策过程中不仅会因态度产生偏爱，而且还会产生偏见。厂商从保护自身的利益出发，要改变消费者的消极态度，以推广其产品。除此以外，有的厂商为了在激烈的市场竞争中争取更多的消费者，也需要改变消费者原来的不积极（但不是偏见）态度为积极态度，使消费者对于其产品产生购买兴趣。改变消费态度的营销策略主要有以下3种：

1. 改变认知成分

①改变信念。是指改变消费者对品牌或产品的一个和多个属性的信念，具体方法是提供有力的事实或描述。

②改变属性的权数。消费者认为产品的某些属性比另外一些属性更加重要，从而对本公司的品牌产生较不利的认知，营销人员可以设法改变消费者的属性权数，强调本公司产品相对较强的属性是此类产品最重要的属性，以改变消费者的品牌认知。

③增加新属性。是指在消费者的认知结构中增加新的属性概念，使消费者原先没有认识到或没有重视的相对较强的属性成为影响消费者认知的重要属性。

④改变理想点。是指在既不改变消费者的属性权数，也不增加新属性的条件下改变消费者对属性理想标准的认识。例如，电视机尺寸大小是消费者选择产品所考虑的重要属性之一，营销人员可宣传电视机的尺寸应当与房间的大小相适应，改变消费者对电视机理想尺寸的认识。

2. 改变情感成分

营销人员越来越多地试图在不直接影响消费者品牌信念和行为的条件下先影响他们的情感，促使他们对产品产生好感。一旦消费者以后对该类产品产生需要，这些好感会导致其购买。或者，这些好感会直接促进其购买，在使用过程中建立对品牌的正面信念。营销人员使消费者建立对产品好感的方法有3种：建立经典性条件反射、激发对广告本身的情感和增加对品牌的接触。

①建立消费者对产品的经典性条件反射。企业将消费者喜爱的某种刺激与品牌名称放在一起展示，多次重复就会将该刺激产生的正面情感转移到本品牌上来。

②激发消费者对广告本身的情感。消费者如果喜欢一则广告，也能导致他对产品的正面情感，进而提高购买参与程度，激发有意识的决策过程。例如，使用幽默广告、名人广告、比较广告、情感性广告等都能增加受众对广告的喜爱程度。

③增加消费者对品牌的接触。研究表明，大量的品牌接触次数也能增加消费者对品牌的好感。对于低度参与的产品，可以通过反复播放广告提高消费者的喜爱程度，而不必改变消费者最初的认知结构。

3. 改变行为成分

消费者的行为可以发生在认知和情感之后，也可以发生在认知和情感之前，甚至也可以与认知和情感相对立。行为能够直接导致认知和情感的形成，消费者常常在事先没有认知和情感的情况下尝试购买和使用一些便宜的新品牌或新型号的产品。

在改变消费者的认知或情感之前改变其行为的主要途径是运用操作性条件反射理论。营销人员的关键任务是，促使消费者使用或购买本企业的产品并确保产品的优异质量和卓越性能，使消费者感到购买本产品是值得的。

本章小结

1. 消费者学习是指消费者在购买和使用商品的活动中，不断地获取知识、经验与技能，通过积累经验、掌握知识，不断地提高自身能力，完善自身的购买行为的过程。消费者学习使得消费者不断地了解外部事物，不断地改善和修正自己的行为，使自己成为理性的消费者。对消费者学习特征的研究具有重要的意义和价值。

2. 学习发生，必须具备一定的条件，这些基本条件要素包括动机、暗示、反应、强化和重复等五个方面。消费者购买活动的每一步都是在学习，从感知商品到购买决策及使用体验，都是学习的过程，消费者学习的方法包括模拟法、试误法、观察法、发现法、对比法等。

3. 研究学习的心理学家们发展了很多解释学习过程的理论。代表性的理论包括行为学习理论（包括经典性条件反射、操作性条件反射）、认知学习理论、卷入理论等。

4. 对消费者学习效果的测量对商家来说是非常必要的。对消费者学习的各种测量主要集中于再认和回忆测量、认知测量与品牌忠诚的态度、行为测量等方面的测量。

5. 消费态度是消费者评价消费对象优劣的心理倾向，导致消费者喜欢或讨厌、接近或远离特定的产品和服务。在影响消费者行为的诸因素中，态度具有极为重要的作用。大部分的消费者实际行为的产生,都会先经过态度的产生,态度对于行为具有某种程度的预测能力。

6. 态度的心理结构主要包括3个因素,即认知成分、情感成分、行为倾向。态度具有一致性,消费者会在他们认知、情感与行为3个态度成分上维持一致与和谐,即消费者态度中的3个主要成分必须相互一致。态度具有强度,一般认为态度的强度和其对产品的卷入有关。

7. 消费者对某类商品或服务的态度在形态上表现为一种心理活动和行为的准备状态,无法直接加以观察,必须采取一定的技术方法进行间接测量。

8. 任何消费态度的形成都是消费者在后天环境中不断学习的过程,是各种主客观因素不断作用影响的结果。促成消费者态度形成的各种因素具有动态性质,且处于不断变动之中。

练习与思考

1. 消费者学习的方法包括哪些?
2. 如何进行消费者学习的测量?
3. 态度形成的主要影响因素包括哪些?
4. 态度改变的主要影响因素包括哪些?

技能实训:消费者学习与态度

1. 选择某一具体的消费领域:_____
2. 对自己的消费者学习过程进行白描:_____

3. 阐述自己的消费者态度:_____

阐述他人的消费者态度:_____

4. 总结消费者态度呈现的特征:_____

5. 为相关企业制定态度形成的营销策略：_____

_____

_____

6. 为相关企业制定态度改变的营销策略：_____

_____

_____

扩展阅读

消费者为什么会喜欢新茶饮？

作为茶文化的发源地，中国的茶饮消费市场在相当长一段时间被低估。随着消费者更加注重自身需求和个人风格，那些强调消费体验和差异化、个性化的茶饮品牌变得更有竞争力。新式茶饮的崛起将中国茶和奶茶进行有机的结合，焕发了"茶"市场的第二春。"新茶饮"深受时下年轻消费者的喜爱。作为"新茶饮"的代表品牌喜茶，是如何抓住这些年轻的、个性的、敏感的消费者的心理诉求的呢？

致力于茶饮年轻化的喜茶（HEYTEA），创立于2012年，原名皇茶ROYALTEA，起源于广东江门一条名叫江边里的小巷，是一个以白领阶层、年轻势力为主流消费群体，以茶饮为主打产品的直营连锁品牌。很多人关注喜茶是因为很好奇为何买一杯茶要不分时间地排长队，但真正走进喜茶，你会发现喜茶的魅力所在。作为芝士现泡茶的原创者，自成立以来，始终坚持独立自主的产品研发模式，不断推出新品。产品的多样性和新颖性满足了消费者的猎奇心理和品质需求，同时也让喜茶收获了话题与人气。

喜茶的目标客户群体是当代追求高品质生活的年轻人，全线产品包装均遵循喜茶推崇的酷、简约风格，还与多位独立插画师合作，创作出一系列符合喜茶品牌理念、饶有趣味的系列原创插画，营造年轻化的品牌调性。而时刻保持产品的新鲜感，是品牌年轻化印象的关键。为了迎合客户群体的猎奇口味，除了不断推出新的产品样式，喜茶还寻求跨界合作，不断推出跨界联名产品，包括限定周边、礼盒和限定新产品，使品牌融入更丰富的元素，将视觉和产品结合，突出品牌的差异化。2020年，喜茶推出全新品牌喜小茶，在主攻更下沉市场的同时，实现差异化的产品策略，与已有大店一起，最大限度地覆盖更广泛的群体。

喜茶不仅是一种健康的生活方式，更是年轻人的一种沟通工具。它是茶，却不是茶的玩法，这便是其独特之处。喜茶定位"灵感之茶"，聚焦于茶，强调原创与灵感，分享一种很酷、很可爱的喝茶体验，像是一个可盐可甜的年轻潮人，通过品牌定位塑造了鲜明的品牌调性与文化，契合了核心消费群体的价值主张，让年轻消费者深受吸引。

（资料来源：https://zhuanlan.zhihu.com/p/141770408?from_voters_page=true）

第9章

个性、自我概念与生活方式

学习目标

①掌握消费者个性的测量方法。
②掌握消费者自我概念的测量方法。
③掌握消费者生活方式的测量方法。
④理解个性、自我概念、生活方式与消费者行为的关系。
⑤树立个性化与社会责任并重的价值观。

引导案例

星巴克的味道

"我不在家,就在咖啡馆;不在咖啡馆,就在去咖啡馆的路上。"如今,在全中国小资人士中名声最响的咖啡馆是"星巴克"。20元一杯的咖啡是一个相当高的价格,但即使如此也挡不住穿着得体的年轻人来喝星巴克咖啡的热情。平心而论,星巴克咖啡在味道上也没有什么特别之处,它的竞争对手早就开始模仿它了,但迄今为止还没有一家获得成功。15年前,星巴克还只是西雅图的一家小咖啡店。它诞生于很多大咖啡店为顾客提供越来越便宜、越来越没味道的咖啡的年代,一部分咖啡爱好者已经放弃将咖啡作为他们的主要饮品,不情愿地转向英式红茶、果汁。但是,星巴克的出现使很多咖啡馆的生意重新热闹起来。今天星巴克咖啡店的公司图标(坐在绿地上的美人鱼)和麦当劳的黄色"M"一样,已经成了美国城市的象征。

咖啡是一种非常社会化的、具有浪漫色彩的饮品。在咖啡馆,人们所向往的和所见到的、听到的相互协调,这一切使得喝咖啡成为一种美好的生活体验。一杯名叫星巴克的咖啡,是小资的标志之一。星巴克咖啡对于小资一族来说,不仅是饮料,更重要的是它带来的异国情调,是体验一种生活方式。一杯咖啡在星巴克就能卖20多元,所有的消费者都知道星巴克的咖啡虽然味道独特,但这个价格也远远超出了它的价值本身。人们在星巴克消费的不仅仅是咖啡。星巴克里轻柔的音乐、别致的装饰、引领时尚的氛围,才是消费者真正想消费的东西。与其说是去星巴克喝咖啡,不如说是去星巴克体验一种生活方式。

(资料来源:孙喜林,荣晓华. 营销心理学 [M]. 大连:东北财经大学出版社,2005:116-117.)

9.1 个　　性

个性是个人独特的心理性格,这种性格会一直影响他(她)对自己所处的环境做出什么样的反应。个性是个人独特的心理结构,以及这种结构如何长期稳定地影响个人对环境做出反应的方式。

9.1.1 个性的含义、内容、特征与分类

消费生活中,消费者无一例外地经历着感知、注意、记忆、思维、情感等心理机能的活动过程。这一过程体现着消费心理过程的一般规律。在这一基本规律的作用下,消费者的行为表现出某些共性或共有的特征。动机为消费者的行为设定目标,而个性则使不同的消费者选择不同的行为方式去实现目标。处于同一社会环境,属于同一民族、年龄、职业和社会阶层,不同的消费者面对同一营销刺激经常会表现出不同的反应方式和行为表现。这源于消费者个体对外部因素的作用具有选择性,来自个人的差异。区分消费者的不同类型,对于深入研究消费者需求差异,根据消费者个人因素细分市场,按照目标市场消费者的个人因素制定营销措施、引导消费行为,都具有重要意义。

一、个性的含义

在个性的研究中,可以强调个性的外在表现、强调个性本身的特性、兼顾个性的内外两个方面,对个性的定义也比较多,这里介绍几种常见的个性定义。

(1)社会性定义

社会性定义偏重于个体对他人的影响,即在他人心目中留下的印象以及在社会中所扮演的角色。此种定义的社会学色彩太浓。

(2)心理性定义

心理性定义认为个性应属于个体自身,是一种客观的存在或内在的结构。个性的心理性定义又分为总和式定义、整合式定义、适应式定义等。

①总和式定义认为个性是个体所有先天素质、冲动、倾向、欲望和本能,以及由经验所获得的素质和倾向的总和,通常以"个性是……的总和"的句法表达。

②为弥补总和式定义的不足,有些学者特别强调个性的组织性和统一性,认为个体的各种特质、属性、倾向、动机等,仅是构成整个个性的元素,而真正的个性应该是由此元素组织而成的独特整合性,且具动力性,这属于整合式定义。

③有些学者倾向于将行为界定为个体对其环境的适应,他们也由此推断,个体在适应环境过程中形成的独特适应方式,即为个性。这种定义从个体及其与外环境的关系入手是其优

点,但仅限于社会适应,这属于适应式定义。

(3) 心理环境性定义

有些学者认为个性是个体与环境所组成的整体,这种心理环境性定义主张个体特性和属性存在依附于环境,只有从个体与环境的关系中去理解个体的特性和属性方有意义,此定义有一定道理,但由此却无从把握个性的稳定性和持久性。

(4) 非实在性定义

前三种关于个性的定义都倾向于将个性视为实际存在的事物。近来有人很是反对这种说法,认为各种实在性定义中的差别,完全是由他们所持的个性理论的差别所导致的。个性并非是某种实际存在于个体以内或以外的事物,而纯属研究者以某种理论观点描述个体时所持有的一套看法。

从以上定义中可以看出,个性问题具有复杂性。人格(personality)又称个性,来源于拉丁语(person),原意是指舞台上演员戴的假面具,它代表着剧中人的身份。心理学把它引用过来,以表示在人生大舞台上每个人扮演的不同角色及表现出的相应行为。在消费者行为学领域里,个性是个体在多种情境下表现出来的具有一致性的反应倾向,它包括能力、气质和性格等,是消费者的各种内在心理特征的独特且较为持久的组织,体现、决定消费者个体适应生活环境的独特的行为方式和思考方式。这个定义强调了人格是人对环境做出的一种反应,而这种反应在不同的人之间是不同的。消费者的各种心理特征,诸如需要、动机、兴趣、态度、价值观念、气质,既影响到消费者对于产品和商店的选择,也影响了企业在与消费者沟通中的效果,同时,消费者具体的个性倾向的确认,也有利于企业制定有效的市场细分策略。应用过程中应当注意个性的特点。

二、个性的内部结构

从内部结构来看,消费者的个性心理主要由个性倾向性和个性心理特征两部分构成。个性倾向性是指个人在与客观现实交互作用的过程中,对事物所持有的看法、态度和倾向,主要包括需要、动机、兴趣、态度、理想、信念、价值观等。个性倾向性主要体现了人对环境的态度和行为的积极特征,对消费者心理的影响主要表现在心理活动的选择性、对消费对象的不同态度体验以及消费行为模式上。个性心理特征是气质、性格和能力等心理机能的独特结合,其中气质显示个性心理活动的动力特征,性格则反映个体对现实环境和完成活动态度上的特征,能力体现个体完成某项活动的潜在可能性特征,三者的独特结合就构成个性心理的主要方面。研究消费者的个性心理与其行为的关系,主要就是研究不同的消费者在气质、性格、能力、兴趣方面的差异及其在消费行为上的反映。

1. 气质

气质是指人的典型的、稳定的内心特征。它表现为一个人生来就有的心理活动的动力特征。气质这种心理活动的动力特征包括3个方面:一是心理过程的强度,例如,情绪体验的强度、意志努力的程度;二是心理过程的速度和稳定性,例如,感知的速度、思维的灵活度、注意力集中时间的长短;三是心理活动的指向性,即心理活动倾向于外部事物,从外界获得新印象,或倾向于内心世界,经常体验自己的情绪,分析自己的思想和印象。人们气质的不同就表现在心理活动的动力特征上的差异。个体间的气质差异,使每个人在各种行为的心理活动中表现出不同的动力特征,从而形成各自独特的行为色彩。气质主要是由神经过程的生理特点所决定的,因而,它虽然会在人的生活进程中发生某些变化,但变化是缓慢的。俗话所说"江山易改禀性难移",即指气质具有稳定不易改变的特点。气质的稳定性,使某种气质类型的人,尽管其活动的动机不同,内容相异,但往往在其行为方式上表现出相同的心理动力特点。所以,气质在人的个性心理特征中,占据着较为重要的位置。

2. 性格

性格是个人对现实的稳定态度和习惯化了的行为方式,它是个性中最重要、最显著的心理特征。人在活动的过程中,客观事物的种种影响,通过认识、情绪和意志活动在个体的反应机构中保存、固定下来,构成一定的态度体系,并以一定的形式表现在个体的行为之中,构成个人所特有的行为方式。这种态度和方式就构成了一个人的性格特征。性格是一个人区别于其他人的集中表现,它总是表现出一个人独特的、稳定的个性特征,并且在一个人的行动中留下痕迹,打上烙印。在某种情况下,那种属于一时的、情境性的、偶然的表现,不能代表他的性格特征。只有一个人对现实的某些态度以及符合这些态度的行为方式不是偶然发生的,而是比较稳固的、经常的,能从本质方面表明一个人的个性的,才具有性格的意义。同时,人的性格特征总是独特的,为一个人所特有,即世界上找不出性格完全相同的两个人,即使同一种性格特征,也会带上不同的个人色彩。

3. 兴趣

兴趣是指一个人积极探究某种事物的认识倾向。这种认识倾向使人对某种事物给予优先的注意,并具有向往的心情。例如,对音乐感兴趣的消费者,他总是优先地对乐器、歌唱家、作曲家以及有关的音乐书籍、刊物产生注意,对音乐活动的消息非常敏感,音乐欣赏对他都有极大的吸引力,谈起有关音乐的事情来也总是生动形象、妙趣横生。

兴趣具有如下特征:

(1) 倾向性

兴趣的倾向性是指人的兴趣所指向的客观事物的具体内容和对象。人们的任何兴趣都是针对一定的事物而发生的,至于人们兴趣的对象是什么却是因人而异,差别极大。例如,有些人对音乐艺术有很大的兴趣,有些人对体育活动有浓厚的兴趣;许多女性对逛街购物有极大兴趣,而绝大部分男性却对此提不起丝毫兴趣。

(2) 广泛性

兴趣的广泛性是指人的兴趣所指向的客观对象范围的大小。有些人对什么事都容易产生兴趣,有些人则把自己局限在一个小天地里,很少关注其他事物。一般来说,兴趣广泛,学习的知识就较多,经验就比较丰富;兴趣狭窄,就会缺乏掌握信息、知识和经验的机会。由此不难看出,兴趣的广泛性是人的心理及行为充分发展的前提条件之一。兴趣广泛的消费者平时接触面广、信息多,购买中会运用这些积累的经验识别、挑选商品,自信和自立意识较强;而那些凡事兴趣索然的消费者,往往表现出心理及行为障碍。

(3) 稳定性

兴趣的稳定性是指人的兴趣持续时间的长短。兴趣是个性的重要组成部分,人的个性具有稳定性的特点,兴趣同样也具有稳定性的特点。例如,消费者共同对某一名牌商品感兴趣,有的人可能经久不变,长期地、习惯性地购买使用;而有的人只使用一段时间就变换新的名牌商品。这表明,前者的稳定性强,后者的稳定性差,但可塑性强。兴趣的稳定性可以支持恒心和耐力,而兴趣的可塑性又可使人们获得新鲜和活力。

(4) 效果性

兴趣的效果性是指兴趣对人的实践行为所产生的作用和效果。有些人兴趣的能动性比较强,一旦对某一事物产生兴趣,就会迅速地把兴趣变成行动,产生出一定的效果;而有些人的兴趣却缺乏推动活动的力量,只停留在期望和等待的状态中,不能产生实际的效果。这些表现与兴趣产生的动力及发展程度有关,如有的消费者对某种商品不仅感兴趣,而且下决心购买,体现在行动上的效能就高,而有的消费者仅仅是有兴趣而无购买行为。

4. 能力

能力是指人顺利完成某种活动所必备的,并且影响活动效果的个性心理特征。消费活动是一项范围广泛、内容复杂的社会实践活动。为了在购买过程中达到最大的满意和快乐,消费者需要具有多方面的能力。消费能力主要是指消费者在购买过程中对商品的感知辨别能力、分析评价能力,以及选购商品时的决策能力和对消费利益的自我保护能力。

①对商品的感知辨别能力。感知辨别能力是指个体消费者在感觉方面的感受能力或感觉的敏锐程度。综合型消费者在购买商品之前,一般会对该商品的市场状况、品牌特点、消费者的状况、价格状况进行详细了解,之后再做决定。

②对商品的分析评价能力。主要反映在对商品信息的收集、对商品信息来源的分析评价、对购物场所的评价、对商品本身特点的认识和评价能力上,甚至对他人消费行为的评价也包括在其中。一般来说,消费能力强的人收集商品的信息相对要主动一些,尤其是在高档商品的信息收集方面,他们通过多种渠道获取商品信息,对商品的广告有比较全面而理性的认识,对购物场所中的各类促销手段有相当的判断能力。分析评价能力是消费能力中比较复杂、涉及因素较多的一种能力。

③选购商品时的决策能力。选购商品时的决策能力主要反映在选择商品时能否正确地做出决策,购买到让自己满意的商品。消费者的气质类型、个性特点是影响决策能力的重要因素。消费者对商品的认识程度、使用商品的经验以及使用商品的习惯,也是影响决策能力的重要因素。

④对消费利益的自我保护能力。自我保护能力是消费能力中很重要的一种能力。在我国,由于市场经济还在发展完善中,在商品的购买和消费过程中,还存在着许多侵犯消费者权益的情况。而解决这些侵犯消费者权益的问题,一方面要依靠更加完善的法律制度和消费者保护组织;另一方面还需要消费者不断增强自我保护能力,在各种侵犯消费者权益的问题即将发生和已经发生的时候,能够有意识、有知识、有能力维护自己的消费权益。

三、个性的特征

1. 生物性

生物性是个性的生理基础,为个性的形成和发展提供了可能性,个性的社会性使这种可能性成为现实。

2. 独特性

每个人的心理倾向和心理特征都与他人不同,世界上任何两个人之间的心理面貌都不可能完全相同。个性在遗传、环境、成熟和学习等诸多因素的影响下发展变化,这些影响因素、作用方式、作用程度及其相互关系不可能完全相同。

3. 整体性

个性倾向性和个性心理特征及各构成部分是相互联系、相互制约的，构成完整的个性统一体。如果其中某一部分发生变化，其他部分也将发生变化。

4. 稳定性

人的行为中比较稳定地表现出来的心理倾向和心理特征才能体现个性，偶然的行为和心理不能体现个性。例如，一个理智型的消费者偶然表现出冲动性的购买行为，并不表明他是冲动型购买者。

5. 可塑性

个性并非一成不变的，个性的稳定性是相对的。个性在主客观条件相互作用过程中发展起来，也在这个过程中变化。儿童的个性还不稳定，受环境影响较大；成人的个性稳定，但也受环境的影响。例如，长期处于一个不友好的环境中，外向型的性格也可能变得内向。

6. 社会性

个性的独特性并不否定人与人之间在个性上的共同性。每个人都生活在一定的社会之中，个性的形成不可避免地受到社会的影响，不可避免地具有人类的共性、种族与民族的共性、地域或群体的共性。离开了人类社会，人的心理就无法形成和发展，社会环境是个性发展和变化的决定因素。

7. 倾向性

个体在形成个性的过程中，时时处处都表现出每个个体对外界事物特有的动机、愿望、指向，从而发展为各自的态度体系和内心环境，形成了个人对人、对事、对自己的独特的行为方式和个性倾向。

四、个性的分类

1. 根据生活中表现或与他人之间的关系划分

（1）神经质型

神经质一词更多地用在变态心理学中，是指具有敏感、易变等不完善人格的人。神经质的消费者的特点是：厌倦的、脾气乖戾的；急躁的、大惊小怪的；兴奋的、易激动的；无理的、事必挑剔的；敏感的、难以预测的。

（2）依赖型

依赖型的消费者的特点是：羞怯的、易受感动的、拿不定主意的。这类消费者包括人格不健全的幼稚型人格者、年老和年幼难以自理者及不熟悉情况的外国客人。

（3）使人难堪型

使人难堪的消费者的特点是：爱批评的、漠不关心的、沉默寡言的。这类消费者的心中好像有许多不平事，属于原则对外的那类人。他们只是对别人提要求，而很少理解和关心别人。他们也从不由己推人，进行心理换位。对这类消费者要谨慎、周到、注意细节，在服务过程中要给予更多的关注。

（4）正常型

除了以上3种类型的消费者以外，绝大多数的消费者是属于有礼貌、有理智的正常的人。

2. 根据消费者态度划分

（1）节俭型

节俭型消费者的消费态度表现出节俭、实用。他们在选购商品时的标准是商品的内在质量和实用性，受外界宣传影响较小，不太注重商品的名声，而较多地考虑其实际效用。

（2）保守型

保守型消费者在消费态度上比较严谨，习惯于传统的消费方式，对新产品、观念接受得比较慢，并常常抱有怀疑的态度，在选购商品时比较喜欢购买传统的或有过多次使用经验的商品。

（3）随意型

随意型消费者的消费态度比较随便，选购商品时随机性比较大，选购标准也呈多样性。他们从多种渠道获得商品信息，受外界环境的宣传影响较大。

（4）从众型

从众型消费者态度随和，生活方式大众化，购买行为受相关群体影响较大，愿意与自己相仿的消费者群体保持一致的消费模式和消费水平。

3. 根据购买方式划分

（1）理智型

理智型消费者主要受理智支配，会对各有关因素进行细致的分析和认真的比较。其购买行为冷静而慎重，受外界影响较小，不易冲动，善于控制自己的情绪，经过权衡利弊后做出决定，以获得最好的消费效果。

（2）情绪型

情绪型消费者往往受感情支配，在购物时有较强的情绪色彩。他们在选购品时的心态常常是"跟着感觉走"，只要是自己喜爱的商品，在购买力允许的条件下，可能采取相应行动，对其实际效果考虑得相对小些。与此同时，他们的购买目标也容易转移，商品的造型、名称、色彩及包装装潢对他们也会产生较大的影响。

（3）习惯型

习惯型消费者常常根据以往的购买经验或使用经验或已经形成的习惯实施购买行动。他们一旦对某种品牌的商品熟悉并信任后，不必经过挑选和比较就会购买，而且容易重复购买并进而形成习惯性购买行为。

（4）挑剔型

挑剔型消费者有较丰富的商品知识和购买经验。因此，在选购商品时，一般不易受他人的影响，也不愿与人商量，但在选择商品时极为仔细，常常货比三家还要讨价还价，有时甚至到了苛刻的程度。

9.1.2 个性理论

1. 卡特尔人格理论

美国心理学家卡特尔根据自己的研究，确定人格包含 16 种根源特质，于是他把 16 种因素在某些情况下可能产生的表现编成 16 组，每组包括十几个问题的试卷。每个问题有 3 个答案，供被试者选择。然后根据被试得分进行统计处理，找出被试者的人格特质。这就是卡特尔的"16种人格因素测验",卡特尔的16种人格因素特质是:乐群性、聪慧性、情绪稳定性、好强性、兴奋性、有恒性、敢为性、敏感性、怀疑性、幻想性、世故性、忧虑性、激进性、独立性、自律性、紧张性。

2. 精神分析理论

在所有的人格理论中,内容最复杂而且影响最大的是弗洛伊德创立的精神分析理论,又称心理分析理论。弗洛伊德的精神分析理论不仅对心理学本身产生了巨大的影响,甚至可以说,20世纪人类文化的每一个方面几乎都受到精神分析理论的影响。正因为精神分析理论的影响太大,同时也由于该理论本身的局限性,引起了很多学者们的批评与研究,并形成了所谓的新精神分析学派。所以后人把精神分析理论分为经典的精神分析理论(即弗洛伊德理论)与新精神分析理论(即新弗洛伊德理论)两种。

弗洛伊德的人格理论主要可以分为两大主题:人格结构与人格发展。这里我们主要介绍弗洛伊德的人格结构。在弗洛伊德看来,人格是一个整体,在这个整体内包括着彼此关联且相互作用的3个部分,分别称为本我、自我和超我,由于这3个部分交互作用而产生的内驱力支配了个人所有的行为。

(1) 本我

本我是人格结构中最原始的部分,是遗传下来的本能。本我之内包含着一些生物性的本能性的冲动(最原始的动机),这些动机就是推动个人行为的原始动力。外在的或内在的刺激都有可能促使原始动力增加,而原始动力增加时就会加剧个人的紧张与不安。为了减缓紧张,本我要求立即满足需求以发泄原始的冲动,由本我支配的行为不但不受社会规范、道德标准的约束,甚至由本我支配的一切都是潜意识的。弗洛伊德认为生物需要在人的一生中继续存在,是人格的一个永存的部分,在人一生的精神生活中,本我起了最重要的作用。

(2) 自我

自我是个体在与环境的接触中由本我发展而来的。在本我阶段,因为个体的原始性冲动需要获得满足,就必须与周围的现实世界相接触,从而形成自我对现实环境的适应。例如,因为饥饿而使本我有原始性的求食冲动,但是哪里有食物及如何取得食物等现实问题必须靠自我与现实接触才能解决。因此,人格的自我部分是受"现实原则"所支配。自我介于本我与超我之间,它的主要功能有以下几方面:一是获得基本需要的满足以维持个体的生存;二是调节本我的原始需要以符合现实环境的条件;三是管制不为超我所接受的冲动;四是调节并解决本我与超我之间的冲突。由此可见,自我是人格结构中的主要部分。

(3) 超我

超我是在人格结构中居于管制地位的最高部分,是由于个人在社会化的过程中将社会规范、道德标准、价值判断等内化之后形成的结果。平常所说的良心、良知、理性等,都是超我的功能。本我寻求快乐,自我考虑到现实环境的限制,超我则明察是非善恶。所以,超我是本我与自我的监督者,它的主要功能有:管制社会所不接受的原始冲动;诱导自我使其能以合于社会规范的目标代替较低的现实目标;使个人向理想努力,达成完美的人格。

本我、自我、超我三者不是完全独立的,而是彼此交互作用构成人格整体。一个正常的人,其人格中的3部分经常是彼此平衡而和谐的。本我的冲动应该有机会在适合于现实的条件下,并在社会规范许可的范围内,获得适当的满足。

3. 社会心理理论

社会心理理论强调决定行为或情境因素的重要性。这一理论认为个性是在消费者一贯的行为方式中体现的。社会心理理论有两大类：一是社会学习论，一是新精神分析理论（即新弗洛伊德理论）。

（1）社会学习理论

社会学习理论认为刺激与反应之间的联结是持续的、稳定的，所以个性是对在一定期间内所获得的信息线索的习惯性反应的复合体。这一理论主要解释习惯产生、改变、替代、消失的条件。动因影响对特定刺激的反应，而其反应如果被强化，就形成特定的习惯。但社会学习理论对个性研究的影响不大。

（2）新弗洛伊德理论

新弗洛伊德理论又称新精神分析理论，该理论认为，消费者的个性并不是由本能的欲望形成的，而是由围绕消费者的文化、社会以及人等因素形成的，并强调行为的合理性侧面。

4. 现象学理论

个性的现象学理论把焦点并不放在主观性经验或个体的冲动以及行为的预测上，而把焦点放在个体怎样知觉或解释某一事件，即强调个人的现象。根据现象学理论研究自我形象与产品形象之间的关系问题在市场营销学领域比较普遍，特别是在现象学论基础上发展的象征性交互作用理论更得到了广泛的利用。

象征性交互作用理论认为不仅消费者的自我意识影响产品的选择，而且被选择的产品也影响消费者的自我意识。自我意识又称自我形象，是指个人对自己个性特征的感知、态度和自我评价，即有关自己的想法或感觉就是自我意识。现实中，每个人内心深处都持有关于自我形象的意识，这一意识以潜在的、稳定的形式参与到行为活动中，对人们的行为产生极为深刻的影响，自我意识也同样渗透到消费者的消费活动中。消费者从自我意识的象征性意义角度知觉自己已有的产品或要得到的产品。如果产品的形象符合于消费者的自我意识，那么消费者就积极地评价或偏好此产品。

9.1.3 人格测验常见方法

1. 自陈量表

自陈量表是一类有组织和有一定随意程度的人格测验。该类型的测验一般以问卷形式组成，问卷项目的根据常常是以实验为基础的人格理论。项目的内容是具体的，对每一条项目都有两种或几种选择性回答。例如，"同意—不同意""是—否""喜欢—无所谓—不喜欢"等。

人格量表设计可以用来测量单一人格特质，也可以用来测量多个人格特质，通常情况下都是测量多个特质的测验。这些测验都是国外学者所编制的，但都由国内学者修订为中文版而在国内使用，其中较为著名的有卡特尔的16种人格因素量表、明尼苏达多项人格测验、爱德华个人兴趣量表等。卡特尔的16种人格因素量表的16种人格因素问卷适用于16岁以上的青年及成年人。明尼苏达多项人格测验（MMPI）由美国明尼苏达大学教授郝兹威和莫肯利所编制，因而得名。爱德华个人兴趣量表（EPPS）由美国心理学家爱德华编制，因而得名。这些量表自问世以来，被广泛应用于各种领域。例如，企业管理、教育、司法、医疗等。

自陈量表通常都有固定的题数，而且每题的内容都有具体、清楚的说明。这种内容有组织、范围有限制的人格测验，虽然施测方便和易于整理，但是由于题目彼此分离，不能对人格的全貌有所了解，而投射法的人格测验能够弥补这一不足。

2. 罗夏墨迹测验

投射测验是一种对行为的无意识的和隐藏的内容尤为敏感的工具。它允许甚至鼓励被试回答广泛，千差万别，能在被试对测验目的最少觉察的情况下引出他们非同寻常的、内容丰富的反应资料。罗夏墨迹测验和主题统觉测验（TAT）是使用较为广泛的投射测验方法。

罗夏墨迹测验由瑞士精神病学家罗夏创立。该测验包括10张内容不同的墨迹图片，其中5张是浓淡不同的黑色墨迹图，2张是红与黑的墨迹图，3张是几种颜色混合的墨迹图。该测验在最初设计制作时，先在一张纸的中间滴上一些墨水，然后将纸对折，并用力压下，使墨汁向四周流动，就会形成两边对称但形状不同的图形。罗夏曾用多种这类图片测试各种不同的被试者，最后选定具有代表性的10张，作为测验材料，并由此确定记分方法和解释被试者反应的原则。

测验时，测验者先让被试者放松，感到舒适，只向他们提供足以完成任务的信息，然后呈现墨迹图，让被试自由地考虑他从每张图片上看到了什么、想到了什么，图像是什么。这种测验属于个别测验的性质，每次只能施测一个人。在整个测试过程中，应该注意以下几个方面的问题：一是根据被试所回答的内容，是生命的还是无生命的，是人还是动物，是可爱的还是厌恶的，测验者解释被试者人格上的差异。二是对内容的解释可以有象征性意义。例如，狂暴行为象征强烈的厌恶；狐狸象征狡猾和侵略；鸵鸟象征躲避冲突等。三是解释时还要注意全部回答的情况，不能以单一回答为基础，而是以全部反应为基础。同时，主试者还要记录被试者的语言反应，并注意他的情绪表现和伴随语言反应出现的行为。

罗夏墨迹测验也像许多个性理论一样受到了一些批评，罗夏本人也认为应该谨慎地看待测验结果，它们对人格的评定只能作为一种参考资料。

3. 主题统觉测验

主题统觉测验（TAT）是摩根和亨利·默里于1935年设计研究幻想的一种方法。这种测验的性质类似于小学生常见的看图说话的形式。全套测验包括30张内容比较模糊的卡片，其中有些是分别用于男人、女人、男孩和女孩的，有些是共用的。测验时，每一个被试只能从30张图片中选取20张图片（包括一张空白的在内）使用。选取标准要看被试的性别与年龄而定。施测时，每次也只能测验一个人。进行时，每次给被试一张图片，要他以他所看到的内容为主题，凭个人的想象，编造一个故事。故事的内容不加限制，但必须符合以下几点：一是图中所描绘的是怎样一个情境；二是图中情境发生的原因是什么；三是故事的结局会怎样；四是个人的感想。

TAT的目的主要是唤起被试者的幻想，引起他们对生活中重要事件的联想。当要求他们想眼前的画面代表什么可能的事情时，被试者的人格特点就会在他想象的故事中流露出来。当他们认真地去理解这个模棱两可的情节时，防御就会更少，他们的内在倾向和欲望也更容易表露出来，这就为探索他们的人格特点提供了材料。

4. 情境测验

情境测验就是主试在某种情境下观察、记录被试的行为，从而测定其人格特质。用于测验人格的情境主要是"实际生活情境"和"设计的情境"两种。前者多用在教育上，后者多用于对特殊工作人员的选拔上，用在教育上的有"品格教育测验"，用在特殊人员选拔上的有"情境压力测验"。

9.1.4 个性与消费者行为

个性研究及其在营销中的应用价值不能低估，个性对于消费者的信息搜寻行为、产品选择、品牌选择、创新的采用等都具有不同程度的影响。

1. 信息搜寻行为

一般来说，个性中具有较强求知欲的人，通常表现为爱思考，这部分消费者更加注意信息的质量。相反，个性中求知欲较弱的人，通常表现为不愿意思考，这部分消费者更容易受广告模特之类的边缘刺激的影响。

2. 产品选择

不同个性的消费者可能在不同的产品领域形成各自的偏好，从而在特定产品的使用程度上表现出明显的行为差异。例如，在外向特征上得分较高的人比低分者饮酒量大，外向的人比内向的人更可能通过在酒馆饮酒以寻找刺激，对于啤酒供应商，这种结果是令人感兴趣的。但对于管理者，应考虑如何设计"酒馆氛围"以增进消费者安全感和舒适感。

3. 品牌选择

当某个品牌的个性与消费者的个性取得和保持一致时，这个品牌将会更受欢迎，品牌个性是品牌形象的一部分。品牌个性是指产品或品牌特性的传播以及在此基础上消费者对这些特性的感知。许多消费品都拥有品牌个性。例如，某啤酒制造公司为它的4个品牌的啤酒分别制作了不同的广告。每一则广告宣传一个品牌，每一品牌被描绘成适用于具有某一特定个性的消费者。其中一个品牌的广告上是一位"补偿型饮酒者"，他正值中年，有献身精神，对他来说，喝啤酒是对自己无私奉献的一种犒劳。其他几个品牌分别被赋予"社交饮酒者""酒鬼"等个性。大多数人喜欢品牌个性与他们自己的个性相一致的啤酒，这种好恶倾向非常强烈，以至于大多数人认为至少有一种品牌的啤酒不适于饮用。他们不知道，其实这四个品牌的啤酒是完全一样的，这些不同的商业广告所创造的品牌个性确实吸引了具有类似个性的消费者。在营销实践中，品牌的个性越来越引起企业的重视。

4. 创新的采用

不同个性的消费者也会在对新产品、新服务、新的消费活动的接受程度上表现出差异性。个性测量可以对消费者愿意接受创新的实质和范围进行更深入的了解。例如，对创新的态度上存在差别，内倾型消费者倾向于运用自己内心的价值观或标准来评价新产品，他们更可能成为创新采用者；外倾型消费者倾向于依赖别人的意见做出判断。因此，成为创新采用者的可能性较小。在信息处理上也存在差别，内倾型消费者比较喜欢强调产品特性和个人利益的广告，而外倾型消费者更偏爱那些强调被社会认可的广告，倾向于根据社会接受程度来理解促销信息，这类消费者更容易受广告影响。营销实践中，企业只有做出符合消费者个性的创新才能够真正被消费者所接受，从而获得更大的价值。

9.2 自我概念

9.2.1 自我概念的含义、特征与分类

一、自我概念的含义

关于自我概念问题的讨论从詹姆斯（W. James）开始比较明确，但自我概念的提法直到罗杰斯（C. Rogers，1951，1959）的自我理论受到人们广泛关注，自我概念的课题重新为人们所重视之后才得到较多运用。通常认为无论一个人对自己的观点是否准确，自我概念都是存在的。自我概念在心理学、社会学、心理分析学等多个学科中被加以研究，看待自我概念的角度也不一样（见表9-1）。

表9-1 不同学科中的自我概念研究

学科角度	对自我概念的阐释
心理分析理论	自我概念是充满矛盾的自我系统
行为理论	自我是一系列的条件反射
现象学理论	自我是一个整体
认知理论	自我是处理自我信息的概念系统
符号互动理论	自我是由社会互动过程形成的

（资料来源：曾智. 大学生自我概念与消费行为研究［D］. 南京：南京师范大学，2004.）

各个学科自我概念的角度各有不同，但更多的将自我概念看作是一个系统的整体。综合自我概念研究领域的各种观点，可以认为自我概念是个体把自己作为客观对象而对自己的整体看法和感觉。本书中，自我概念又称自我形象，是指一个人所持有的对自身特征的信念，以及对这些特征的评价，即自我概念是由自己对自己的态度构成的系统认识。例如，一个人对自己形象的评价、学业的评价以及对职业身份的评价，都是自我概念的组成部分。

二、自我概念的特征

自我概念非常复杂，下面从其内容和结构两方面入手，去分析一个健康健全的自我概念应该具有哪些特征。

1. 自我概念的内容特征

自我概念的内容特征是指单一的自我概念或自我知识所具有的特征，也就是以静态的方式去界定良好自我概念应具有的特性。自我概念的内容具有积极性、清晰性、独特性和效度等特征。

（1）积极性

自我概念的积极性描述了个体对于自身看法的积极程度。自我概念反映了一个人对于自己的看法和态度，这种看法和态度本身就具有评价的特点，具有不同的积极性。例如，有的学生认为自己的语文不错，自己在语文学习方面是有能力的，可以胜任的；有的学生则认为自己不擅长语文学习。积极性特征是自我概念最基本、也是最重要的特征。作为对自我认识

的最基本的一个方面，自我概念的积极性在一定程度上决定了个体对于自我的态度和情感。

（2）清晰性

自我概念的清晰性是指个体对自我认识的清晰、确定的程度。自我概念清晰的人很清楚自己是一个什么样的人，知道自己擅长什么不擅长什么，也知道自己内心真正的需要是什么。在自我描述时，自我概念清晰的人能够用准确的术语对自己进行描述和分析，他清楚自己所用的术语的准确内涵，也知道不同术语之间的区别并能正确地使用它们来描述自我的不同方面。自我概念模糊的人总是处在迷惘、迷失的状态，他不清楚自己究竟是一个什么样的人，也不知道应该如何表达和描述自己，更不清楚自己适合做什么样的事情，他们的行为往往缺乏内在的理性依据，在依赖外部标准做出决断时不免陷入人云亦云的境地。自我概念的清晰性意味着自我概念的确定，自我概念的确定表现在个体自我描述时的自信程度。由于自我概念的确定能够给个体带来对未来的控制感，因此，能够给个体带来积极的情感体验和较高的自信心。

（3）独特性

自我概念的独特性是指个体意识到的自己所拥有特征的独特程度。具有自我独特感的个体会觉得自己所拥有的人格特征是他人所不具备的，是与众不同、独一无二的。与独特性相反的是相似性，即个体认识到的自我与其周围的个体具有趋同性和一致性。独特性是在个体与他人比较的过程中产生的，一个人在认识自我、形成自我概念的同时，也在认识周围的个体，当这两种认识具有较大的差异时，个体就会产生独特感；当这两种认识差异较小甚至趋同时，个体则会体验到更多的相似性。独特性是自我概念的一个核心特征，一个没有自我独特感的个体并不具备真正的自我。独特感对于个体来讲具有重要的意义和作用。

（4）效度

效度是指一个人的自我概念在多大程度上准确地反映了自身的真实情况。自我概念的效度有两种：其一是指一个人所知觉到的自我与其真实的心理与行为之间的一致性程度。这种类型的效度也可用个体自我概念对其行为的预言力的大小来表示；其二是指一个人的自我评价和他人对于他的评价的一致性程度。这种类型的效度也可用个体的自我概念与社会环境的契合程度来表示。

2. 自我概念的结构特征

自我概念的结构特征主要描述个体不同的自我概念或不同的自我知识之间的关系，以期从动态的、发展的角度去界定良好自我概念应具有的特征。自我概念的结构具有复杂性、一致性、灵活性和稳定性等特征。

（1）复杂性

自我概念的复杂性是指以多维的方式解释社会行为的能力。系统越是复杂，系统内可区分的维度越多，感知和解释各种各样的事件的能力就越强。自我概念的结构随年龄的增长，出现越来越多的分化和结构重组，结构日益复杂化，个体的认识能力亦随之增强。

（2）一致性

自我概念的一致性是指个体所体验到的自我概念的不同亚成分之间协调一致的程度。个体所感受到的这种一致性程度对个体的自我体验具有重要的影响。自我概念的一致性既包括个体现实自我内部不同成分之间的一致性，也包括现实自我和可能自我之间的一致性。自我差异在个体成长的过程中具有动力性。自我概念结构上的一致性要求并不是绝对的，保持一定程度的差异对于个体的成长和发展具有重要的意义。

(3) 灵活性

自我概念的灵活性描述了自我概念的发展性特征,是指自我概念的各组成元素在新经验的作用下进行重组,使自我得到发展成长的特性。较为灵活的自我概念对于信息持开放的态度,在获得新经验后能够对自我概念进行新的审视,并在此基础上做出适当的调整,自我概念的结构进一步复杂化,自我也因此得到发展。具有灵活性的个体则对信息持开放的态度,能够依据环境变化进行相应的调整,使自我能够不断地成长,在有效适应环境的同时表现出相应的创造性。但自我概念的灵活性也应限定在一定的范围内,太过灵活的自我概念可能与自我概念的结构组织松散相联系,影响个体的理性思维以及其行为的可预测性。

(4) 稳定性

自我概念的稳定性描述了自我概念的内容和结构随时间变化而表现出的稳定不变的特征。自我概念的稳定性并不要求自我概念的内容和结构保持不变。具有自我连续感的个体尽管能够意识到自我随时间的流逝而发生的各种变化,但他依然能够体验到自我在时间维度上的一致性和连续感。自我概念的稳定性及其相应的自我连续感是个体心理生活中重要的组成部分,人们为了获得对外界的控制感和预测感,会不断地寻求或引发与其自我概念相一致的反馈,从而保持并强化他们原有的自我概念。

三、自我概念的分类

1. 现实自我与理想自我、私人自我与社会自我

自我概念有四重性,就是现实自我与理想自我、私人自我与社会自我,它们分别从不同的角度表达自己对自己的看法(见表9-2),四种自我概念的组合会出现四种可能的解释。

表9-2 自我概念的分类

自我概念层面	现实的自我概念	理想的自我概念
私人的自我概念	"我实际上如何看待自己"	"我希望如何看待自己"
社会的自我概念	"别人实际上怎么看待自己"	"我希望别人如何看待自己"

(资料来源:HAWKINS D I, BEST R J, CONE K A. 消费者行为学 [M]. 北京:机械工业出版社,2001:399.)

2. 物质自我和精神自我

根据自己追求的不同,又分为物质自我和精神自我。带有强烈物质自我概念的人在人格上常常表现为物质主义。研究者为物质主义的特征提出了某些通用的观点:一是他们特别看中获得和炫耀财产;二是他们特别以自我为中心和自私;三是他们寻求充满财物的生活风格。例如,他们希望有许多"东西",而非简单整洁的生活风格;四是他们的大量财物并不能给他们更大的个人满意感,即他们的财物并没有导致更大的幸福。物质主义较强的自我认识称为物质自我,反之为精神自我。

3. 延伸自我和改变自我

很多消费者用来定义自身社会角色的道具和装置已经成为自我的一部分。被消费者看成自身一部分的外物组成了延伸的自我。延伸自我包括四个层次:一是个体水平,消费者将个人财产中的很大一部分纳入自我定义。这些产品可以包括珠宝饰物、汽车、衣服等;二是家庭水平，这一部分延伸的自我包括消费者的住宅及内部陈设，房子可以视为家庭的象征载体，而且也往往是身份的核心部分；三是社会水平，消费者习惯于按照自己所在的地区或城镇来介绍自己，地域也是延伸自我的一部分；四是群体水平，对特定社会群体的依恋也可以视为自我的一部分，消费者可能把地界标、纪念碑或者体育团队看作是延伸自我的一部分。有时，消费者也愿意改变自我，拥有一个不同的或"改善"了的自我。这个时候消费者会选择被称为"改变自我的产品"，通过创造一个全新自我，维护现在的自我，防止自我的损失，或者延伸自我、调整和改变自我来尽可能表现他们的与众不同。

4. 依存自我和独立自我

在所有文化中，自我概念都很重要。然而自我概念中哪些方面最有价值、哪些方面最可能影响消费和其他行为，随着文化的不同而存在差异。研究发现，将自我概念分为依存自我和独立自我是非常有用的。

依存自我的构建更多地基于亚洲文化，基于这种相互联系、相互依存的文化。依存自我概念强调家庭、文化、职业和社会关系。具有依存自我概念的个体倾向于服从、以社会为中心、注重整体和协同。他们以社会角色、家庭关系和与所处群体（包括种族和国家群体内其他成员）的共同性来界定自己的个性和概念。独立自我的构建是基于占统治地位的西方文化观念，个人生来都是独立的。独立的自我概念强调的是个人的目标、特性、成就和愿望。具有独立自我概念的个体倾向于个性化、利己主义、自治、独断专横和沉默寡言。他们以自己做过什么、有什么、自己能与别人相区别的特征来限定自己的个性和概念。

9.2.2 自我概念理论

莱维（Levy）是最早借用自我概念研究消费行为的学者。他认为消费者不是功能导向的，他们的行为在很大程度上受到商品中蕴含的象征意义的影响。虽然莱维的观点不被视为一种理论，但却使消费者行为研究者们认识到消费者自我概念对消费行为的重要影响。此后，众多学者开始关注消费者自我概念对消费行为的影响。

1. 自我强化理论

1951年，罗伯斯提出自我强化理论。认为自我概念对个体有多方面价值：一是个体行为趋向于维护和强化自我概念；二是商品的购买、展示和使用可以向个体或者其他人传递象征意义；三是个体的消费行为趋向于通过消费具有象征意义的商品来强化自我概念。这一理论的优点在于它把商品消费和消费者自我概念联系起来，但是，它并没有说明消费者的自我概念如何形成以及有什么特征。

2. 环境自我形象理论

自我强化理论之后，基于符号互动学派的环境自我形象理论出现。环境自我形象理论认为环境自我形象是个体希望他人拥有的自我的意义，这种在特定环境下的形象包括个体希望他人与自己联系的态度、知觉和情感。个体选择表达自我的哪个方面取决于特定的环境，一旦个体选择了一定社会环境下要表达的自我方面，他就会寻找表达这一自我方面的方式。因此，那些重复购买率比较高的产品或者特点比较突出的品牌可以被消费者用来在特定环境下表达自我形象。

3. 自我形象–产品一致性理论

20世纪80年代，Sirgy基于前人的研究提出了自我形象–产品一致性理论（如图9–1

所示)。自我形象-产品一致性理论认为包含形象意义的产品通常会激发包含同样形象的自我概念。由于自我形象是产品意义激发的结果,产品和其形象属性的价值将取决于所激发的自我形象。这一理论的重要意义在于,一个产品形象的价值或"意义"并不是无中生有的,它是由所激发的自我形象维度决定的。这一理论不仅说明产品形象和自我形象之间的各种关系,也表明了消费者的自我概念是影响消费行为的重要因素,自我形象-产品一致性理论奠定了在消费者研究中自我概念理论的应用基础。

图9-1 自我形象-产品一致性理论框架

这一理论提出后,消费者自我概念在消费行为研究中的应用基本沿着这一方向进行。自我形象-产品一致性理论使得自我概念由心理学研究领域走向消费者行为研究领域,为通过消费者自我概念研究解释消费心理提供了理论依据。自我概念之所以会影响消费行为,是因为消费者有意识或无意识地受到自我概念的影响,使消费行为中保持自我一致性,即消费者自我概念与产品形象之间保持一致。

9.2.3 自我概念常见测量方法

1. 罗森伯格自尊量表(SES)

罗森伯格自尊量表由罗森伯格于1965年编制,目前在国际上广泛应用,是目前我国心理学界使用最多的自尊测量工具,这源于它的两大优点:信效度高、简明方便。但是,该量表也存在一个突出的与文化差异有关的问题。这对于当前的自尊研究和量表法都有一定的启示意义。

2. 自我描述问卷(SDQ)Ⅱ型

由Marsh等人编制,先后有Ⅰ、Ⅱ、Ⅲ三种问卷,适合不同年龄的人群。其中SDQ-Ⅱ适合七到十年级的中学生。SDQ-Ⅱ共102题,分11个分量表,其中3个为学业自我概念(言语、数学和一般学校情况)量表,另7个为非学业自我概念量表,包括体能、外貌、与异性的关系、与同性关系、与父母关系、诚实-可信赖和情绪稳定性,还有1个为一般自我概念量表。

3. 华莱士自我概念量表(WSCS)

华莱士自我概念量表(WSCS)由美国密苏里大学行为学习系的华莱士(Gaylen

R. Wallace）于 1980 年完成。WSCS 共 15 个项目，是一个非常简单而十分有用的测量一般自我概念的工具，WSCS 目前有英文版本和西班牙版本。中文版 WSCS 依据美国 1997 年出版的《教育与社会科学测验与量表手册》一书中的英文版翻译修订而成。

4. 田纳西自我概念量表

使用很广的田纳西自我概念量表分为外在参照与内在参照两个层次。

外在参照分为五个层面：一是生理自我，表示受试者对其身体、健康状态、身体外貌、技能与性方面的感觉；二是道德伦理自我，表示受试者对其道德价值、宗教信仰及好坏人之看法；三是心理自我，表示受试者对其个人价值及能力等评价；四是家庭自我，表示受试者对自己作为家庭中的一分子的价值感及胜任感；五是社会自我，表示受试者在与他人交往中的价值感及胜任感。

内在参照分为三个层面：一是自我认定，反映受试者对自我现况的描述；二是自我满意，反映受试者对自我现况的满意或接纳的程度；三是自我行动，反映受试者在接纳自己或拒绝自己后，实际所采取的应对行动，或表现在外的行动。此量表可说是多向度的自我概念测量工具。

田纳西自我概念量表中文版由林邦杰所修订。本量表国内修订后之重测信度为 0.67～0.85、折半信度为 0.76～0.90。在效度方面，以少年人格测验、自我态度问卷为效标，所得之效度为 0.39～0.75。本量表并已建立国内适用常模，且在国内研究中运用甚广。

9.2.4　自我概念形成的主要影响因素

自我概念是个人在社会化过程中，通过与他人交往以及与环境发生联系，对自己的行为进行反观自照而形成的，主要受到四个方面因素的影响。

1. 自我评价

通过自我评价来判断自己的行为是否符合社会所接受的标准，并以此形成自我概念。例如，把有的行为归入社会可接受的范畴，把有的行为归入社会不可接受的范畴。人们对自己的行为进行反复不断的观察、归类和验证，就形成了相关的自我概念。

2. 他人对自己的评价

通过他人对自己的评价来进行自我表现评价，从而形成自我概念。他人评价对自我评价的影响程度取决于评价者自身特点和评价的内容。通常评价者的权威性越大，与自我表现评价的一致性越高，对自我概念形成的影响程度也就越大。

3. 与他人的比较

通过与他人的比较观察而形成和改变自我概念。人们的自我评价还受到与他人比较的影响，比较的结果相同或不同，超过或逊于他人，都会在一定程度上改变人们的自我评价，并驱动他们采取措施修正自我形象。

4. 从外界获取的信息

通过从外界环境获取有利信息，来促进和发展自我概念。人们受趋利避害的心理驱使，往往希望从外界环境中寻找符合自己意愿的信息，而不顾及与自己意愿相反的信息，以此证明自己的自我评价是合理的，是正确的，这一现象证明了人们经常从自己喜欢的方面来看待评价自己。

9.2.5 自我概念与消费者行为

现实生活中特定的消费者不仅具有不同于其他消费者的行为,而且在不同的情景下也很有可能采取不同的行为,在不同的情景下或者扮演不同的社会角色时,消费者在表现不同的自我时,就会对产品或者服务提出不同的要求。对生产者而言,消费者自我概念研究对产品的设计和销售具有重要指导意义。

1. 运用自我概念为产品定位

营销人员应该努力塑造产品形象并使之与目标消费者的自我概念相一致。虽然每个人的自我概念是独一无二的,但不同个体之间也存在共同或重叠的部分。比如,许多人将自己视为环保主义者,那些以关心环境保护为诉求的公司和产品将更可能得到这类消费者的支持。

2. 运用自我概念进行新产品研发

就生产者而言,对于消费者自我概念的研究,对于新产品设计具有重要的指导作用。新产品设计应当符合消费者某种特定的自我概念,这也意味着,当现有产品不能与消费者的自我概念相匹配时,才有必要设计和生产新产品。而新产品不仅要在质量、外观、性能上有别于老产品,更要具有独特的个性和社会象征意义,能够体现出尚没有特定商品与之相匹配的消费者的自我形象。

3. 运用自我概念进行商品销售

在商品销售中,要了解消费者的自我概念,告诉他们哪些商品与其自我形象一致,哪些不一致,向消费者推荐最能反映其形象特征的商品,可以有效地影响和引导消费者的购买行为。

4. 运用自我概念进行广告宣传

由于消费者的自我概念与消费行为之间的联系,在制定广告策略时要使广告信息与广告说服对象的自我概念相吻合。例如,使产品代言人的形象、产品或品牌形象与目标受众的自我概念相匹配,以促进广告的说服效果。

9.3 生活方式

9.3.1 生活方式的含义与特征

1. 生活方式的含义

生活方式的概念与研究最初起源于心理学与社会学,心理学家 Adler(1927)首先提出生活方式指个人认知于一定的社会、文化空间下所显现的外在形态。进入 20 世纪 60 年代,市场营销研究者将生活方式的概念引入了营销学领域,特别是应用在市场细分上,弥补了传统研究方法的不足,更加生动地揭示了人们的消费方式,为营销研究者对消费者分类提供了更具体、有效的方法。

许多学者从不同的角度,探讨过生活方式的定义。但由于生活方式所涵盖的范围太广且在意义上与人格、价值观等有很大的重叠。因此,一直没能有一个明确而且统一的定义。Wells 和 Tigert(1975)曾做过有关生活方式的文献综述,发现研究学者们对生活方式至少有 32 种不同定义,而且其中的大多数学者对生活方式的定义并不一致,不过却有以下几点相似之处：

①生活方式相对人口统计变量数据提供的信息更为丰富。

②学者们提出的生活方式是以大量数据为基础，不仅能做定性分析而且可以做定量的研究。

③对生活方式的表述都使用一般口语化的文字而并非专业术语。

本书中，生活方式是指由人的心理图案反映的生活形式，表现的内容远比人的社会阶层或个性要多，它勾画出一个人在社会中的行动和兴趣的形式。具体包括消费者活动、兴趣和观念。其中，消费者活动包括工作、嗜好、购买活动、运动和社会活动等，兴趣包括食品、服装、家庭、休闲等，观念包括关于自己、社会事务、商业和产品等。

虽然每个学者给出的定义各不相同（见表9-3），但趋向于反映一个信息，即在有限的资源下，个人或群体如何分配资源，以及反映出其活动、兴趣、意见等方面的特征。

表9-3 营销学术领域广泛认同的生活方式定义

研究学者	研究时间	对生活方式的定义
Lazer	1963	生活方式是一个系统的概念，代表整个社会或是某一群体在生活上表现出来的特征
Wells 和 Tigert	1971	生活方式指一个人的态度、信念、期望、恐惧、偏见等特征，并反映在平时对于实践、金钱与精力的支配上
Plummer	1974	生活方式是将消费者看作一个整体，描绘出消费者的本质以及行为方式
Hawkins，Best 和 Coney	1983	人们如何生活、工作与休闲
Pingree 和 Hawkins	1994	个人有规则可循的行为
Kotler	1996	生活方式是由人的心理图案反映的生活形式，包括消费者活动、兴趣和看法
Blackwell，Miniard 和 Engel	2001	生活方式是指人们生活及支配时间与金钱的方式

（资料来源：王浩. 不同生活方式消费者产品涉入的比较分析［D］. 长春：吉林大学，2005.）

生活方式的形成受到很多因素的影响，包括文化、价值观、亚文化群体个性和人口统计特征等，归纳起来就是人、产品和情境结合起来，表明了一种特定的消费方式和生活态度。生活在一定的文化和社会背景下，具有自我个性特征和人口特征的消费者总是会追求自己的生活方式。对生活方式的追求影响他们的需求欲望，进而影响他们的购买、决策和使用行为等。同时，这些购买决策和消费行为又反过来强化和改变消费者的生活方式。

近年来，消费者时间成为影响消费者选择生活方式的主要因素之一。对于消费者来说，一生中的时间是有限的，时间的稀缺性使之更具价值。在很多消费者心中，时间就像金钱一样珍贵，值得珍惜。在过去，人们的思想受传统休闲观念的影响，在习惯上一般把时间分为工作时间与休闲时间两部分，然而由于人们的休闲观念在不断发生改变，目前，通常将时间划分为工作时间、非自由处置时间和休闲时间。沃斯（Voss）认为"休闲是指这样的自由处置时间，在此时间内，消费者没有感受到经济的、法律的、道德的和社会的义务，也不是一种生理上的必需，消费者如何支配这段时间完全取决于他自身"。人们在休闲时间里从事的活动一般都是自己喜欢的，没有压力的，感到愉快的活动，如登山、钓鱼、旅游、阅读、创作等都属于休闲活动。休闲活动也并不是绝对的，有些被大多数人视为休闲的活动，对另外一些人来说恰恰是他们的本职工作。例如，有些人特别是女人，把逛街购物视为一种休闲活动，而另外一些人在同一时间里将这种相同的活动将视为非休闲活动。一般来讲，什么是休闲和休闲活动，只能根据具体对象以及他面对的具体情况和实际进行定性分析。

消费者消费一些产品和服务，特别是休闲性的产品和服务，都是需要时间的，例如溜冰、钓鱼、健身、旅游等。但消费者是否购买这些和消费这些产品和服务，很大程度上取决于他们是否拥有自由支配的时间，或者说他们拥有多少可以自由支配的时间。

一般来讲，消费者要获得更多的自由处置时间和休闲时间，更好的选择是降低非自由处置的时间，在这方面，企业也可以通过提供节省时间的产品与服务满足消费者的这一需求。目前有很多这样的服务，例如，雇人来照看小孩、清扫和整理房间等。有助于消费者从繁忙的家务中解脱出来，以便有自己更多的时间来进行工作和休闲。一部分耐用品和非耐用品在一定程度上也有助于节省消费者的时间，例如，微波炉和洗碗机就是典型的节省消费者时间的产品。同时，还有一种节约消费者时间的实现方式是时间的多级运用，就是让消费者同时做多件事情或完成多项任务。例如，在旅行的过程中，让消费者看电视或使用便携式计算机工作，就增加了消费者的休闲时间和工作时间。

2. 生活方式的特征

（1）综合性和具体性

生活方式属于主体范畴，从满足主体自身需要角度不仅涉及物质生产领域，也涉及日常生活、政治生活、精神生活等更广阔的领域。它是个外延广阔、层面繁多的综合性概念。任何层面和领域的生活方式总是通过个人的具体活动形式、状态和行为特点加以表现的。因此，生活方式具有具体性的特点。

（2）稳定性与变异性

生活方式属于文化现象。在一定的客观条件制约下的生活方式有着自身的独特发展规律，它的活动形式和行为特点具有相对的稳定性和历史的传承性。但任何国家和民族的生活方式又必然随着制约它的社会条件的变化或迟或早地发生相应的变迁，这种变迁是整个社会变迁的重要组成部分。

（3）社会形态属性和全人类性

在不同的社会形态中，生活方式总是具有一定的社会性，在阶级社会中则具有阶级性。另一方面，生活方式又具有非社会形态的全人类性的特点。

（4）质的规定性和量的规定性

人们的生活活动，离不开一定数量的物质和精神生活条件、一定的产品和劳务的消费水平，这些构成了生活方式的数量方面的规定性，一般可用生活水平指标衡量其发展水平；对于某一社会中人们生活方式特征的描述，也离不开对社会成员物质和精神财富利用的性质及它对满足主体需要的价值大小的测定。表现为生活方式质的方面的规定性，一般可用生活质量的某些指标加以衡量。

9.3.2 生活方式的常见测量方法

西方学者们对生活方式所采用的衡量方法不尽相同，根据 Wind 和 Green（1974）所做的文献综述,生活方式大致可以通过5种方法来衡量:一是衡量消费者消费的产品及服务;二是衡量消费者活动、兴趣、观念;三是衡量消费者的价值系统;四是衡量消费者的人格特征及自我概念;五是衡量消费者对各种产品的态度及他所追求的产品利益。在营销领域中,经常被采用的消费者生活方式的衡量方法有 AIO 量表和价值观和生活方式量表两种。

近年来,我国许多市场研究机构为了适应消费趋势的变化,开始运用实证的、定量的研究方法研究消费者的生活方式,并陆续取得了一定的应用成果。这些研究当中既具有理论基础又能提供广泛应用性的社会分层结构范式的是东方 E - ICP 量表与 China - VALS 量表。

1. 活动、兴趣、观念量表（AIO 量表）

Well 和 Tigert（1971）设计出了包含 300 个问题的生活方式量表,该量表被广泛地应用于消费者研究领域。其设计的基本思路是:生活方式是指一个人的态度、信念、期望、恐惧、偏见等特征,并反映在平时对于实践、金钱与精力的支配上,而这种支配方式的不同可以通过个人的活动、兴趣和观念的差异来体现,所以他们设计问题来考察消费者的活动、兴趣以及观念,通过个体在这 3 个维度上的差异来考察消费者的生活方式。

Reynolds 和 Darden（1974）对该量表的 3 个主要维度的意义进行了详细说明。

（1）活动

活动是一种具体的行动。例如,媒体接触、购物消费、与亲友进行产品信息的交流等。虽然这些活动通常是可以观察到的,然而这些活动的原因却是不易直接测量的。

（2）兴趣

兴趣指某些事或主题可使人们产生特殊且持续性的注意。

（3）观念

观念指个人对外界刺激所引起的问题给予口头或书面的表达。它可用来描述人们对事件的解释、期望和评价。例如,对他人信赖的强度,对不同行动计划的评估等。

Plummer（1974）认为应该从四个维度来衡量消费者的生活方式,他将人口统计变量引入了 AIO 量表之中。修正后的 AIO 量表中包含 4 个主要维度以及 36 个子维度（见表 9 - 4）。Plummer 同时提出在设计量表时,应先根据研究的需要来确定从主要维度发展出哪些子维度,然后再根据子维度来设计不同的衡量问题。

表 9 - 4 Plummer 提出的生活方式维度

活动	兴趣	观念	人口统计变量
工作	家庭	自我相关	年龄
嗜好	家事	社会事件	教育
社交	工作	政治	收入
度假	社区	商业	职业
娱乐活动	娱乐	经济	家庭规模
社团成员	流行	教育	住宅种类
社区	食物	产品	地理位置
购物	媒体	未来	城市大小
运动	成就	文化	家庭生命周期

2. 价值观和生活方式量表（VALS 分类）

SRI International 调查公司（Mitchell，1983）基于大约 1 600 户美国家庭的调查研究，设计出称为 VALS（values & lifestyles）的模型，开始应用于商业并被国外 200 多家公司和广告代理商运用于营销实践中。VALS 综合了两个视角来建立生活方式群体，一是基于社会心理学家马斯洛（1954）需求等级理论，二是基于美国社会学家戴维·瑞斯曼（1950）提出的"驱动说"。最初的 VALS 将消费者区分为 4 种类别：以需要为导向的群体、以外在为导向的群体、以内在为导向的群体、前 3 种的整合群体。1989 年 SRI 对 VALS 做出较大的修改，更名为 VALS2。VALS2 较其原始模型有着更加广泛的心理学基础，而且更加侧重于活动与兴趣。VALS2 试图更多地选择那些具有相对持久性的态度和价值观，用来反映个人的生活方式。

VALS 量表从自我取向与资源两个层面对消费者加以区分。VALS2 识别了原则取向、地位取向、行动取向 3 种主要的自我取向。3 种自我取向决定了个人所追求的目标和行为的种类。VALS2 测量的第二个层面是资源，涉及心理、体能、人口统计因素和物质手段等各个方面，反映了个人追求他们占支配地位的自我取向的能力。

以自我取向与资源为基础，VALS2 将美国成年人划分为 8 个消费群体并在西方国家得到了广泛应用。但是，日本作为东方国家没有直接地应用 VALS2，而是使用的 SRI 公司与 NTTdata 结合日本国情联合开发的 Japan – VALS 量表来衡量日本消费者的生活方式。同西方国家比较而言，社会经济水平同样高度发达的日本没有照搬 VALS 量表，是因为东西方文化底蕴及价值观的明显差异。而对于中国，不仅在文化与价值观上与西方国家差异巨大，而且经济发展程度与社会结构也存在较大差异，所以，要面对中国复杂的市场环境研究中国居民的生活方式，对中国的消费者划分群体，就要开发新的模型，设计新的生活方式量表。

3. 东方 E – ICP 量表

我国台湾地区的东方广告公司 2000 年设计开发了 E – ICP（Eastern Integrated Consumer Profile）量表。E – ICP 量表包含的范围非常广泛，内容包括消费者行为理论与营销管理的三个方面：一是个人因素，包括人格、价值观、态度、偏好；二是决策影响者，包括人口统计变量、家庭变量、媒体接触类型和频率；三是产品变量，包括决策属性变量、消费与使用情境。

E – ICP 的研究者们从 2000 年我国台湾地区消费者营销数据库中所抽取出的 1200 位 20 到 64 岁消费者为样本，以因子分析与聚类分析归纳他们的生活方式与消费习惯后，整理出 2000 年台湾成年人的 6 种生活方式群体：台湾牛——规律守分族、逍遥马——逍遥自在族、水獭——认真生活族、无尾熊——沉默顺从族、花蝴蝶——积极活跃族、云豹——自主反动族。这 6 大类台湾成年消费者形态，各有不同消费习惯、金钱观与资源量。2001 年研究者重新抽取样本进行了研究，并将 2001 年各个群体与 2000 年做比较，其生活方式大致相符，但显示年青一代人群的生活态度有所转变，2000 年曾有的水獭——认真生活族已不复存在，取而代之的是态度消极、生活随性的黑熊族（见表 9 – 5）。

表 9-5　E-ICP 消费者分群结果

2000 年				2001 年			
台湾牛	N=157 14%	规律守分族	以家为中心,规律守分	台湾牛	N=150 13.4%	规律守分族	以家为中心,规律守分
逍遥马	N=290 26%	逍遥自在族	中庸,无个人特色	逍遥马	N=288 25.7%	逍遥自在族	中庸,无个人特色
水獭	N=193 17%	认真生活族	追求自我,崇尚先进生活	黑熊	N=198 17.7%	消极随性族	不积极向上
无尾熊	N=145 13%	沉默顺从族	传统,没有活力	无尾熊	N=172 15.4%	沉默顺从族	传统,没有活力
花蝴蝶	N=190 17%	积极活跃族	讲究品位,追求时尚	花蝴蝶	N=142 12.7%	积极活跃族	讲究品位,追求时尚
云豹	N=134 12%	自主反动族	追求独立,自我	云豹	N=169 15.1%	自主反动族	追求独立,自我

（资料来源：王浩．不同生活方式消费者产品涉入的比较分析［D］．长春：吉林大学，2005.）

4. 吴垠 China-VALS 量表

零点研究咨询集团的吴垠博士在第四届中国经济学年会（2004）上发表了论文《关于中国消费者分群范式（China-VALS）与应用研究》，以对中国消费者的生活方式的研究为中心，借鉴西方研究成果，就消费者的分群、价值观、生活方式及社会分层等市场细分理论及应用进行了探讨，建立了具有一定的实用价值 China-VALS 模型。该研究成果是基于全国 30 个城市的 70 684 位被访者的调查结果（2001），调查抽样采用分层二阶段抽样进行，按 15～64 岁成年人口密度分配样本，分层与系统抽样相结合的抽样方法。吴垠博士设计了 97 条测试语句，经因子分析后抽取出特征值大于 1 的 33 个语句，共计 11 个评价因子（累计贡献度为 61.38%），后经聚类分析得出的 14 大族群（如图 9-2 所示）。China-VALS 模型推出具有理论基础和较强应用性的中国消费者生活方式量表，构建了研究中国消费者生活方式的独特系统范式。

9.3.3　生活方式与消费者行为

生活方式是影响消费者行为的重要因素，研究生活方式的目的是勾勒出一个人在社会中的行为及相互影响的全部形式。生活方式的形成来源于环境和条件等物质世界，直接的成因与人们的个性、兴趣、主张、人生价值取向等心理特质密切相关。生活方式是个多层面、多元素的概念，它由人们固有的个性特征、过去的经历以及现在的情境所决定。并且生活方式受内部因素和外部条件的影响，其中，内部因素主要包括个性、价值观、情绪、动机等，外部因素主要包括文化、亚文化、社会阶层、家庭和人口统计等方面。生活方式不是一成不变的，它是在诸多因素的综合作用和影响下表现出来的各种行为、兴趣和看法。

第 9 章 个性、自我概念与生活方式

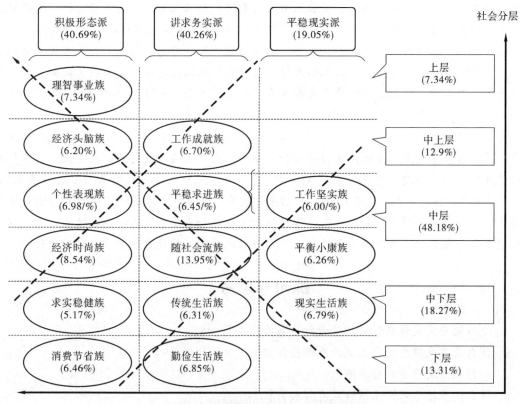

图 9-2 消费者的分群与社会分层结构

(资料来源：吴垠（2004）《关于中国消费者分群范式（China-VALS）与应用研究》.)

生活方式影响着消费者的需要、态度和购买行为。需要、态度和购买行为反过来强化了生活方式。生活方式的分类和识别为市场细分和市场营销组合提供了依据。企业的营销目标是使其营销组合符合消费者的生活方式，使消费者实现自己所选择的生活。企业营销更重要的任务是确定哪些产品或服务与消费者特定的生活方式相近。

本章小结

1. 个性是个人独特的心理结构，以及这种结构如何长期稳定地影响个人对环境做出反应的方式。消费者的兴趣、能力、气质、性格等个性心理特征，对其购买行动的影响是巨大的，是构成不同消费行为的重要心理基础。个性是个体在多种情境下表现出来的具有一致性的反应倾向，它包括能力、气质和性格等，是消费者的各种内在心理特征的独特且较为持久的组织，体现、决定消费者个体适应生活环境的独特的行为方式和思考方式。

2. 自我概念是指一个人所持有的对自身特征的信念，以及对这些特征的评价，即自我概念是由自己对自己的态度构成的系统认识。自我概念非常复杂，了解自我概念需从其内容和结构两方面入手。自我概念的内容特征是指单一的自我概念或自我知识所具有的特征，也就是以静态的方式去界定良好自我概念应具有的特性。自我概念的内容具有积极性、清晰性、独特性和效度等特征。自我概念的结构特征主要描述个体不同的自我概念或不同的自我

知识之间的关系,以期从动态的、发展的角度去界定良好自我概念应具有的特征。自我概念的结构具有复杂性、一致性、灵活性和稳定性等特征。自我概念是个人在社会化过程中,通过与他人交往以及与环境发生联系,对自己的行为进行反观自照而形成的。其中主要受到自我评价、他人对自己的评价、与他人的比较、从外界获取的信息四个方面因素的影响。自我概念是可以测量的,代表性的测量量表有罗森伯格自尊量表(SES)、自我描述问卷(SDQ)Ⅱ型、华莱士自我概念量表(WSCS)、田纳西自我概念量表等。

3. 生活方式是指由人的心理图案反映的生活形式,表现的内容远比人的社会阶层或个性要多,它勾画出一个人在社会中的行动和兴趣的形式。生活方式是可以测量的,代表性的测量量表有活动、兴趣、观念量表(AIO量表)、价值观和生活方式量表(Values & Lifestyle)、东方E-ICP量表,吴垠China-VALS量表等。生活方式不是一成不变的,它是在诸多因素的综合作用和影响下表现出来的各种行为、兴趣和看法。随着社会环境的变化,这些影响因素本身在变化,所以消费者的生活方式会随之改变,消费者的行为也会随之改变。

练习与思考

1. 个性的含义是什么?对消费者行为具有哪些影响?
2. 什么是自我概念?自我概念有哪些特征?
3. 如何测量消费者的自我概念?
4. 什么是生活方式?生活方式有哪些特征?
5. 如何测量消费者的生活方式?

技能实训:自我概念、生活方式与消费者行为

1. 选择某一市场:_____
   选择某一产品:_____
   选择某一类型消费者:_____
2. 描述此部分消费者具有的自我概念情况:_____
   _____
   _____
   _____
3. 根据问题2分析此部分消费者的消费特征:_____
   _____
   _____
   _____
4. 根据问题3为相关企业制定营销组合策略:_____
   _____
   _____
   _____

5. 描述此部分消费者生活方式基本情况：_____
_____
_____

6. 根据问题 5 分析此部分消费者的消费特征：_____
_____
_____

7. 根据问题 6 为相关企业制定营销组合策略：_____
_____
_____
_____

扩展阅读

永远的香奈儿（Chanel）

香奈儿是法国一个奢侈品品牌，香奈儿品牌包括的产品种类繁多，有服装、珠宝饰品及其配件、化妆品、护肤品、香水等。

1910 年，Coco Chanel 女士在巴黎开设了一家女装帽子店，凭着非凡的针线技巧，她缝制出一顶又一顶款式简洁、耐看的帽子。当时女士们已厌倦了花哨的饰边，所以 Chanel 简洁、耐看的帽子对她们来说犹如甘泉一般清凉。短短一年内，生意节节上升，于是 Coco 把她的店搬到了更时尚的 Rue Cambon（康朋街区），至今这里仍是 Chanel 的总部所在地。但只做帽子远不能满足 Coco 对时装事业的野心，于是她开始进军高级定制服装的领域。

20 世纪 20 年代，Coco 设计了不少创新的款式，如针织水手裙、黑色迷你裙、樽领套衣等。而且，Coco 从男装上吸取灵感，在女装上增添男性元素，一改当年女装过分艳丽的绮靡风尚。1914 年，Coco 开设了两家时装店，对后世影响深远的时装品牌 Chanel 宣告诞生。

除了时装，Chanel 还在 1921 年推出了著名的 Chanel No. 5 香水，这是历史上第一瓶以设计师名字命名的香水。而"双 C"标志也让这瓶香水成为 Chanel 历史上最赚钱的产品，且经久不衰。

如今，Chanel 的"双 C"LOGO 已成为时尚界的骄傲。此外，立体的菱形格纹也是 Chanel 的标志之一，被广泛运用到服装和皮件上，后来还被运用到手表的设计上。

虽然 Coco Chanel 已经去世，但 Chanel 品牌依然是时尚界一座永远不灭的活火山。"流行稍纵即逝，风格永存"，依然是品牌背后的指导力量。香奈儿品牌的时尚简约、简单舒适、婉约大方、青春靓丽，将女性本质的需求转化为香奈儿品牌的内涵，依旧演绎着精致、奢华、永不褪色的 Chanel 精神。

（资料来源：白玉苓. 消费心理学［M］. 北京：人民邮电出版社，2018：128 - 129.）

第四篇　影响消费者行为的外部因素篇

第 10 章

社会群体与消费者行为

学习目标

① 了解社会群体的含义与分类。
② 理解参照群体对消费者行为的影响。
③ 理解家庭对消费者行为的影响。
④ 培养群体意识与践行社会责任。

引导案例

吴强买车的故事

吴强有6个很要好的朋友，只要一有机会他们就会聚在一起，或打球，或远足，或者什么都不做，只是坐在一起，一边喝茶一边海阔天空随便聊聊。最近这半年多时间里，这个圈子的情况有所变化。当其他6个人当中的最后一个都购买了现代伊兰特轿车后，吴强才发现自己确实有点落伍了。他们经常在一起交流的主题往往与汽车有关，吴强很少能插上话。一到周末，他们更多的是搞自驾车旅游，吴强没有车，只能让同伴们搭载，心里觉得很不是滋味。特别是家属一起出游的时候，6个朋友都有车，各自载着自己的妻子和小孩有说有笑，唯独吴强没车，一家三口不得不分别坐朋友的车，这时的吴强自己觉得特别尴尬！更让他难受的是，他好像与这个团体的距离越来越远了，偶尔甚至会有局外人的感觉。吴强终于买车了。他买的也是现代伊兰特。聚会时，一溜7部黑色伊兰特，场面还是挺壮观的。现在他们在一起讨论如何给这个团体命名、统一装束、统一汽车内饰和安装外部统一标志等问题。吴强觉得自己终于又回到了同伴们的身边。

（资料来源：（节选）迈克尔·R.所罗门，卢泰宏，杨晓燕.消费者行为学［M］.8版.北京：中国人民大学出版社，2009：374.）

许多情况下的购买正是为了迎合群体行为而发生的。几乎所有的消费行为都是在群体背景下发生的，并在某些程度上受到了群体的影响。

10.1 社会群体

10.1.1 社会群体的含义与特征

1. 社会群体的含义

社会群体是人们通过一定的社会关系结合起来进行共同活动和感情交流的集体，是人们社会生活的具体单位，是组成社会结构的一部分。群体规模可以比较大（如几十人组成的班集体），也可以比较小（如经常一起上街购物的两位同学）。群体是由一定数量的人结合而成的，但并不是任何一群人都可以称之为群体。

2. 社会群体的特征

（1）一定数量的成员

有一定数量的成员和把他们联系在一起的纽带。这种纽带可以是以血缘为纽带组成的氏族和家庭，或以地缘为纽带组成的邻里群体，也可以是以业缘为纽带组成的职业群体。

（2）有明确的成员关系

社会群体的关系分为两个方面：一方面是个体对群体的关系；另一方面是群体内的成员关系。在群体中，任何成员都有自己的角色和地位，并通过角色和地位与其他成员发生一定的关系。如果没有明确的成员关系，人们不知道自己属于哪一个群体，也不明白自己应有的角色和地位，群体共同生活就无从产生。

（3）有共同的目标、意识和一致行动的能力

共同的群体意识是指成员对群体的归属感，有了这种情感，成员才能形成共同的评价与意识、共同的欲求和目标、一致的态度和行为，产生共同的心理感受。这种共同性和一致性，使群体能够维系，使群体显示出其整体和存在。在共同心理支配下，每个成员都能自觉地表现出与群体一致的行为。

（4）有持续的互动关系

群体成员存在着一定的关系并发生一定的交往，而且这种关系和交往并不是临时的、转瞬即逝的，而是保持比较长久的互动情感关系。只有经过一定时间的相对稳定的、持续的互动，成员才能相互了解，结成稳定的关系。

（5）有一定的行为准则与规范

群体一旦形成，就需要一定的行为准则来统一其成员的信念、价值观和行为，以保障群体目标的实现和群体活动的一致性，这种约束群体成员的准则就是群体规范。群体规范是群体的一个重要特征，指定了群体成员行为的规则，同时也是群体成员间相互期望的行为的基础。群体规范既可以表现为明确规定的准则条文，也可以是自己形成的、不成文的准则规范。

10.1.2 社会群体的分类

1. 正式群体与非正式群体

正式群体是指有明确的组织目标和正式的组织结构，成员有着具体的角色规定的群体。一个单位的基层党组织、大学里的教研室、工厂里的新产品开发小组均属于正式群体。

非正式群体是指人们在交往过程中，由于共同的兴趣、爱好和看法而自发形成的群体。非正式群体可以是在正式群体之内，也可以是在正式群体之外，或是跨几个群体，其成员的联系和交往比较松散、自由。几位经常一起上街购物的邻居，或经常在一起的棋友或牌友就构成了非正式的群体。由于非正式群体没有严格的组织与制度约束，容易形成宽松、自由的信息交流环境。因此，它对消费者行为的影响往往较正式群体更大。

2. 主要群体与次要群体

主要群体又称初级群体，是指成员之间具有经常性面对面接触和交往，形成亲密人际关系的群体，包括家庭、邻里、儿童游戏群体等。

次要群体又称次级群体，是指人类有目的、有组织地按照一定社会契约建立起来的社会群体。次要群体规模一般比较大，人数比较多，群体成员不能完全接触或接触比较少。例如，各种宗教组织、工会和专业协会均属于次要群体。

主要群体与次要群体最重要的区别是成员之间的接触程度和群体对成员的重要性。在主要群体中，成员之间不仅有频繁的接触，而且有强烈的情感联系，主要群体对个体来说是不可或缺的。

3. 隶属群体与参照群体

隶属群体或成员群体是消费者实际参加或隶属的群体。例如，家庭、学校等。

参照群体是指这样一个群体，该群体的看法和价值观被个体作为其当前行为的基础。参照群体是个体在某种特定情境下作为行为指南而使用的群体。

当消费者积极参加某一群体的活动时，该群体通常会作为他的参照群体。也有一些消费者，虽然参加了某一群体，但这一群体可能并不符合其理想标准，此时，他可能会以其他群体作为参照群体。虽然消费者可能从属多个不同的群体，但在某种具体情境下，他一般只会使用一个群体作为参照群体。

10.1.3 社会群体的功能

消费者群体作为一种特殊的社会群体类型，因内部成员间的相互作用而形成了一定的结构构模式。规范、压力以及内部沟通作为这种结构模式中的要素，对成员及群体的消费行为具有重要影响。

1. 群体规范

群体规范是指在某一特定群体活动中，被认为是合适的成员行为的一种期望，是群体所确立的一种标准化的观念。

群体规范的形成有其一定的心理机制。人们在共同生活中，对于外界事物的经验具有一种将其格式化、规范化的自然倾向。这种规范化的经验被称为定型，它有助于人们在重新遇到此类事物时尽快做出反应。美国心理学家谢里夫认为，由于群体中人与人的相互作用，逐渐形成了成员共同的判断标准或依据原则，从而使各成员的判断趋于稳定，这个过程就是群体规范形成的基本过程。

按照规范的形式，可以将消费者群体规范分为成文规范与不成文规范两类。成文规范一般由组织正式规定，通过制定明确的书面条文以行政、政策乃至法律的手段来为成员提供行为标准，强制性地影响消费者的心理与行为。例如，为了打击日益增多的酒后驾车行为，我国政府颁布了禁止酒后驾车的规定。

不成文规范常指群体成员所认同的文化与习俗对于个体的约束，其作用形式表现为通过群体压力迫使消费者调整自身行为，以适应、顺从群体的要求。例如，白领这一职业群体上班时一般都需要穿着正式服装，如果某个成员着装过于休闲或暴露，则会受到指责或被视为另类。

2. 群体压力

任何消费者群体都会对所属的个体消费者心理产生一定的影响，其影响方式是通过具体的信念、价值观和群体规范对消费者形成一种无形的压力或约束力，这种压力即群体压力。受到群体压力时，消费者会自动或被迫按照群体目标和准则调节自己的行为。

群体压力与权威命令不同，它并不是通过由上而下的明文规定强迫个体与群体保持一致，而是通过大多数人一致的意见来影响个体的反应。群体压力虽不具有强制性，却使个体在心理上难以违抗，从而顺从群体并与之保持一致。因此，群体压力对于消费者行为的改变常常比权威命令效果更明显。

心理学家莱维特在《管理心理学》一书中详细地描绘了群体压力产生的过程。他认为群体压力的形成主要包括辩论阶段、劝解说服阶段、攻击阶段、心理隔离阶段4个阶段。

（1）辩论阶段

在辩论阶段，群体成员充分发表自己的意见，并耐心听取别人的意见。经过辩论，意见逐渐趋于两派，即多数派和少数派。这时，少数派已经感到某种压力，但他们仍据理力争。

（2）劝解说服阶段

多数派劝少数派放弃他们的主张，接受多数派的意见，以利于群体的团结。此时，多数派已由听取意见转为劝解说服，少数派感受到越来越大的群体压力，有些人因此而放弃原来的观点，顺从多数人的意见。

（3）攻击阶段

个别少数派仍坚持己见，不肯妥协，多数人开始攻击其固执己见。此时，个别少数派已感到压力极大，但可能还强顶着。

（4）心理隔离阶段

对于少数不顾多方劝解和攻击仍然固执己见的人，大家采取断绝沟通的方法，使其陷于孤立。这时，个体会感到已被群体抛弃，处于孤立无援的境地。除非脱离群体，否则将处于一种极为难堪的境地。

上述过程在消费者行为中表现为：当消费者对某一问题尚未表达意见和看法时，他在群体压力下有可能做出和大家一致的意见表示。如果消费者已经明确表达了自己的态度，此时如果屈服于群体压力，会使其觉得在公众面前损害了独立性和自我形象。因此，不轻易从众。研究表明，随着自我介入水平的增加，人们不服从于群体压力的倾向，即保持原来观点的倾向也越来越强烈。

10.2 参照群体

10.2.1 参照群体的含义与特征

1. 群体的含义

群体由两个或两个以上具有一套共同的规范、价值观或信念的个人组成，他们彼此之间存在着隐含的或明确的关系，因而其行为是相互依赖的。群体规模可以比较大（如几十人组成的班集体），也可以比较小（如经常一起上街购物的两位邻居）。群体人员之间一般有较经常的接触和互动，从而能够相互影响。

2. 参照群体

参照群体是指个体在形成其购买或消费决策时作为参照、比较，作为行为向导而使用的群体的个人或群体。美国社会学家海曼（Hyman）最先使用参照群体这一概念。用以表示在确定自己的地位时与之进行对比的人类群体，所以，他的参照群体概念强调了能用来与他人进行比较并且解决问题的参照点。后来凯利（Kelly）把参照群体划分为为了自我评价而被用作比较标准的群体和被当作个体价值观念、规范和态度的源泉的群体，提出了参照群体的规范性营销的观点。

参照群体的规模可大可小，从一个人到成百上千人不等，它的存在方式可以是真实的个人（如名人、运动员、政要），或者是相似的个体（如音乐组合、政党、球队或其他运动队），也可以是虚拟的形象（如动画明星）。我们大多数人都属于旨趣各异的各种群体，我们还可能渴望加入某些群体。当我们积极地参与某一特定群体的活动时，它一般会成为参照群体。随着情境的改变，我们会依据另一个群体的规范来行事，于是这个群体又成为我们的参照群体。我们可以随时从属于不同的群体，但是一般来说，在某种特定情境中我们只使用一个群体作为参考（如图10-1所示）。

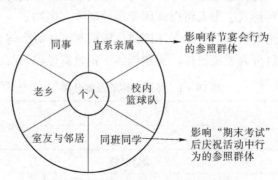

图10-1 参照群体根据情况的改变而改变

2. 群体的特征

（1）具有一定纽带

群体成员需以一定纽带联系起来。例如，以血缘为纽带组成了氏族和家庭，以地缘为纽带组成了邻里群体，以业缘为纽带组成了职业群体。

（2）成员之间有共同目标和持续的相互交往

参照群体的成员之间有共同目标和持续的相互交往，公共汽车里的乘客、电影院里的观众不能称为群体，因为他们是偶然和临时性地聚集在一起，缺乏持续的相互交往。

（3）群体成员有共同的群体意识和规范

首先，群体成员在接触和互动过程中，通过心理和行为的相互影响与学习，会产生一些共同的信念、态度和规范，它们对消费者的行为将产生潜移默化的影响。其次，群体规范和压力会促使消费者自觉或不自觉地与群体的期待保持一致。即使是那些个人主义色彩很重、独立性很强的人，也无法摆脱群体的影响。再次，很多产品的购买和消费是与群体的存在和发展密不可分的。例如，加入某一球迷俱乐部，不仅要参加该俱乐部的活动，而且还要购买与该俱乐部的形象相一致的产品。例如，印有某种标志或某个球星头像的球衣、球帽、旗帜等。其中，参照群体有非常重要的地位。

10.2.2 参照群体的分类

参照群体可以大致分为两类：一是个体所归属的成员群体，即消费者已经成为其中一员的群体。例如，家庭、同事和校友会等；二是个体所倾慕和向往的榜样群体（也就是消费者没有参与但渴望归属的群体。例如，其他阶层的群体、名人或专家、运动员、电影明星、歌星以及社会名流和成功的企业家都可以成为个体的榜样。一般来说，市场营销人员倾向于利用成员群体和榜样群体的影响力，诱导消费者产生成为某群体成员的愿望来推广自己的产品。

一个人都会有若干参照群体，他依据这些群体，并按照不同的问题，把自己、别人这些群体进行比较。不同的参照群体从不同角度来指导人们的行为方式和生活态度。而同一参照群体的意义在不同时期则可能发生变化，不同的历史时期有不同的参照群体。如果两个参照群体在目标、规范等方面发生矛盾，往往会引起个体内心的冲突；当某一参照群体的目标、规范价值体系对个体的行为和态度起决定作用时，这一参照群体成为事实上的参照群体。

参照群体可以有多种形式，个人可以从属于多种群体。例如，一个人可能属于一个正式群体，也可能属于一个主要群体。根据个体的成员资格和群体对个体态度、行为的正面或负面影响可以将参照群体区分为成员群体、渴望群体、拒绝群体和回避群体（见表10-1）。

表10-1 参照群体的基本分类

影响力地位	成员	
	所属	非所属
肯定的	成员群体	渴望群体
否定的	拒绝群体	回避群体

1. 成员群体

成员群体是指个体已经享有成员资格的群体，即个体是群体中的一员。例如，相对于亲人这个参照群体而言，我们也是他的亲人；相对于同事而言，我们也是他的同事。根据成员群体的互动作用和接触的频繁程度分为主要群体和次要群体，根据群体的组织化程度分为正式群体和非正式群体（见表10-2）。

表10-2 成员群体分类

接触频率程度	组织化	
	正式的	非正式的
主要的	主要的正式群体	主要的非正式群体
次要的	次要的正式群体	次要的非正式群体

主要的正式群体是成员之间经常接触，同时他们的地位、作用和权限明确的群体。基层党组织、同班同学、工作单位的同事、工厂里的新产品开发小组，就属于这种群体。次要的正式群体是指成员之间并不经常接触，但有一定的组织形式的群体。例如，同学会、校友会、学会、俱乐部等，次要群体规模一般比较大，人数比较多。主要的非正式群体是像家庭、邻里、朋友圈子等经常接触的，并且以亲切感来影响消费行为的群体。次要的非正式群体是那些虽然没有强烈的凝聚力，但是能直接影响购买行为的群体。例如，购物群等。一些研究表明，当一个消费者与其他消费者一起购物时，一般比原来打算的要购买得多。

2. 渴望群体

渴望群体是指热切希望加入，并追求心理上认同的群体。渴望群体根据接触程度分为预期性的渴望群体和象征性的渴望群体（见表10-3）。预期性的渴望群体是个体希望加入，并且经常接触的群体。例如，对一个公司的普通员工来说，公司经理层就是一种预期性的渴望群体。象征性的渴望群体是个体没有成为其成员的可能性，但接受它的价值观念、态度和行为的群体。例如，运动明星往往是多人仰慕的对象，但终其一生要成为类似运动明星的机会可以说相当渺茫。因此，对这些人来说，运动明星是其象征性的渴望群体。

表10-3 渴望群体分类

接触的	预期的渴望群体
非接触	象征性的渴望群体

3. 拒绝群体

拒绝群体是这样一种群体，人们隶属于它，并且经常面对面地接触，但不认可、不接受它的价值观、态度和行为方式。例如，有些人虽然工作与生活在某个社交圈内，作为公司职员而隶属于某个群，但他根本就不认可该群体的一些重要价值观念、准则和行为方式，从而在言谈举止上表现出一点的"另类"。甚至显得格格不入。另一方面，他又可能出于某种原因（如谋生需要）不能或无法离开这个群体，与其他群体成员继续保持一定的联系。

4. 回避群体

回避群体是指人们不愿与其发生联系，并且没有面对面接触的群体。或者有些群体，人们会竭力避开它，与他们保持距离，但其行为会影响我们的群体。例如，黑道"兄弟"、吸毒者与同性恋者，便是扮演着回避群体的角色。由于人们不希望被看作是回避群体的一员，因此，会刻意地去回避表现出与该群体相同的行为。例如，我们会排斥回避群体的穿着与出入场所。

另外，还有一种日渐重要的参照群体，称之为虚拟群体。虚拟群体主要是基于因特网的兴起而产生的新型参照群体，虚拟群体打破了地域限制，大大提高了个人交友的范围，也延展了参照群体的空间疆界。例如，很多聊天室或嗜好网站每天都有很多网友上网互动，这些网站的网友彼此间的互动程度，并不输于真实世界中的群体成员互动，通过QQ之类的聊天软件，很多人从网络上认识很多朋友，同时也彼此互相影响。

10.2.3 参照群体对消费者的影响

一、参照群体的影响方式

1. 规范性影响

规范性影响是指由于群体规范的作用而对消费者的行为产生影响。规范就是群体成员共同接受的一些行为标准。群体的正式规范是写入组织规章的，但组织中大部分规范是非正式的。非正式规范是成员间约定俗成的、默契的。无论何时，只要有群体存在，不需经过任何语言沟通和直接思考，规范就会发挥作用。规范性影响之所以发生和起作用，是因为群体规范除了具有为个体提供参照框架的作用外，还具有对个体行为的评价功能。群体规范是要求其成员共同遵循的行为准则，决定了群体成员的行为是否会得到大家的欢迎。表现出符合群体规范行为的个体很可能得到群体的接纳和欢迎；而违反规范的个体将感受到群体一致性的压力，遭到群体的拒绝和排斥，甚至惩罚，从而在心理上产生对偏离规范的恐惧，不得不按照群体规范调节自己的行为。从这一方面来说，改变群体规范，就可以改变个体的行为（如图10-2所示）。

2. 信息性影响

信息性影响是指参照群体成员的观念、意见、行为被个体作为有用的信息予以参考，由此在其行为上做出修正。当消费者对所购商品缺乏专业知识，凭商品外观又难以对商品品质做出判断时，消费者会从各种渠道获取信息，并将那些参照群体的态度与自己的进行比较。他们试图通过将自己所认同的群体联系起来，或通过将自己与所不认同的群体脱离开，来寻求对自己态度和行为的支持。群体成员的使用和推荐对消费者特别具有说服力。群体在这一方面对个体的影响，取决于被影响者与群体成员关系的紧密程度，以及施加影响的群体成员的专业特征。

3. 价值性影响

价值性影响的产生以个人对群体价值观和群体规范的内化为前提。在内化的情况下，无须任何外在的奖惩，个体就会依据群体观念与规范行事，因为个体已经完全接受了群体的规范，群体的价值观实际上已成为个体自身的价值观。例如，某位消费者感到那些有艺术气质和素养的人，通常是留长发、蓄胡子、不修边幅的，于是他也留起长发，穿着打扮也不拘一格，以反映他所理解的艺术家的形象。此时，消费者就是在价值表现上受到参照群体的影响。个体之所以在没有外在惩罚的情况下自觉遵守群体的意见和规范，主要是基于两方面的力量驱动：一方面，个体可能利用参照群体来表现自我，提升自我形象；另一方面，个体可能喜欢该参照群体，或对该群体非常忠诚，并希望与之建立长期的关系，从而接受和内化群体的价值观念。图 10－2 列出了一系列消费情境，以及在这些情境下参照群体的影响及类型。

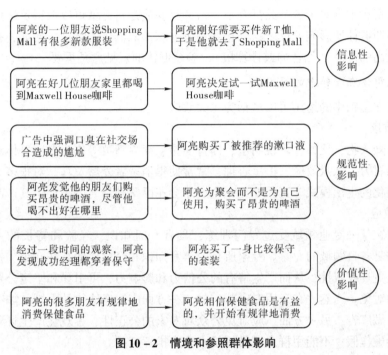

图 10－2　情境和参照群体影响

二、决定参照群体影响强度的因素

参照群体不会对消费者的每个购买决策都施加影响，即使在群体影响起作用的情况下，消费者也会受到其他变量的影响，在不同产品或者在不同的情景下，参照群体对消费者行为影响的程度是有差异的。

1. 群体特征

群体特征是指影响个体遵从的参照群体的特征。群体影响个体的能力随着群体规模的大小、凝聚力的高低以及领导力的强弱而不同。群体人数越多，越难以达成一致，因而其影响力就会减小。群体凝聚力或领导力越强，其影响力就越大。

2. 对参照群体的态度

并不是所有的人对于参照群体都会表现出同样的态度。当一个人愈是将参照群体视为一个可靠的信息来源，或是对于参照群体的观点与反应愈是重视，以及对于参照群体的奖酬与处罚愈是接受，则他愈会受该参照群体的影响。另外，当消费者对于群体的认同与其对成员身份的评价愈高，则消费者受参照群体的影响也愈大。

3. 产品的特性

一般而言，当消费者对于参照群体的顺从行为愈明显时，则在这些行为上参照群体的影响愈大。因此，外显性以及明显可见的产品愈容易受参照群体影响。例如，服饰、汽车以及家具等。另外，一些具有地位内涵的独特性产品也容易受到参照群体影响。例如，俱乐部、居住地区。另外，炫耀性的产品较易受到参照群体的影响。例如，在青少年间，手机往往是一种炫耀性的产品，所以同辈群体团体的影响力很大。因此，我们经常会发现一个新型的手机通过同辈群体的介绍而很快流行起来。

4. 消费者本身的经验与信息来源

当一个消费者本身对于该产品具有很丰富的经验或是自己就可以取得足够的信息时，则愈不容易被参照群体所影响。反之，则愈容易去寻求参照群体的意见。例如，技术复杂性与产品专业性愈高的产品（如音响或计算机），参照群体的意见愈是重要。

三、参照群体在营销中的运用

参照群体在营销中的运用可以概括为4大效应。

1. 名人效应

名人或公众人物，比如，影视明星、体育明星、商界精英等作为参照群体对公众具有巨大影响力和感召力。从众效应、追星心理，常常使得消费者爱屋及乌。对很多人来说，名人代表一种理想化的生活模式。正因如此，企业才会花巨资聘请名人来促销其产品。

2. 专家效应

专家是指在某一专业领域受过专门训练，具有专门知识、经验和特长的人。医生、律师、教师等均是各自领域的专家。专家所具的丰富知识和经验，使其在介绍、推荐商品与服务时较一般人更具权威性，从而产生特有的公信力和影响力，可引导和坚定公众的选择，成为公众依赖的对象。当然，在运用专家效应时，一方面应注意法律的限制，如有的国家不允许医生为药品做广告；另一方面，应避免公众对专家的公正性、客观性产生怀疑，例如，在广告中不能弄虚作假，不能用群众演员假扮专家来推荐产品。

3. 普通人效应

如果出现在荧屏或画面上的证人或代言人是和潜在顾客一样的普通消费者，就会使潜在顾客感到亲近，从而使广告诉求更容易引起共鸣。例如，宝洁公司、北京大宝化妆品公司、联合利华公司旗下的品牌多芬都曾使用过"普通人"代言广告，普通人的身份和亲和力更容易让消费者自然融入，使广告达到预期效果。还有一些公司在电视广告中展示普通消费者或普通家庭如何用广告中的产品解决遇到的问题，如何从产品的消费中获得乐趣等。由于这类广告贴近消费者的现实生活，因此，其产品可能更容易获得认可。

4. 企业家代言效应

企业家本身就是企业品牌的一个符号或缩影，因此，在广告中用公司总裁或总经理做代言人是一种非常明智的选择。例如，2014年，格力电器董事长董明珠成为格力新的代言人。2016年，"董明珠自媒体"上线，董明珠分别在微博、微信和今日头条三大平台上开通账号，并且精心录制了视频，全力为格力代言。由于企业家这一形象所代表的内容极其丰富，它代表了一种成功的人生，代表了企业家的冒险创新精神等。社会公众对企业家的敬佩甚至敬仰的心理往往会投射到其代言的品牌上，使企业家成为引导个人消费的"意见领袖"，甚至企业家代言比明星代言更可信、更可靠、更具有号召力，能产生更好的传播效果。

10.3 家　　庭

对于许多消费者而言，家庭是最主要的社会组织；尤其是在影响消费者的价值观、态度及自我概念方面，甚至在实际的购买行为上，家庭都扮演着相当重要且持续的角色。因此，家庭是"社会化过程"中的一个关键组织。从营销人员的角度来看，消费者的购买决策会受到其家庭成员的影响，而家庭本身又扮演了一个重要的消费单位。

10.3.1 家庭的含义与特征

1. 家庭的含义

家庭是指一群居住在一起并具有血缘或婚姻关系的群体。家庭（family）与住户（household）并不相同，住户包括家庭与非家庭（nonfamily）；家庭的类型包括已婚无小孩的夫妇、已婚有小孩的夫妇、单亲家庭、未婚家庭和延伸家庭；而非家庭则主要包括单身一个人和与之同居的室友。

传统上的家庭可以有很多形式，比较常见的包括核心家庭、延伸家庭和单亲家庭。核心家庭是指已婚的夫妇和一位或一位以上未满18周岁的小孩居住在一起的家庭；延伸家庭是指一个家庭内至少有一位祖父母同住的家庭，即三代同堂的家庭。然后由于离婚率的增加，由父母中单一的一人和小孩所构成的单亲家庭也在日益增加。

2. 家庭消费的特征

（1）广泛性

作为社会生活的细胞单位，人的生命中的大部分时间是在家庭中度过的。因此，家庭消费就成了人们日常消费的主体。在人们购买的商品中，绝大多数都与家庭生活有关，家庭消费几乎涉及生活消费品的各个方面。例如，从最常见的日用品到高档耐用消费品，都是以家庭为中心进行购买。

（2）阶段性

现代家庭呈现着明显的发展阶段性，大致可划分为单身时期、新婚时期、育幼时期、成熟时期和空巢时期5个阶段。处于不同发展阶段的家庭在消费活动方面存在明显的差异，并且表现出一定的规律性。

（3）差异性

由于家庭结构、家庭规模、家庭关系、家庭收入水平等方面的不同，不同家庭消费行为具有很大的差异性。

（4）相对稳定性

排除家庭剧变的特殊影响，大多数家庭的消费行为具有相对稳定性。这主要是由于家庭日常消费支出存在着相对稳定的比例关系，而且大多数家庭都能维持融洽而紧密的关系，具有各自特色的家庭消费观念与习惯，具有很强的遗传性功能。特定的内外环境对家庭消费的稳定性具有重要的维系作用。并且，这种稳定性会随着社会经济的不断发展而呈现稳步上升的趋势。

(5) 遗传性

家庭消费的遗传性是指由于每一个家庭都归属于某一民族、社会阶层或宗教信仰，并受一定的经济条件、职业性质及教育程度的制约，由此形成自身的家庭消费特色、消费习惯和消费观念等。而这些具有家庭特色的习惯及观念，会在日常消费行为中由老一代或父母潜移默化地传给后代子女。当青年一代脱离原生家庭组建自己的家庭时，必然带有原生家庭消费特征的烙印。

10.3.2 家庭生命周期与家庭购买角色

一、家庭生命周期

1. 家庭生命周期的含义

家庭生命周期是以家庭为单位，从一对夫妻结合开始的，因子女的出生而使家庭规模扩张，在最后一个孩子出生之后，第一个孩子离家之前的时期，家庭始终维持一定的规模，当子女因为工作或婚姻而离家后，家庭逐渐回到原来的二人世界，最后，夫妇相继离世，原始家庭的周期也宣告终止。所以，家庭生命周期是指家庭从建立到结束这一过程所经历的不同家庭发展的形态。

2. 家庭生命周期的特点

虽然每个家庭由于民族、文化、习惯等不同，消费心理和行为也有很大的差异，但作为一个由组建到解体的家庭周期过程，有其共同的特征。在家庭生命周期的不同阶段，其消费方式和内容也在不断变化。由家庭生命周期引起的家庭消费以时间为序，进行有规律的变化，成为家庭消费的阶段性特征。一般可以把家庭生命周期分为以下几个时期：

(1) 青年单身期

单身青年主要是指已长大但尚未结婚者。随着社会经济的发展，这个数字有增大的趋势，城市与农村之间以及不同地区之间，年龄会略有差别。在国外，这种家庭大多称为单身家庭。例如，在美国，孩子一旦到了18周岁或有了工作，通常都离开父母去独立生活，不再住在家里。但是，我国的情况有所不同，尽管孩子已经成年，并且有了工作，有了收入，但是还未结婚，大多数人仍然会与父母住在一起，因而，多不构成家庭。在这一时期，单身消费者多具有为自己未来的家庭做物质准备，或通过物质消费与精神消费来达到表现自我为特点的消费心态。他们往往并不过多地考虑父母或其他亲人的需要，而是把自己的收入大多用于储蓄或购买预期消费品。

(2) 已婚无子女时期

这一时期的家庭主要是指已婚但尚未养育子女的青年夫妻家庭。这种家庭多独立生活，经济也独立，一般无过重负担，父母尚在，不需要子女赡养，并且可以帮助子女，经济状况多为较富裕时期。这一时期的消费心理多为小家庭或以夫妻为中心的消费观（以规划和发展自己的小家庭为目的），这时的消费较多地带有浪漫色彩。发达国家和我国大中城市的青年中，特别是文化层次较高或较为开放的地区，这一时期有加大或延长的趋势，即婚后较长时间内不养育子女。

(3) 青年夫妻子女较小时期

这一时期多指子女出生至上中学时期。这一时期的家庭比较前一时期有明显的变化，即家庭的经济负担开始加重，尤其以工资为主要生活来源的家庭更为突出。由于人们育儿观念的转变，子女的生活、教育开支在家庭消费支出中的比例日趋加大。培养子女、望子成龙或望女成凤的强烈愿望使孩子们能得到超高的消费，而家长的消费水平由于经济原因往往很难提高，有时甚至下降。

(4) 子女长大尚未独立时期

这一时期的家庭多指子女在大学读书或较早参加工作的家庭。这一时期家庭的基本消费状况如上一时期，但以子女消费为中心的观念已稍有淡化。这时父母对子女的日常花费常有一定的约束和限制，以培养子女未来自主生活能力为目的。同时，父母开始为子女的预期消费做更充实的准备。例如，为子女的结婚或进一步深造、家庭保健进行资金上的筹备。这一时期往往也是中年最艰难的时期。这一时期的日常消费最突出的表现为求实心理甚至求廉心理，储蓄意识增强是这一时期最明显的特点。

(5) 老年夫妻子女独立时期

在这一时期，子女均已建立自己的小家庭，开始独立生活；夫妻也已近老年，退休或已近退休。这时的家庭经济状况一般较好，其消费观念往往表现为两种不同类型：一类继续以子女甚至下一代子女为消费为着眼点，但实际支出比例已大为下降；另一类则基本上与子女无过多经济往来，较为重视自身的存在价值。消费也趋向营养、保健、舒适为标准，更多地体现老人的消费情趣。

(6) 家庭逐步解体时期

这一时期的家庭多以夫妻双方一方去世或生活自理能力极大下降为前提，进而转向对子女的依靠。由于自身生活能力不足，消费行为也随之减少，甚至没有购买能力。这时的消费基本上以饮食和保健为主，穿、用方面的消费则更低。对于有较多退休金的老人，这时的嗜好心理往往趋于增强，同时也舍得花较多的钱以满足嗜好心理，例如养花、养鱼、养鸟或读书、作画、书法、收藏等。

从上面的讨论中我们可以看出，在家庭生命的各个阶段，家庭的购买行为会有所不同，研究生命周期各个阶段家庭的购买行为及所呈现的特点，将为市场营销部门提供寻求新的目标市场的机会。

二、家庭购买角色

人们在家庭中的身份地位或相应的行为模式，叫作家庭角色。家庭角色具有对应的性质，妻子是对应于丈夫的，父母是对应于子女的。家庭成员结成各种角色关系。家庭角色是自然确定的，不可以随意地扮演。家庭中的各种角色分别具有相应的角色规范，承担相应的权利和义务。不同的角色对家庭事务有不同的分工。在现实生活中，消费通常是以家庭为单位进行的。在一个家庭的购买活动中，每个家庭成员都可以扮演不同的角色，起不同的作用。在家庭做购买决策过程中可以识别出 8 种不同的角色（见表 10-4），这些角色有助于更深入地了解家庭成员是如何在他们与消费相关的不同角色中互相作用的。

表 10-4　家庭决策中的常见角色

角色	角色描述
影响者	为其他家庭成员提供某种产品或服务的信息的家庭成员
把门者	控制某种产品或服务的信息流向家庭的家庭成员
决策者	拥有单独或共同决定对某种产品或服务的选择、购买、使用、消费、处置权力的家庭成员
购买者	实际实施购买某种产品或服务的家庭成员
准备者	为其他家庭成员的使用而将产品调整到正常状态的家庭成员
使用者	使用或消费产品或服务的家庭成员
维持者	对某种产品或服务提供维修等服务以确保日后继续使用该产品的家庭成员
处置者	对某种产品或服务进行丢弃的家庭成员

充当这些角色的家庭成员的数量和身份由于各家庭和产品的不同而不尽相同；在某些事例中，一个家庭成员将独立地承担许多角色；在其他事例中，一个角色将有两个或更多的家庭成员共同完成；而在其他的事例中一个或更多的这些基本角色可能不需要。例如，当一个家庭成员在当地的超市看到了一种新的令人感兴趣的巧克力糖果时，他可能走进点心专柜的过道；他的选择不会直接影响其他的家庭成员，他是一个决策者，一个购买者，从某种意义上说是一个把门者。但他可能是，也可能不是一个单独的消费者（或使用者）。一些产品可能被一个家庭成员使用（如除臭剂、刮胡刀），直接被两个或更多的家庭成员使用或消费（如橙汁、洗发水等），或间接地被整个家庭使用（如中央空调、艺术收藏品等）。

一项对于儿童就外出吃饭对家庭决定的影响的研究发现，大约17%的9到12岁的孩子决定外出吃饭，认为他们自己是主要的决策者，就选择饭店来说有40%的孩子认为自己是主要的决策者；与此相对，30%的这些孩子的父母感到他们的孩子在决定外出吃饭时是主要的决策者，并且几乎相同数量，即29%的父母感到对于惠顾哪一家饭店来说他们的孩子也是主要的决策者（J. Labrecque，L. Ricard，2001）。

10.3.3　家庭购买决策

1. 家庭购买决策类型

家庭购买过程中的每一角色，对企业产品设计、信息的传递、营销方案、营销预算的分配都有影响。对于企业来讲，需要了解家庭成员在购买和消费中扮演的不同角色和各自的作用。在群体决策中，营销人员所关注的一个重点是其主导类型；通常，典型家庭决策的类型分为以下几种（林建煌，2000）：

（1）妻子主导型

在决定购买什么的问题上，妻子起主导作用。这种类型形成的原因比较多，例如，妻子精明能干，掌握经济大权，又有丰富的购买经验和较强的决策能力。或者是由于丈夫忙于工作，家务事绝大部分由妻子承担。

(2) 丈夫主导型

在决定购买什么的问题上,丈夫起主导作用。这种类型的原因可能是由于丈夫的生活经验高于妻子,有较强的理家购物能力,另一方面可能是由于丈夫收入高,家庭主要收入由丈夫提供形成的。

(3) 自主型

即家庭成员都能相对独立地做出有关商品的购买决策,自主性和随意性都比较强。这类家庭夫妻收入都相对较高,属于现代开放型家庭。另外,自主型购买在那些家庭不和、夫妻关系紧张的家庭中也较多见。有时,对于那些不太重要的购买,也可由丈夫或妻子独立做出决定。

(4) 联合型

由丈夫和妻子共同做出购买决策。这种家庭的主要特点是,夫妻双方关系融洽,思想开放,家庭气氛民主,有良好的沟通环境。这种共同做主的购买决策往往比较慎重、全面和理智。研究显示,一些夫妇对于家庭决策中的影响的大小存在分歧。通常丈夫有被夸大其在家庭决策中的影响和参与作用的倾向,而妻子则更可能被低估其影响力。

2. 家庭购买决策类型的影响因素

一个家庭属于什么类型的购买决策方式,并不是一成不变的,它会随着一些因素的变化而发生改变。一般情况下,决定成员的相对影响力,从而影响家庭购买决策类型的有以下因素:

(1) 文化和亚文化

文化或亚文化中关于性别角色的态度,很大程度上决定着家庭决策是由男性主导还是女性主导的。例如,在我国落后的农村地区,由于家庭中的封建思想和重男轻女意识比较严重,家庭多以男性为核心。而在大城市,人们受传统家庭观念的影响相对要小,家庭成员的地位较为平等,因此家庭决策过程中就更可能出现自主型、联合型甚至妻子主导型的决策方式。当然,文化并非一个地理的概念,即使生活在同一个城市,由于文化背景的不同,人们对于性别角色地位的认识也会有相当大的差别,由此导致男女在家庭决策中影响力的不同。

(2) 个人特征

这主要包括收入、受教育程度、年龄、能力等。通常拥有更多收入、对家庭的财务贡献更多的一方,在家庭购买决策中更容易占据主导地位。而一个家庭中,妻子所受到的教育程度越高,她所参与的重要决策也就越多。

(3) 家庭生命周期

在不同的生命周期阶段,家庭的消费特点与决策方式有很大差异。一般在新婚阶段,夫妻双方协商、共同做出购买决策的情况较多,而随着孩子的降生及家庭生活内容的繁杂,一个人做出购买决策的机会不断增加。随着子女的逐渐长大,共同决策的情况又会增加,当子女们都各自成家后,夫妻双方独立决策的情况又会出现。当然,不同的家庭其购买决策方式会有很大差异。在家庭具体的购买决策中,同样存在着不同的阶段。家庭成员在购买中的相对影响力,随购买决策阶段的不同而异。家庭购买决策可分为3个阶段,即问题认知阶段、信息搜集阶段和最后决策阶段。家庭决策越是进入后面的阶段,角色专门化通常就变得越模糊。

（4）介入程度

家庭成员对特定商品的关心程度或介入程度是不同的。例如，对手机、游戏卡、玩具等商品的购买，孩子们可能特别关心，因为他们是这些商品的使用者，购买时介入程度高，会发挥较大的影响作用；而对于父亲买什么牌子的剃须刀或者母亲买什么样的厨房清洗剂，孩子就不会关心，所以在这些商品的购买上他们的影响力就比较小。

（5）产品因素

家庭购买决策类型还会因产品特点的不同而异。某个产品对整个家庭都很重要，或购买风险很高时，家庭倾向于采用民主型决策；当产品只为个人使用，而且购买风险不大时，自主型决策更为普遍。

（6）情境因素

一些情境因素也会影响购买决策的类型。例如，当购买产品的时间充裕时，民主型决策出现的可能增大；而当时间紧迫时，就会更多地采用丈夫或妻子主导型以及自主型决策。

本章小结

1. 许多情况下的购买正是为了迎合群体行为而发生的。几乎所有的消费行为都是在群体背景下发生的，并在某些程度上受到群体的影响。社会群体是人们通过一定的社会关系结合起来进行共同活动和感情交流的集体，是人们社会生活的具体单位，是组成社会结构的一部分。

2. 参照群体是指个体在形成其购买或消费决策时作为参照、比较的个人或群体。参照群体是个人在某种特定情况中，作为行为向导而使用的群体。群体对其成员的影响有3种主要方式：信息性影响、规范性影响和价值性影响。

3. 家庭是最主要的社会组织；尤其是在影响消费者的价值观、态度及自我概念，甚至在实际的购买行为上，家庭都扮演着相当重要且持续的角色。消费者的购买决策会受到其家庭成员的影响，而家庭本身又扮演了一个重要的消费单位。

练习与思考

1. 社会群体的功能是什么？
2. 参照群体的含义是什么？对消费者行为具有哪些影响？
3. 家庭的含义是什么？对消费者行为具有哪些影响？
4. 阐述区分家庭购买决策类型的必要性。

技能实训：参照群体与消费者行为

1. 选择某一具体的消费者行为：

2. 描述该行为对应的主要目标群体的消费特征：_____
_____
_____
_____

3. 描述上述消费者的主要群体特征：_____
_____
_____
_____

4. 针对该群体特征，为相关企业制定营销组合策略：_____
_____
_____
_____

扩展阅读

婴幼儿用品市场中"80 后"父母的消费脉象

"80 后"父母是中国婴幼儿市场高端化消费的主力群体，作为第一代独生子女，他们经历和接受了市场经济、全球化、互联网进程对其消费观念的洗礼。如今，初为人父、人母的"80 后"仍然秉承了这一族群鲜明的特征——有思想、彰显个性、善变。在婴幼儿消费领域，"80 后"父母往往亦能追求时尚，抓住消费潮流的脉搏。然而，如果仔细对他们的消费心理和行为把脉的话，却能发现这个特殊群体的"脉象"到处充满着纠结与拧巴，有着双重且看似矛盾的消费特性。

(1) 主动"高消费"，也无奈"被高端"

"80 后"父母从小就享受独生子女的优越条件，早已打破了父辈奉行的节俭保守的消费理念，而是更注重品质、个性和时尚。同样，他们为孩子购买用品也是一种高消费的状态，看重高品质和品牌，却不太在乎价格。然而，除了他们自己主动的高消费，其中也隐含着被动与无奈的一面。

最新一项针对婴幼儿妈妈们的调查显示（摇篮网），安全、品牌、品质及口碑是年轻妈妈们在为孩子选购用品时最为看重的因素。近几年连续发生的"三鹿奶粉""阜阳大头婴儿""皮革奶"等事件令家长们心有余悸，食品安全成为"80 后"父母最为关心的首要因素。据调查，63.2%的婴儿家长表示"婴幼儿产品优劣难辨，无从选择"。的确，在不确定哪家产品更为安全、品质更优时，家长们也只能"以价论质"，他们通常认为价钱越贵的越安全，越是进口的越安全。所以，"80 后"父母在婴幼儿用品上的消费无形中"被高端化"了，其背后折射出的是家长们无奈的心境和一种不信任的心理。

(2) 观念科学，也易感性决策

科学育儿观念在"80 后"父母的心目中占据着非常重要的地位。尽管这些年轻的"80

后"家长普遍缺乏第一手的育儿经验,也不太认同父母的育儿方法,但他们非常善于通过各种渠道获取育儿信息。例如,喝什么奶粉更科学、什么时候需要为婴儿添加辅食、如何购买等,他们也愿意为此报班参加培训学习,在科学育儿上表现出强烈的理性姿态。

然而,"80后"父母们骨子里依然保持了"80后"的特质——冲动消费、感性决策。当他们看中某款商品后,或只为包装好看,或因设计新潮,就会毫不犹豫地买下来,但过后往往容易后悔。如果周围的朋友都用某一个牌子的奶粉,不管这个品牌是否适合自己的孩子,这位家长也会跟风购买;有时他们还会轻信广告宣传,相信某个功能或某种成分有助于孩子的成长。

(3) 要个性,也爱攀比

"80后"家长注重个性,追逐时尚,喜欢独一无二的产品,在婴幼儿用品消费方面也表现出了类似的特性。他们希望自己的孩子在各个方面能够与众不同,但这也会流露出"炫耀"的一面,更多"80后"家长将追求"高品质"的育儿演变成相互的攀比,"望子成龙""望女成凤"的心态使他们不甘落后别人。你家孩子上了早教班,我家孩子就上两个;你家孩子穿的是国际名牌,我家孩子也不能用国产的对付。攀比之心的背后是"80后"家长希望自己的孩子在任何方面都能拔得头筹。

(4) 有主见,也爱网购

中国典型的"421型"家庭结构往往会形成多个决策主体。家里的老人希望自己的经验能够给年轻的父母以指导,而"80后"家长并不会照单全收,他们更喜欢自己做判断。我们通常能看到:老人帮着带宝宝,认为喂得胖胖的、睡得香香的就可以了,而"80后"父母却认为宝宝要及时进行智力开发,需要上早教班和亲子游戏班;为孩子选购衣服时,老年人喜欢选择大一号的,为了让孩子多穿一两年,而年轻父母则会选择合体的,因为他们更关注服装的穿着效果。

"80后"家长是伴着互联网长大的一族,现在有很多"80后"妈妈喜欢在网上利用搜索引擎搜集信息并购买所需的产品。此外,她们也很重视口碑传播,常常去博客、开心网、微博等社会化媒体浏览圈中好友对某些品牌或产品的评价,她们还会去各个购物网站查找所要购买的婴幼儿用品,享受送货上门的便捷服务。

(资料来源:郭梅雨. 婴幼儿用品市场,消费升级正当时 [J]. 销售与市场(管理版). 2011 (5): 59-60.)

第 11 章

社会阶层与消费者行为

学习目标

① 了解社会阶层的含义与特征。
② 了解划分社会阶层的标准。
③ 理解不同社会阶层消费心理与行为的差异。
④ 掌握社会阶层的常见测量方法。
⑤ 理解阶层消费差异，促进公平与包容。

引导案例

巴菲特午餐

被称为"股神"的沃伦·巴菲特是全球最具影响力的人物之一，能和他在一起吃顿饭是多少人梦寐以求的事情。"巴菲特慈善午餐竞拍"从 2000 年开始，那时只要 2 万多美元。2017 年，"与巴菲特共进午餐"年度拍卖中，一位匿名者以 267.9 万美元中标，所得款项用于资助格莱德基金会（Glide Foundation）的慈善项目。据说，中标者可带 7 人与巴菲特在纽约市一家牛排馆共进午餐。巴菲特在进餐中会回答任何问题，唯一例外的是不包括关于他下一步投资的问题。随着"股神"年龄的渐长和健康状况的下降，每年的巴菲特慈善午餐都备受关注，和"股神"吃一顿牛排能否刷新纪录一直是人们讨论的热点。至于巴菲特的天价午餐到底值不值？则是件众说纷纭、仁者见仁的事情。

社会阶层是影响消费者购买行为的重要因素之一。在西方很多国家，按照社会阶层划分市场是使用最广泛的销售战略之一。这是因为社会阶层这一概念可以进行定量分析。例如，职业、收入、受教育程度和居住区域等。在对消费者行为的实证研究中，可以测量的社会阶层标准对于企业生产计划、销售计划和促销计划的决策具有重要意义。

11.1 社会阶层的含义与特征

1. 社会阶层的含义

社会阶层指一个社会按照其社会准则将其成员分为相对稳定的不同层次。由于种种社会差异成分以及社会成员多样化取向的存在，一个社会必定会形成一定的社会分层体系，而处在不同状态和社会位置的社会成员就构成了不同的社会阶层，处在相同状态和社会位置的社会成员则组成了同一个社会阶层。同一社会阶层由具有相同或类似社会地位的社会成员组成。社会阶层是一种普遍存在的社会现象，无论是发达国家还是发展中国家，无论是社会主义国家还是资本主义国家，均存在不同的社会阶层。每一个体都会在社会中占据一定的位置，有的人占据着非常显赫的位置，有的人则占据着一般的或较低的位置。这种社会地位的差别，使社会成员分成高低有序的层次或阶层。

2. 社会阶层的特征

（1）层级性

如前所述，一个人的社会阶层是和他的特定的社会地位相联系的。处于较高社会阶层的人，必定是拥有较多的社会资源，在社会生活中具有较高社会地位的人。他们通常会通过各种方式，展现其与社会其他成员相异的方面。社会学家凡勃仑所阐释的炫耀性消费，实际上反映的就是人们显示其较高社会地位的需要与动机。

由于决定社会地位的很多因素，例如，收入、财富不一定是可见的。因此，人们需要通过一定的符号将这些不可见的成分有形化。按照凡勃仑的说法，每一社会阶层都会有一些人试图通过炫耀性消费告诉别人他们是谁，处于哪一社会层次。研究发现，即使在今天，物质产品所蕴含、传递的地位意识在很多文化下仍非常普遍。

传统上，人们通过购买珠宝、名牌服装、高档电器等奢侈品或从事打高尔夫球、滑雪等活动显示自己的财富和地位。今天，这一类显示地位的手段或符号仍然被很多人运用。然而应当注意的是，随着社会的变迁和主流价值观的变化，它们的表现方式、作用都在发生变化。例如，随着收入水平的提高，很多过去只有上层社会才消费得起的产品、服务已经或正在开始进入大众消费领域，这些产品作为"地位符号"的基础开始动摇。另一方面，越来越多上层社会的消费者对通过消费显示其财富和地位感到厌倦。一项研究发现，虽然奢侈品的营销者试图造成一种印象，似乎只有百万富翁才买这些产品，但实际购买它们的往往是那些"假百万富翁"，即年收入在40 000至80 000美元之间的家庭。真正的富翁具有"普通人"的消费习惯，他们将大多数奢侈品视为专为那些财务上并不特别成功的人开发的玩具。

从最低的地位到最高的地位，社会形成一个地位连续体。不管愿意与否，社会中的每一成员，实际上都处于这一连续体的某一位置上。那些处于较高位置上的人被归入较高层级，反之，则被归入较低层级，由此形成高低有序的社会层级结构。社会阶层的这种层级性在封闭的社会里表现得更为明显。层级性使得消费者在社会交往中，要么将他人视为与自己同一层次的人，要么将他人视为比自己更高或更低层次的人。如果消费者认为某种产品主要同层次或更高层次的人消费，他购买该产品的可能性就会增加；反之，如果消费者认为该产品主要被较低层次的人消费,那么他选择该产品的可能性就会减少。

(2) 同质性

同质性是指同一阶层的社会成员在价值观和行为模式上具有共同点和类似性。在交往过程中,同一阶层由于相似的经济状况、性格、兴趣而导致共同的消费取向。每一阶层都有类似的价值观、态度和自我意识,对品牌、商店、闲暇活动、大众传播媒体等都有相同的偏好,有类似的消费需要和购买行为。这种同质性很大程度上由他们共同的社会经济地位所决定,同时也和他们彼此之间更频繁的互动有关。对营销者来说,同质性意味着处于同一社会阶层的消费者会观看类似的电视节目,购买类似的产品,到类似的商店购物,这为企业根据社会阶层进行市场细分提供了依据和基础。

(3) 限定性

限定性主要指对个人行为的限定性。大多数人在和自己处于类似水平和层次的人交往时会感到很自在,而在与自己处于不同层次的人交往时会感到拘谨甚至不安。社交通常较多地发生在同一社会阶层之内,而不是不同阶层之间。同一阶层内社会成员间更多的互动,会强化共有的规范与价值观,从而使阶层内成员间的相互影响增强。另一方面,不同阶层之间较少互动,会限制产品、广告和其他有关信息在不同阶层人员间的流动,使得彼此的行为呈现更多的差异性。

(4) 多维性

一个人所处的社会阶层是由他的职业、收入、财产、教育和价值取向等多种变量而不是由其中的单一变量决定的。决定社会阶层的因素既有经济层面的因素,也有政治和社会层面的因素。在众多的决定因素中,某些因素比另外一些因素起更大的作用。收入、职业、住所等常被认为是决定个体处于何种社会阶层的重要变量,也有人认为职业是表明一个人所处社会阶层的重要的指标。

(5) 动态性

社会阶层的动态性指个体所处的社会阶层不是固定不变的,人能够在一生中改变自己所处的阶层。个体可以由较低阶层晋升到较高阶层,也可能由较高阶层降至较低阶层。越是开放的社会,社会阶层的动态性表现得就越明显;越是封闭的社会,社会成员从一个阶层进入另一个阶层的机会就越小。社会成员在不同阶层之间的流动,主要有两方面原因:一是个人的原因。例如,个人通过勤奋学习和努力工作,赢得社会的认可和尊重,从而获得更多的社会资源和实现从较低到较高社会阶层的迈进。二是社会条件的变化。例如,改革开放以来,随着社会对知识的重视,知识分子的地位不断提高,作为一个群体它从较低的社会阶层跃升到较高的社会阶层。一般而言,社会流动越畅通,社会流动率越高,就越能调动社会各个阶层尤其是中低层社会成员的积极性,使他们对个人的社会地位的前途充满希望,坚信可以通过个人后天的努力奋斗,上升到更高层次的社会地位,体现个人更高的价值。

11.2 社会阶层的影响因素

1. 经济资源

消费者拥有的经济资源的多少在一定程度上决定其消费能力的大小,一般情况下,消费者拥有的经济资源越多，其购买能力就越强。消费者的经济资源主要有收入、财产和信贷等类型。

（1）消费者收入

对于大部分消费者来说，经济收入是其消费或支出的主要来源。不同消费者之间消费行为存在较大差异，主要原因在于他们的经济收入存在较大差异，经济收入在一定程度上是决定消费者购买行为的关键因素。

（2）财产

财产或净财产是反映一个人或一个家庭富裕程度的重要指标。从长期来看，它与收入有较强的相关性，但二者仍存在较大差别。一个人或一个家庭拥有较高的收入，并不一定拥有大量的财产。同理，拥有较多的财产，目前的收入也不一定就高，财产有可能通过继承、投资等渠道获得。财产的种类也非常多，通常包括住房、土地、股票、债券、存款、收藏品等。财产的拥有量在很大程度上影响个人或家庭的消费结构。

（3）信贷

消费者信贷是指消费者凭信用先取得商品的使用权，然后按期归还贷款以购买产品。消费者信贷主要包括短期赊销、分期付款、信用卡等形式。消费者信贷要求的门槛、便利性等具体要求很大程度上会影响消费者购买产品的档次、支付方式等。

2. 职位声望

职位声望是评价人们价值的一种方式，其层次划分在时间上趋于稳定，并且在不同社会中趋于类似。一个典型的等级应包括高层专业、商业职位种类。例如，大公司的 CEO、大学教授，还应该包括清洁工、门卫等低层次的工作。由于个人的职位与其业余时间的利用、收入的分配、政治倾向方面存在高度相关性，所以，一个人的职位声望被认为能够很好地预测社会阶层。

3. 个人成就

除职业上取得的成就外，个人成就还包括其他非工作上的成绩。例如，见义勇为、支持公益事业等。一个人在工作和非工作中，逐渐按照一定的阶层形成自己的行为模式，包括购买模式，从而使他归属于某一社会阶层。

4. 阶层意识

阶层意识是指某一社会阶层的人，意识到自己属于一个具有共同政治、经济利益的独特群体的程度。实际上，一个人所属的社会阶层由他在多大程度上认为他属于这一阶层决定。人越具有阶层意识，就越有可能通过组织政治团体和工会来维护其利益。

一般而言，处于较低阶层的个体会意识到社会阶层的现实，但对于具体的阶层差别并不十分敏感；相反，处于较高阶层的个体有着较强的地位与阶层意识。

5. 价值取向

由于同一阶层内的成员互动更频繁，这使得他们在价值观上具有共同点和类似性。这种共同的或阶层所属的价值观一经形成，就会反过来成为一项衡量标准，用以确定某一个体是否属于该阶层。不同社会阶层的人对事物的理解和对金钱、生活的看法有所不同，这实际上是对价值取向差异的折射。

6. 交往特征

一个人的交往对象及其待人方式等，都有助于区分其所属的社会阶层。经常与阶层内的成员交往，也是维持与该阶层关系的重要手段。不同社会阶层成员之间的交往往往受到群体规范、心理屈从等无形因素的影响，而同阶层成员之间的交往则会使他们对产品信息、商店的选择及品牌的挑选趋于一致。

11.3　社会阶层的测定

一、主观测量

在测量社会阶层的主观测量法中，个体被要求评估他们自己的社会阶层位置。这类方法通常采用下列问题的形式：

下列四类中哪一个是对你所在社会阶层的最好描述：下等阶层、下—中等阶层、上—中等阶层还是上等阶层？

下等阶层　　　　　　[ ]
下—中等阶层　　　　[ ]
上—中等阶层　　　　[ ]
上等阶层　　　　　　[ ]
不知道/拒绝回答　　 [ ]

社会阶层成员的分类结果是以参与者自我知觉或自我意象为基础的。社会阶层通常被当作一个"个人"来看待，它反映了个体的归属感或与他人的同一性。这种社会群体成员的感受常常被说成是阶级意识。

社会阶层成员的主观测量易产生过多的人把自己划分到中间阶层的现象。这些人的数字是保守的，与事实有较大的出入——那些"边缘"的人，也许更准确地应被划分到下等阶层或上等阶层中去。然而，作为个人自我意象的反映，社会阶层成员的主观知觉似乎也与产品的使用和消费偏好有关。

二、声誉测量法

社会阶层的声誉测量法要求一些选择过的团体信息对该团体内部的社会阶层关系做出最初的判断。最后的任务是将团体成员归入社会阶层的位置，然而，这需要经过训练的研究者来做。

社会学家使用声誉测量法，对他们研究中的具体社会阶层结构获得了更好的认识。然而，消费者研究者更关注的是通过了解社会阶层以更好地了解市场与消费者行为，而不是关注社会结构。为了保证这些目标，声誉测量就显得不实际了。

三、客观测量法

客观测量法由涉及被调查者的各种人口统计或社会经济变量组成，主要包括职业、收入、教育程度等。研究者通过问卷向被试者询问有关他们自己、家庭或居住地的问题，然后根据统计数据分析被试者属于哪个社会阶层。营销人员可以利用这些数据以及社会阶层进行市场细分和选择目标市场。社会阶层的客观测量可以分为单变量客观测量法和复合变量客观测量法两种类型。

1. 单变量客观测量法

单变量客观测量法是只用一个社会统计学变量来评估社会成员的分层,主要变量包括收入、职业和教育。

个人或家庭收入是一个通常用来评估现行社会阶层的社会统计变量。研究显示,家庭收入是预测家庭休闲活动最重要的指标。职业是社会阶层一个广泛接受的,也可能是最易证实的测量对象,因为它反映的是一种地位身份。市场营销人员经常根据职业的类别来考虑产品的市场定位。一般观点认为接受正规教育的水平越高,人们得到的回报也越高,社会地位和受尊敬的程度也会较高。教育不仅能提高人的社会地位,而且能影响个人品位、价值观和获取信息的方法,它能够很好地解释不同社会阶层的消费模式。

2. 复合变量客观测量法

究竟应该划分多少个不同的阶层,社会学家在这一点上并未形成很多的共识。将多个社会统计变量加以综合,可得到一个社会阶层的复合指数。与单变量客观观测量法相比,这种方法更能够反映社会阶层的复杂性。这种方法会根据特定研究的需要提取相应的指标,这些指标包括收入、职业身份、教育状况等。西方学者在划分社会阶层时较为常用的有二因素、三因素、四因素甚至更多因素的综合测量方法。市场营销者对团体的社会阶层结构感兴趣,他们可以为产品找到潜在市场并找到特殊阶层中的潜在顾客。因为这是他们产品的潜在市场,同时他们也对其潜在顾客的具体社会阶层水平感兴趣。表 11-1 显示了社会阶层的数量和差异性。目前,两种比较重要的复合变量测量指数是身份特征指数和社会经济地位得分。

表 11-1 社会阶层分类数量和类别的变化

两类社会阶层	蓝领、白领 下等、上等 下等、中等
三类社会阶层	蓝领、灰领、白领 下等、中等、上等
四类社会阶层	下等、下—中等、上—中等、上等
五类社会阶层	下等、工作阶层、下—中等、上—中等、上等 下等、下—中等、中等、上—中等、上等

注:共细分到九类阶层,因篇幅有限,未全部列出。

(资料来源:利昂·G. 希夫曼,莱斯利·拉扎尔·卡纽克,约瑟夫·维森布利特. 消费者行为学[M]. 江林,等译. 10 版. 北京:中国人民大学出版社,2011:336.)

(1)二因素法

这种方法选取职业和教育两个因素,首先确定等级差别,即职业等级和教育等级;然后

确定它们的权数,职业等级权数为7,教育等级权数为4;最后进行等级评分,确定社会阶层。具体计算方法如下:

$$社会阶层得分 = 职业等级 \times 7 + 教育等级 \times 4$$

得分越高,则社会阶层越高。

(2) 霍林谢德三因素法

此方法通过综合住房、职业、收入三个主要因素划分主要阶层。划分时确定的权数分别为:住房为6,职业为9,收入为5。

(3) 沃纳多因素法

沃纳综合职业、收入来源、住房条件、居住地区四个主要因素,或者五个主要因素(另加收入数额),或者六个主要因素(再加教育)来划分社会阶层。实践证明,用四个、五个或六个主要因素划分的结果往往差别不大。

(4) 身份特征指数

社会阶层经典的复合测量方法是华莱士身份特征指数(ISC)。ISC是对职业、收入来源、房屋类型、居住环境等社会统计变量的一种加权测量。

(5) 社会经济地位得分

社会经济地位得分SES是美国人口普查局开发的一种社会阶层分类方法,它的分类主要依据三类基本的社会统计学变量:职业、家庭收入和受教育程度。

11.4　社会阶层对消费的影响

社会阶层是划分目标市场的一个重要参数,一般而言,不同社会阶层的消费者具有不同的购买行为,具体表现在以下几方面:

1. 商店选择的差异

人们在购物中对商店的选择会因社会阶层而异。不同阶层的消费者喜欢光顾的商店类型也不同。一般而言,人们会形成某类商店适合特定阶层消费者的看法,并倾向于到与自己社会地位相符的商店购物。上层消费者青睐那些购物环境幽雅、商品品质和服务上乘的商店,在购物过程中比较自信,不喜欢他人过于热情的讲解、介绍,常常单独购物,他们乐于接受新的购物方式。中层消费者对购物环境有较高的要求,他们认为购物本身就是一种消遣,在购物时比较谨慎,他们也常在折扣店购物。下层消费者由于受经济条件限制,对价格特别敏感,多在中、低档商店购物,而且喜欢与他人结伴逛商店。

2. 产品选择的差异

不同社会阶层的消费者所选择和使用的产品是存在差异的。高阶层的消费者常把购买活动看作身份地位的一种象征和标志,他们通常是奢侈品的主要购买者,并对一些品牌保持很高的忠诚度。这类消费者会选择环境幽雅的住宅区,室内装修考究,购买家具、电器多以豪华气派的特点为主。他们购买服装时会更多地关注品牌和品位,在食品的消费上注重营养、档次,此外,他们通常喜欢欣赏或收藏艺术品。低阶层的消费者更注重经济实用,购买的多为大众商品。他们要求穿着舒适大方，家电要质量好，易于保养维修，对于食品则要求味道好、分量足，在选购商品时希望厂家能提供良好的售后服务。

3. 购买数量的差异

低阶层的消费者很多时候喜欢大批量地购买某些商品。他们是折扣店、仓储式商店的主要顾客。一次性购买量大，可以获得一定的价格优惠或价格折扣；可以减少因某些商品涨价所带来的损失；可减少采购次数，降低交易费用。高阶层的消费者强调生活质量，对价格不太敏感，比起冰箱里的速冻食品，他们更愿意消费当日的鲜活产品。另外，他们也能承担得起让人送货上门的附加服务。

4. 价格敏感度的差异

低阶层的消费者对价格非常敏感，倾向于购买低价商品，购买时也会把价格和质量联系在一起。他们认为一定的价格能反映相应的商品质量。中层和中下层的消费者更多的是追求适中的价格，但这并不代表他们对打折商品不感兴趣，特别是他们熟知的商品，或对质量要求不高的商品。当商品价格过低时，他们会产生怀疑，认这必然意味着商品质量的低劣。上层的消费者在评价和选择商品时较注重商品的象征性，所以价格和质量对他们来说是可以分开考虑的。他们认为购买高价商品是一种身份地位的体现，价格越高，越会吸引他们的目光，价格越低，他们反而会视而不见。

5. 信息接收和处理的差异

信息搜集的类型和数量也随社会阶层的不同而存在差异。一般来说，高阶层的消费者比低阶层的消费者能更多地利用不同渠道获得商品信息，可以充分利用不同媒体获得更多有价值的商品信息。受教育程度低的消费者是信息的被动接受者，信息来源有限。他们对误导和欺骗性信息缺乏鉴别力。出于补偿的目的，在购买决策过程中可能更多地依赖亲戚、朋友提供的信息。

6. 休闲活动的差异

社会阶层从很多方面会影响个体的休闲活动。一个人所偏爱的休闲活动通常是同一阶层或临近阶层的其他个体所从事的某类活动，他进行的休闲活动往往也受到同一阶层或较高阶层成员的影响。休闲活动的类型差别很大。

本章小结

1. 社会阶层通常具有层级性、同质性、限定性、多维性、动态性等特征。社会阶层指一个社会按照其社会准则将其成员分为相对稳定的不同层次。由于种种社会差异成分以及社会成员多样化取向的存在，一个社会必定会形成一定的社会分层体系。

2. 影响社会阶层的常见因素通常包括收入、职业声望、个人成就、阶层意识、价值取向、交往特征等。并可以采取主观测量、声誉测量、客观测量等具体方法进行测量。

3. 社会阶层对消费的影响主要表现在对商店选择、产品选择、购买数量、价格敏感度、信息接收和处理、休闲活动的差异等。

练习与思考

1. 阐述社会阶层的特征。
2. 如何进行社会阶层的测定？
3. 社会阶层的主要影响因素有哪些？
4. 社会阶层对消费的影响有哪些？

技能实训：社会阶层与消费者行为

1. 选择某一社会阶层：_____
2. 分析此社会阶层的典型特征：_____
   _____
   _____
3. 分析此社会阶层在消费上的典型特征：_____
   _____
   _____
   _____
4. 分析此社会阶层消费典型特征的可能影响因素：_____
   _____
   _____
   _____

扩展阅读

消费阶层不同导致消费分层，拼多多满足了用户的获得感

拼多多平台的强势崛起说明了我们正处于一个消费分层的社会，拼多多满足了与之对应的层级消费者的消费需求。

拼多多是2015年上线的一家专注于C2B拼团的第三方社交电商平台，凭借"团购+低价"以及对微信平台社交属性的运用，拼多多从三线及以下城市神奇崛起。2018年7月26日正式登陆美国资本市场。随着名声越来越大，拼多多平台被频频爆出涉及"假名牌"、"傍名牌"、销售假冒伪劣产品等"黑料"，但这些似乎并没有影响到它。2019年3月，拼多多发布 2018 年四季度财报，营收 8.223 亿美元，市场预估 7.767 亿美元，短短 3 年，成绩斐然。越来越多的消费者在拼多多上"血拼"便宜货，用户快速崛起。到底谁在使用拼多多？

拼多多的创始人黄峥的回答是，"拼多多想做的事情是永远匹配，让合适的人在合适的场景下买到合适的东西"。拼多多做了大量的产品设计、虚拟游戏等，借助消费者的娱乐心理和好奇心，来满足不同层面消费群体的不同消费需求。有些人认为，使用苹果手机的人不会使用拼多多，实际上，享有"品位"生活的人未必就不是拼多多的忠实活跃用户。毕竟，根据拼多多最新财报，截止到 2018 年年底，拼多多的年活跃用户已经达到了 4.18 亿，这其中当然也包括很多一二线城市的"有品位"的人，尤其是"90 后"的年轻女性用户，他们享受着低价目标刺激之下所得到的获得感。

对于很多"00 后""90 后"年轻消费群体，没有足够的经济实力支撑，但是他们与追求实用价值的"80 后""70 后"不同，对于新奇、智能的新产品充满了好奇心，而市场上高价格的大品牌智能产品令他们望而止步，拼多多上很多价格低廉的创新智能产品恰恰满足了他们的好奇心，毕竟也没有必要花高价格购买没有太大使用价值的智能产品。此外，在一、二线城市有很多的租房者，他们不需要高价位的品牌商品，也不需要"一步到位"，对于很多家电产品，也许性价比高、满足刚需就已经足够了。拼多多中很多"非名牌"商品，功能与名牌商品无太大差别，价格却相差甚远，虽然不能说这些家电产品提升了生活品位和质量，但确实是可以为他们的生活带来很多便捷。

（资料来源：侯婷婷. 消费阶层不同导致消费分层，拼多多满足了用户的获得感 [J]. 家用电器，2019（5）：42-43.）

第12章

文化因素与消费者行为

学习目标

①理解文化、亚文化的含义及特征。
②了解流行、时尚与习俗。
③理解文化适应与文化变迁。
④理解影响消费者行为的跨文化差异。
⑤尊重文化差异，强化跨文化沟通与理解。

引导案例

美国的化妆品和日本的空调器

在美国的化妆品生产行业有一句名言：日本的化妆品市场是美国商人难以攀登的高山！原来美国是生产化妆品的一个大国，出口的化妆品也较多，其中有一些出口到日本市场上。美国化妆品进入日本市场的时候，也对日本人进行了大规模的广告宣传和其他形式的促销活动，但是日本人对此就是无动于衷，化妆品的销售量很少，美国运到日本市场来的化妆品只能大量积压，生产厂家为此十分着急！美国的商人为此委托有关专家认真地研究了日本人购买化妆品的心理。通过大量的调查研究发现，原来是美国人生产的化妆品的色彩不适合日本人购买化妆品的心理。

在美国，人们对于皮肤的颜色有一种十分普遍的观念，即认为皮肤略为深色或稍黑一些是富裕阶层的象征，因为只有生活富裕的人们才有足够的时间和金钱去进行各种休闲活动，到海滩去晒太阳是一种比较普遍的休闲活动，生活越富裕，去海滩晒太阳的机会越多，皮肤也就越黑，所以皮肤晒得越黑的人，说明其社会地位和生活的富裕程度越高。在化妆的时候，人们习惯于使用深色的化妆品，把自己的皮肤化妆成略为深色，以显示自己的地位。化妆品的厂家在生产化妆品的时候，也就以色彩略为深一些的化妆品为主大量生产。而日本人的皮肤属于东方人的皮肤类型，崇尚白色，化妆时不喜欢使用深色的化妆品，所以日本人对于美国人的那种略为深色的化妆品需求量是很少的。

而日本的空调器开拓中东地区市场却和美国的化妆品相反。中东地区的国家一般比较富裕，重视改善居室的舒适性，所以消费家用空调的人比例较高。最先进入中东地区销售空调电器的厂商来自美国和英国等一些国家，这些国家的产品质量一般还不错，所以前期的销售效果也很好，但经过一段时间之后，发现中东地区的消费者对于这些国家的空调并没有太多的兴趣，空调总是出问题，出现停转的现象。日本厂家在仔细研究了这些情况之后，得出一个结论：美国和英国一些国家的空调在中东地区总是出现停转问题的原因在于，中东地区多沙，空调的防沙能力很差，而美国和英国空调的生产者没有设计防沙功能的意识，不了解当地消费者以往习惯于各种物品的防沙功能，所以生产的商品不适应这一地区的消费要求。日本厂商立即着手改进空调的防沙能力，对空调的进出口进行了防沙性能的处理，并且在广告中大力宣传日本空调在中东地区的适应性。结果，日本的空调一下子把美国和英国等国家的空调挤出了中东地区的市场，并从此成为中东地区最畅销的产品。

(资料来源：王官诚，汤晖，万宏. 消费心理学 [M]. 北京：电子工业出版社，2013：165－166.)

12.1 文化与亚文化

12.1.1 文化的含义、构成与特征

1. 文化的含义

从文化的原始含义看，它是自然（nature）的反义词。然而，随着社会的发展，文化成为一个复杂的、多维度的概念。在《辞海》中，文化是指人类在发展过程中所创造的物质财富与精神财富的总和，是人类创造历史的发展水平、质量和程度的标志。郭国庆等学者认为社会文化是指一个社会的民族性、价值观念、生活方式、风俗习惯、教育水平、语言文字、社会结构的总和。有"人类学之父"之称的爱德华·B. 泰勒提出文化是生活的方式，是人类继承的为一个社会的大众所共同具有的行为模式、情感模式及思维方式的总和。而有"营销之父"之称的美国营销学者菲利普·科特勒则认为存在两种文化：一种是明显的事实性知识，它是关于某一文化的直接事实，是可以看到的、可短期了解到的文化。例如，中国人讲汉语、过春节、着旗袍等，均是可以通过观察或二手资料就可以了解的事实性文化。另一种是解释性知识，它是全面地理解、欣赏不同文化特征及模式间细微差异的能力。它根植在人们心中，左右着他们的消费行为、价值判断，是内在的思想、观念、风格。例如，时间观，对他人及他物的看法，这些文化只有通过长期了解、品味才可明确其内核所在。

尽管文化的定义及其内涵并不统一，但是在各种文化定义中，反映出文化具有两个基本特征：其一是一定的稳定性，即它是历史的积淀；其二是文化对个体行为具有一定的影响性。因而，文化作为影响消费者行为的前置变量这一观点，得到多数营销学者和实践者的认同。

2. 文化的构成

（1）信仰

信仰是关于世界如何运转的观念，文化传统是传统文化背后的精神联结的纽带。它是由文化精神的规则、秩序，特别是信仰构成。信仰是构成传统的必要条件。如果没有信仰的参与，传统便无法形成，信仰是个人的核心价值，是构成文化的一大支柱。

（2）价值观

价值观是道德评价的标准，价值观是指一个人对周围的客观事物（包括人、事、物）的意义、重要性的总评价和总看法，一方面表现为价值取向、价值追求，凝结为一定的价值目标；另一方面，表现为价值尺度和准则，成为人们判断事物有无价值及价值大小的评价标准。个人的价值观一旦确立，便具有相对稳定性。价值观和价值体系是决定人的行为的心理基础。

（3）规范

规范是人们行为的准则。各种规范之间互相联系，互相渗透，互为补充，共同调整着人们的各种社会关系。规范是人类为了满足需要而设定和自然形成的，是价值观念的具体化。规范体系具有外显性，了解一个社会和群体的文化往往先是从认识规范开始。

（4）符号

符号是观念和价值观的表征。文化符号是指具有某种特殊内涵或特殊意义的标示。文化符号具有很强的抽象性内涵，丰富的文化符号是一个企业、一个地域、一个民族和一个国家独特文化的抽象体现，是文化内涵的重要载体和形式。

（5）仪式

仪式是指以一种固定顺序而重复出现的一连串具有象征性意义的行为。人的一生充满各式各样的仪式。例如，生日、结婚、新年、毕业等都有丰富内容的典礼。这些仪式可能是公开的、精心的、文明的典礼，也可能随着时间的变化而反复发生。例如，新店开张要剪彩、庆典等。

3. 文化的特征

（1）层级性

大群体的文化往往影响着其所包含的小群体的文化。例如，企业的文化会受到所处社会和国家的文化的影响。全球性公司设置于不同国家的分公司或子公司，除了保有该公司共同的特色外，往往也会反映出当地国家的文化色彩。

（2）共享性

由于文化具有共享性，因此，同一文化下的人们会具有相同的价值、信念与生活方式。因此，文化的学习可以使我们的生活更有效率。例如，我们对于来自相同文化人行为的预测有一定的准确性。因此，一旦学得某一文化，往往可以适用在很多处于该文化的人士身上，而可以帮助我们在该文化下更适应地生活。

（3）差异性

一个人从出生的第一天，就已开始接触和适应他所生活的社会文化，这种文化会在他身上留下深深的烙印。文化常常不自觉地影响我们。我们的日常生活其实是无时无刻不被文化所影响。只是一个人长期生活在某一特定的文化环境中,往往不易感受到这一文化对他的深刻影响,而一旦进入一个新的社会环境时,才会强烈地感受到不同文化的差异。

(4) 变化性

文化是人类对环境的一种响应,当环境变迁时,文化也可能跟着改变。例如,当一个组织或社会面对外来的危机时,往往会冲击该组织或社会的文化,而使其产生某种程度的变迁或发生文化转型。

(5) 约束性

文化隐含着某些规范与行为准绳。因此,可以防范在该文化下成员的可能偏差行为。因此,文化能对处于该文化下的社会成员产生某种程度的约束力。例如,由于中国人对家庭与孝道的重视,所以,对于忤逆父母的人会有一种社会舆论制裁的力量,如此便可以对不孝的偏差行为产生约束作用,而这种约束作用往往是社会其他的约束力量。例如,是法律或家族中的尊卑关系所无法发挥的。

4. 消费文化

消费文化是指在一定的历史阶段中,人们在物质生产与精神生产、社会生活以及消费活动中所表现出来的消费理念、消费方式、消费行为和消费环境的总和。消费文化是社会文化一个极重要的组成部分,是人类在消费领域创造的优秀成果的结晶,是社会文明的重要内容。政治制度,经济体制,经济发展水平,人们的价值观念、风俗习惯、整体素质等都对消费文化有重要的影响。文化对于消费者来说非常重要,它能帮助消费者建立对各种消费活动的价值评估。例如,中国生产的冰箱尺寸普遍比美国的冰箱尺寸小,这与中国人对饮食要求更为精细、对食材的新鲜度要求高、有每天买菜的习惯有关,反映了中国的"民以食为天"的饮食文化。

12.1.2 亚文化的含义与特征

1. 亚文化的含义

亚文化又称为次文化或副文化,是指与主文化相对应的那些非主流的、局部的文化现象,它在主文化的背景下,属于某一区域或某个集体所特有的观念和生活方式,一种亚文化不仅包含与主文化相通的价值与观念,也有属于自己的独特的价值与观念。由于亚文化是直接作用或影响人们生存的社会心理环境,其对消费者的影响力甚至比主文化更大,它能赋予人一种可以辨别的身份和属于某一群体或集体的特殊精神风貌和气质。亚文化有多种分类方法,例如,人种的亚文化、年龄的亚文化、生态学的亚文化等。年龄的亚文化又可分为青年文化、老年文化;生态学的亚文化又可分为城市文化、郊区文化和乡村文化。

亚文化群是指某一文化群体所属次级群体的成员共有的独特信念、价值观和生活习惯,亚文化群是根据人口特征、地理位置、宗教信仰等从同一文化中划分出来的。每种亚文化群都会坚持其所在的更大社会群体中大多数人主要的文化信念、价值观和行为模式,同时,每种文化群都包含能为其成员提供更为具体的认同感和社会化的较小的亚文化。实际上,每个消费者都属于许多亚文化群体,即一个消费者可以属于一个大的、全国性的文化群体的同时也受到多种亚文化分支的影响。

2. 亚文化群的特征

亚文化既有与社会文化一致或共同之处，又有自身的特殊性。由于每个社会成员都生存和归属于不同的群体或集团中。因此，亚文化对人们的心理和行为的影响更为具体直接。亚文化消费者群有如下基本特点：

①他们以一个社会子群体出现，每个子群体都有各自独特的文化准则和行为规范。

②子群体与子群体之间在消费行为上有明显的差异。

③每个亚文化群都会影响并制约本群体内的各个消费者的个体消费行为。

④每个亚文化群还可以细分为若干个子亚文化群。

3. 具体的亚文化群

（1）年龄亚文化群体

不同年龄的亚文化群往往有着不同的价值观念和消费习惯。青年亚文化群喜欢追求新颖、奇特、时尚，乐于尝试新产品，容易产生诱发性、冲动性购买；中年亚文化群承担着家庭生活的重任，同时扮演着家庭消费品购买决策者的角色，所以其消费行为讲求实惠、理性、精心挑选的特征十分突出。另外，人到中年，事业上的成就也要从购买商品或品牌中体现出来。而老年亚文化群比较保守和自信，习惯于购买熟悉的商品，求实求利动机较强。

（2）性别亚文化群体

不同性别的亚文化群有着截然不同的消费心理和消费行为。一般来说，女性消费者对时尚敏感程度往往会高于男性，她们通常比较重视商品的外观，而男性消费者则比较重视商品的性能和品质；另外，女性消费者对价格的敏感程度也远远高于男性消费者；而在购买方式上，女性消费者通常有足够的耐心与细致，但同时又缺乏决断性。

（3）民族亚文化群体

民族亚文化是人们在历史上经历过长期发展而形成的稳定共同体的文化类型，对消费者行为的影响是巨大、深远的。它是以历史渊源为基础的，具有基本文化总体特征，又以其自身的较稳定的观念、信仰、语言文字、生活方式等形式表现出来的人群共同体。

（4）地理亚文化群体

地理环境上的差异会导致人们在生活方式、消费习俗和消费特点上的不同，形成地理亚文化群。长期形成的地域习惯，一般比较稳定。自然地理环境不仅决定着一个地区的产业和贸易发展格局，而且间接影响着一个地区消费者的生活方式、生活水平、购买力的大小和消费结构，从而在不同的地域可能形成不同的商业文化。

（5）宗教亚文化群体

不同的宗教群体，具有不同的文化倾向、习俗和禁忌。全世界有佛教、道教、伊斯兰教、天主教、基督教等，这些宗教在不同的国家或地域甚至同时存在。宗教的信仰者都有各自的信仰、生活方式和消费习惯。宗教能影响人们的行为，也能影响人们的价值观。

（6）种族亚文化群体

白种人、黄种人、黑种人都各有其独特的文化传统、文化风格和态度。他们即使生活在同一国家甚至同一城市，也会有自己特殊的需求、爱好和购买习惯。这是以种族渊源及遗传性特征为基础的亚文化群体。不同种族的消费者在体形、肤色、发色等方面的差异，会对消费者产生某些特定的心理与行为上的影响。例如，黑种人和白种人都有其特有的文化风格和态度。

除了以上介绍的亚文化群体以外，用其他变量也可以细分出很多亚文化群体。特别是在现代社会中，消费者的价值观念、生活方式、消费态度总是在变化着，导致新的亚文化群体层出不穷。通过对新的亚文化群体的分析，营销人员可以了解目标市场的需求状况和消费行为特征，从而提高营销策划的目的性和针对性，以取得良好的效果。

12.1.3 文化、亚文化与消费者行为

1. 文化与消费者行为

社会文化对消费行为的影响是多方面的，具体来说，有直接影响和间接影响两种。从直接影响来看，社会文化规定人们的消费习惯，决定人们的消费需要的内容和满足消费需要的方式。人们吃什么、买什么、穿什么、用什么、怎样吃、怎样用，这些都要受到社会文化的影响，都要被社会文化所决定。社会文化以形成某种风俗习惯的方式来制约人类的这些行为。从间接影响来看，社会文化通过调剂人们的生活方式、价值观念、审美情趣等，来影响人们的消费行为。在社会文化的作用下，人们会形成相应的生活方式、价值观念和审美情趣。而这些方面一旦确定下来之后，就会对人们的消费行为产生制约作用。

社会文化对人们消费行为的影响不是强制性的，而是以潜移默化的形式进行的。消费者从出生之日起，就开始接受社会文化的熏陶，父母的帮助、学校的教育、社会的宣传，以及个人在成长过程中所经历的一切，都属于文化教化。但是这种教化是无形的，它往往使消费者在不知不觉中接受社会文化所确立的准则。社会文化的教育作用只有在文化发生冲突时，才能被人们明显地感觉到。例如，身在异国他乡的人，不仅会发现语言不通、生活习惯不一样，还会发现生活方式、时间观念、价值观念也截然不同。这时，人们会强烈感觉到社会文化对人的影响。

社会文化给人们提供了行为的准则，但是人们在这些行为准则面前并不是完全盲从的，也不是固执不变的。社会文化能否对人的行为起绝对支配作用，还要看这种文化是否能满足人的需要，能否适应社会的发展。如果一种社会文化不能满足人们的需要，人们就会修正这种文化，并创造出新的文化来代替它。

2. 亚文化与消费者行为

消费者行为不仅带有某一社会文化的基本特性，而且还带有所属亚文化的特征。与前者相比，亚文化往往更易于识别、界定和描述。因此，研究亚文化的差异可以为企业营销人员提供市场细分的有效依据。例如，地处广州的中美合资亨氏联合有限公司 1985 年投产以来，所生产的亨联系列食品畅销国内市场。其原因在于公司在投产前，先后在我国各地城市的 2 000 个不同类型的家庭进行了关于产品外形、口味、价格、何处购买等问题的全面调查，然后据此划分若干细分市场，针对不同地区、不同年龄的婴幼儿情况采取了不同的产品配方。例如，南方儿童患缺铁性贫血、佝偻病的较多，他们在南方市场销售的食品中钙铁含量较同类产品高近三倍；北方儿童缺锌的较多，他们在北方市场销售的食品中增加了锌的含量。由此，亨联产品处处受到消费者的欢迎，保证了较大的市场占有率。

12.2 流行、时尚与习俗

12.2.1 流行与流行文化

一、流行的含义与特征

1. 流行的含义

流行是一种普遍的社会心理现象，它是指社会上一段时间内出现的或某权威性人物推崇或倡导的事物、观念、行为方式等被人们接受、采用，进而迅速推广直至消失的过程。流行涉及社会生活的各个领域，包括服饰、音乐、美术、娱乐、建筑、语言等。

流行的产生，一方面是追逐流行的人们的心理需要，表现为：

①人们要求提高自己的社会地位。
②获得异性的注目与关心。
③显示自己的独特性以减轻社会压力。
④寻求新事物带来的刺激。
⑤起到某种自我防御机制的作用。

另一方面，流行的社会因素是：

①具有对新技术、新思想宽容并予以鼓励与尊重的社会环境。
②传播媒介的发达、商业网络的健全以及权威人士的参与。

2. 流行的特征

流行的通常具有以下特征：

①新奇性。人们对新出现的流行总是感到新奇，流行的内容一般是新近出现的新颖样式。
②个体性。人们往往认为流行是突出个人特点的一种自我宣扬的工具。借着时髦、标新立异，甚至可以借此提高社会地位。
③消费性。追求流行是一种享受和消费，例如，对时装和化妆品等的追求。
④周期性。流行从出现到消失的时间较短，但在消失之后的若干时期，又会周而复始地出现。
⑤选择性。流行可由人们自由选择，不具有强制力。
⑥规模性。流行要有一定数量的社会成员参与。
⑦现实性。流行突出反映了当时的社会和文化背景。

二、流行文化

1. 流行文化的含义

流行本身就具有文化的特征，流行文化与消费文化、休闲文化、奢侈文化、物质文化、都市文化、次文化、大众文化以及群众文化等概念相关，流行是这些文化共同组成的一个内容丰富、成分复杂的总概念。流行文化所表示的是按一定节奏、以一定周期、在一定地区或全球范围内，在不同层次和阶层的人群中广泛传播的文化。

2. 流行文化的特征

流行文化通常具有如下特征：

（1）流行文化的产生与生命周期缩短

20世纪90年代以来，由于我国市场经济占据主流地位的确认，使流行文化得以朝气蓬勃地发展起来。随着生产力的发展，产品的生产周期越来越短，产品在市场上的流通速度加快，这为流行商品的快速更替创造了可能。

（2）流行文化重新建构了文化格局

流行文化与艺术、戏剧、音乐和文学等不同，流行文化通常是通俗的、大众的。一般通过传媒的感官刺激加以传播，回避逻辑推理与深度反思，人们对流行文化的鉴赏，是出于一种自我娱乐与娱乐大众的心态，即流行文化具有很强的亲民效应和感染力。但是，当一个社会流行文化大行其道之时，严谨、理性、思索和传统等就会显得不合时宜而被忽略或抛弃，这对社会文化的发展会产生不利影响。

（3）流行文化成为商业化运作的结果

商业化运作是商业主体推广产品的一系列连锁环节。在整个运作过程中，流行文化吸引了一批稳定的消费群体，而这些消费群体又带动了流行文化市场，配合流行文化的商业活动，保证了参与活动的商业主体的利益。由此，流行文化受利益驱动，成了被市场控制的商业行为。例如，电影在上映之前编创演人员进行大力宣传造势，以吸引大众的目光，拉动电影市场的需求，保证票房。不仅如此，和电影相关的副产品也随之产生，电影的原创文学作品、电影的光碟、电影音乐的CD以及带有标识的系列产品都成了流行文化的符号而被大量复制，占领消费市场。

（4）流行文化涉及的范围更加广泛

随着科技的发展和新媒体的产生，流行文化传播的范围越来越广泛。例如，互联网特别是移动互联网已成为社会信息传播和汇聚的平台，各种文化运用互联网平台进行传播交流、交锋、交融已经成了常态。同时，随着流行文化的产生，主要的大众意见领袖包括演艺明星、体育明星、社会名流、记者、广告人、各类编辑等将带有潮流意味的符号向外传播，成了价值和观念的主要提供者，影响着人们对社会、事物、消费的看法。

12.2.2 消费流行

一、消费流行的含义与特征

1. 消费流行的含义

在人们的日常生活中，一些具有一定特色的商品，特别是具有外显功能的商品，由于某种原因，在一定地区的一段时间内十分流行，正确把握并利用这种流行将有利于企业最大可能地增加产品的销量，扩大产品的市场占有率。因此，消费流行是一种通过市场反映出来的经济现象，也是在一定时期和范围内，大部分消费者呈现出相似或相同行为的一种消费现象。

2. 消费流行的特征

流行产生的原因往往十分复杂，可能由于科技的进步，也可能是舆论媒体、影视娱乐业的影响，还可能是消费观念、消费环境的变化，但无论是什么原因引起的消费流行，一般都有如下几方面的特点：

(1) 突发性和集中性

消费流行往往没有任何前兆，令人始料不及，随后迅速扩张，表现为大批消费者的集中购买。但随着人们热情的减退，流行产品会很快受到冷落。消费流行这种突发性和集中性特点给企业的生产和销售带来困难的同时也创造了机会，准确把握流行趋势有利于企业以最快的速度占领市场从而获取最大的收益，当然，错误的预测也可能给企业带来难以预料的损失。

(2) 短暂性

一般来说，人们对某种事物的热情很难持久不衰。因此，绝大多数消费流行注定也是短暂的。从某种意义上讲，流行也就意味着短暂。因为人们对流行商品的追求除了功能的实用外，更主要的是获取精神上的满足。因此，追求流行也就是感受新事物，获得新体验，消费者重复购买的可能性不大。

(3) 回返性

曾经流行过的商品，经过一定的时间，又可能再度流行。这在商品世界是一种十分普遍的现象。这种情况可能是受到某些因素的诱导，也可能是人们审美观念的复古。例如，前几年电影《花样年华》上映之后带来的旗袍流行。有一位英国学者曾经这样描述过商品的流行风潮："在产品流行的五年前，人们视该产品为新事物；三年前，如果有人使用，们会认为是招摇过市，精神不太正常；一年前使用，视之为大胆。流行当年购买该产品是得体的表现，而一年后则略显土气，五年后仍然使用则被认为是老古董，10 年后继续使用则会招人耻笑，而到了 30 年后使用则会被看成新奇、具有独创精神。"这段话精辟地描述了消费流行的回返性这一特性。

二、消费流行的分类

从现象上看消费流行的变化十分复杂，流行的商品、流行的时间、流行的速度都不一样，但从市场的角度考察，可以从不同角度将消费流行分类如下：

(1) 根据流行商品划分

吃的商品引起的消费流行：这类商品的消费流行是由于人们对健康的关注以及口味的变化而引起的。例如，时下红葡萄酒的流行，就因为医学研究表明适量喝红酒有益于身体健康。还有些是攀比心理所引起的。例如，小学生对麦当劳、肯德基的追捧就是这种心理的具体体现。

用的商品引起的消费流行：这类流行大体可反映在两个方面：其一是新产品的消费流行；其二是产品功能改进引起的消费流行。但两种流行产生的原因都是产品所带来的生活的便利和满足。

穿着类商品引起的消费流行：这类商品所引起的消费流行除了本身价值带来的消费者满足程度外，更依赖于其反映出来的时尚理念。前一种流行商品如前些年羽绒服、保暖内衣的流行；后一种体现在色彩、式样、面料的流行，流行的时间短、速度快。

(2) 根据消费的地域范围划分

按消费的地域范围可分为世界性、全国性、地区性的消费流行。

世界性的消费流行：世界性的消费流行是指那些流行范围广、受世界上多数国家消费者所关注的商品的流行。例如，健康食品、保健食品的流行，就源于人们对环境问题的关心和担忧；仿古商品的流行，源于人们对古代田园生活情感的留恋。这种流行对于发达国家的社会生产以及消费产生的影响较大，对其他国家而言，这种流行的产生主要来源于两个方面：其一是生产者为了开拓发达国家市场而着力推广此类商品；其二是发展中国家的高消费阶层追求消费流行而模仿发达国家消费者。另外，这种消费流行还在一定程度上受到宗教文化的影响。例如，近年来我国出现的年轻人对西方圣诞节、情人节的重视而引起的节日产品的流行。

全国性的消费流行：从范围上来讲是覆盖一国的大多数地区，影响面较为广泛。从总体上看，该类商品的流行速度慢、时间长，受经济发展水平以及消费习惯的影响较大。此类流行一般起源于经济发达地区和沿海城市，呈波浪式向内地和经济欠发达地区推进，在一些地区形成流行高峰的同时在另外一些地区则走入流行低谷。这种流行态势在服饰类商品上表现得尤其突出。

地区性的消费流行：从现象上看，是最普遍、最常见的。从实质上看，这种消费流行来源于全国性的消费流行，又带有一定的地域色彩，有的则纯粹是一种区域性的流行。受全国性消费流行影响的区域性消费流行，实质上是全国性消费流行在一定地区的放大和强化。而纯粹意义上的区域性消费流行则是流行发源地的消费流行，由于某种原因未能扩展到其他地区就进入了流行的衰退期。

三、消费流行的规律

对企业来讲，由消费者心理活动促成的消费流行，既是市场营销的机会，又是企业营销的"陷阱"，所以，把握消费流行规律是企业掌握市场动态与方向的重要一环。消费流行与其他社会经济现象一样，有其自身的发展变化规律，主要有以下两个方面的内容：

1. 消费流行的地域传播规律

消费流行按其地域范围的大小，可划分为地区性流行、业界性流行、全国性流行和世界性流行几种类型，这些类型所反映的是流行的地域特性。其流行的规律主要表现为：

(1) 从发达地区向不发达地区传播

由于消费的基础是经济发展水平，市场商品的多样化促成消费行为的多样性，商品更新换代的速度影响消费行为的转换速度。因此，消费流行总是由经济发展水平较高的国家或地区开始，而后向经济欠发达的国家或地区扩展和延伸。

(2) 波浪式传播

消费行为表现为短期内爆发式的向外扩展与延伸，当一种消费流行由发达地区兴起并传播到欠发达地区时，随着欠发达地区流行的兴起，发达地区的流行趋势一般随之下降，又会酝酿新的流行。这种波浪式运动的传播趋势，是源于消费者对原有流行产生厌倦心理的结果。波浪式的传播在时间上表现为继起性，具有从发达地区向欠发达地区顺序转移的基本特点。

我国国内形成的消费流行，一般是从京、津、沪及沿海发达地区开始，逐渐向中部地区转移，而后进入西北地区，或是从中原地区向西北地区波浪式逐渐推移。

2. 消费流行的人员结构规律

实际生活中，各种流行并不是单一的线性发展，而是交叉重叠在一起，互相影响，互相渗透。无论何种消费流行，都是通过一定的方式扩展开来的。归纳起来，消费流行的方式一般有以下三种：

（1）滴流

滴流即自上而下依次引发的流行方式。通常以权威人物、名人明星的消费行为为先导，而后由上而下在社会上流行开来。例如，中山装、列宁装的流行等。

（2）横流

横流即社会各阶层之间相互诱发横向流行的方式。具体表现为某种商品由社会的某一阶层率先使用，而后向其他阶层蔓延、渗透，进而流行起来。例如，近年来，三资企业中白领阶层的消费行为经常向其他社会阶层扩散，引发流行。

（3）逆流

逆流即自下而上的流行方式。它是由社会下层的消费行为开始，逐渐向社会上层推广，从而形成消费流行。例如，"牛仔服"原是美国西部牧牛人的工装，现在已成为下至平民百姓、上至美国总统的风行服装。领带源于北欧渔民系在脖子上的防寒布巾，现在则成为与西装配套的高雅服饰。

流行不管采取何种方式，其过程一般是由"消费领袖"带头，而后引发多数人的效仿，形成"时尚潮流"。引发流行除了上述榜样的作用外，还有商品的影响、舆论宣传的影响等。

四、消费流行周期

消费流行是具有周期性的。具体地说，消费流行的周期包括以下几个阶段：

1. 介绍期

介绍期是指一种新产品刚刚投放到市场，少数消费者即将对其产生需求的阶段。这一阶段的需求量很小，只有少数的消费"带头人"首先消费，而多数人对它是陌生的。在这一阶段，企业应该充分发挥新闻的权威作用，宣传报道有关流行趋势的一些问题，也可以利用影视明星、时装模特等进行广告宣传，引起消费者的注意。

2. 发展期

发展期指消费者由于对某种流行商品有所认识，开始接受，由羡慕、欣赏进而模仿消费，产生大量需求的阶段。这时，企业开始大量生产，竞争者纷纷加入，产品开始推广普及。这时的购买者一般是比较喜欢赶时髦的年轻人，他们具有较强的社交能力和较广泛的信息来源，往往能首先注意到流行商品的出现。

3. 盛行期

盛行期是指某种商品的产量和需求量进一步加大，该商品在市场中普遍流行的阶段。在这一阶段，流行商品被消费者普遍接受，前期的多数观望者也加入购买者的行列。这时，市场销售量达到最高峰,消费流行的速度达到了顶点,价格已经下降,商品已经成为大众化商品,除了十分保守的人以外,在有支付能力的消费者中,普及率非常高。因此,这时的市场已经趋于饱和。

4. 衰退期

当一种商品已经达到盛行期时,表明该商品将要走下坡路。衰退期指的是对该商品的需要已经满足,市场已经饱和,人们对商品的新奇感已经消失。当初的"带头人"早已放弃这种商品,转而去追求另一种流行样式。商品价格进一步下降,甚至采取大甩卖的方式来处理那些已经过时的商品。因此,销售额和利润大幅下降,商品开始退出市场。

五、消费流行的影响因素

消费流行作为一种社会现象,它不是凭空产生的,而是有其深刻的社会根源和心理根源的。影响消费流行的因素主要有以下几个方面:

1. 社会生产力发展水平

社会生产力发展水平的高低及由此决定的人们物质生活条件的丰裕程度和人们的消费水平,是影响消费流行的最基本条件。因为虽然消费流行在历史上很早就出现了,但由于生产力发展水平低下,流行的发展变化十分缓慢。只有在社会化大生产的条件下,企业能够大规模地组织生产并生产出大批量的产品,使得工业品的价格比较低,才能使普通民众也能消费得起,并加入流行消费的行列中。否则,如果产品供不应求,消费流行就会受到抑制。另外,如果物质生活很窘迫,人们不得不为解决温饱而奔波的时候,就不会去追逐时尚。

2. 社会文化因素

社会文化对消费观念和消费行为的影响在本书中已经有了详细的阐述。对于消费流行来说,社会文化的影响也是很广泛的。其中,消费者的价值观、宗教信仰、人们受教育水平的高低及人们的审美能力等都能影响到消费流行的内容与形式。

3. 社会心理因素

流行是人们追求个性意识的产物,是人们渴求变化、追求新奇的社会表现。同时,流行也与人们的从众心理和模仿心理密切相关。人们为了与众不同、表现自我而去追新猎奇,又为了赶上潮流而去模仿那些比自己更新潮的人。正是这些社会心理因素,才使得消费流行有了一定的社会基础。

4. 宣传因素

在一定条件下,通过各种媒介进行宣传,是产生消费流行的主要方法之一。特别是大众传播媒介的独特作用,使得有关商品或服务的信息能够在最短的时间内到达目标受众,这就为消费流行提供了一定的条件。

12.2.3 时尚

一、时尚的含义

德国社会学家、哲学家格奥尔格·齐美尔提出了著名的时尚理论。齐美尔认为:"时尚的本质存在于这样的事实中:时尚总是只被特定人群中的一部分人所运用,他们中的大多数只是在接受它的路上。一旦一种时尚被广泛地接受,他们就不再把它称作时尚了;时尚的发展壮大导致的是它自己的灭亡,因为它的发展壮大即它的广泛流行抵消了它的独特性。"

在各种有关时尚的定义中,具有代表性的有两大类。第一类着重表述关于时尚流动性的行为方式。从字面含义来看,时尚是指在一定时期内,社会上普遍认同和接受的风俗或习惯,既有时间上的短暂性,又有流行性。时尚的流动性表现为:时尚时刻在变化,一旦时尚不再改变,可能是由于社会封闭或者是时尚已被转化为民俗并成了一种社会标准,此时的时尚也就不再被称作时尚了。另一类观点是基于时尚表现出来的价值观及文化含义。美国社会学家布鲁默认为,时尚是一种流行的或被普遍接受的风格,被认为在某些领域具有较高的价值。日本学者藤竹晓也认为:"时尚不仅包括某种思想浪潮或行为方式渗入社会各个方面的过程,而且还包括在渗透过程中,时尚涉及的领域不断增多,时尚的理念不断地改变人们的价值判断的过程。"

因此,时尚作为最为常见的社会现象之一,也是流行文化的表现或者说是流行文化的一部分。综合各种观点,时尚可以表述为:时尚是指在一定时期内出现的一种特定的生活方式和文化现象,它表现为人们对于某些具有特定意义的观念、行为和物品的尊崇和偏好,由少数人率先提出,并因在一定范围内受到多数人的仿效和追逐而流行,随后逐渐消退。

二、时尚的特征

1. 新奇性

新奇性是时尚最为显著的特征,可以说是时尚的生命所在。但是,某一事物是否时尚并不在于它本身是否新奇,而在于其所处社会对这种"新奇性"的理解和认识,例如,如果某种事物过于新奇而超出社会大多数人认识和可接受的范围,则往往会被当作极端的异类而被边缘化。

2. 差异性

差异性是指不同群体对时尚有不同的理解。不同阶层、身份地位,不同地域、种族,不同年龄、性别甚至不同职业的人群对时尚的理解都具有差异性。

3. 模仿性与从众性

模仿性与从众性是时尚产生和传播的心理机制,是时尚潮流不断向前发展的动力。大多数情况下,社会的上层人物是时尚的开创者、倡导者,是被模仿的对象;普通大众是时尚的追随者,会模仿上层人士的行为方式,从而产生从众性。由此时尚的传播走向呈现为一种上行下效的趋势,即为时尚现象的"下行性"。娱乐明星、商业明星甚至政治明星等各类社会名人的衣食住行方式都可能成为大众模仿的对象。

4. 短暂性

短暂性特点往往表现为时尚在短时间内迅速兴起和扩散,达到顶峰后又迅速衰退和消失。在传媒技术高度发达的今天,时尚的这种短暂性特征表现得尤为明显。在这种情况下,人们在选择某种时尚的时候往往容易产生盲目跟风或随波逐流的现象。一般而言,短暂性特点并不会降低时尚的地位,相反,正是时尚的这种短暂性增加了其吸引力。另外,有些时尚能够引起社会上大多数人群的兴趣和持续关注,经过时间的沉淀后成为经典。

5. 周期性

周期性具有两层含义:首先,几乎每一种时尚都要经历从出现、兴起、传播、高峰、衰退直至消失的过程,这是时尚现象的生命周期;其次,周期性还意味着流行过后的某些时尚在一定的社会条件和文化心理的支撑下可能会卷土重来,再次成为一时之风尚。当然,时尚变迁的周期性并不是简单的重复,时尚所蕴含的内在意义早已发生变化,时尚所表现出来的周期性仅是一种形式上的循环往复。

三、时尚和流行的异同

在英语中,时尚与流行所对应的都是 fashion 一词。流行有着与时尚相似的特征,如都是以模仿和从众为心理机制,都具有短暂、善变的特性,都要经历出现、兴起、传播、高峰、衰退直至消失的过程等。尽管时尚与流行有上述种种关联,但这两者之间仍然存在着区别。时尚源于对个性化的追求。流行则意味着大众化,是一种群众性的社会心理现象。从这个意义上来看,可以认为流行是时尚的规模化,时尚发挥着引导流行的作用,时尚是流行的诱因,是流行形成的前期准备。因此,可以说,流行的就不再是时尚的。当然,时尚的不一定就能流行。

12.2.4 习俗与消费习俗

一、习俗的含义

从字面上来看,习俗就是风俗习惯的意思,指个人或集体的传统风尚、礼节与习性。习俗主要包括民族风俗、节日习俗和传统礼仪等。习俗是一种行为规范,具有一定的稳定性,不少的习俗历经时代变迁而留存至今,表现出了明显的继承性。然而,随着社会的不断变化,习俗也会随之发生一定的改变。

二、消费习俗的含义、特征与分类

1. 消费习俗的含义

消费习俗是指一定地区约定俗成的消费习惯,是社会风俗的组成部分。它是人们在日常生活中,由于自然、社会以及政治经济等方面的原因而形成的。

2. 消费习俗的特征

(1) 长期性

消费习俗都是在漫长的生活中,逐渐形成和发展起来的。一种消费习俗的形成一般要经过几代人或者更长时间的积累,而已经形成的消费习俗又将在长期内对人们的消费行为产生潜移默化的影响。

(2) 社会性

消费习俗的形成离不开特定的社会环境,是人们社会生活的组成部分,带有浓厚的社会色彩。消费习俗首先是由众多的社会成员在共同的社会生活中共同参与而形成的,而且社会环境因素、社会意识形态的变化也会使消费习俗产生一定程度的变化。因此,消费习俗的形成乃至发展变化都有着深刻的社会方面的原因。

(3) 区域性

消费习俗是特定地区产生的,带有强烈的地方色彩。例如,广东人喝早茶、四川人吃火锅的习惯。少数民族的消费习俗更是他们长期在特定的地域环境中生活而形成的民族传统和生活习惯的反映。消费习俗的地域性使我国各地区形成了各不相同的地方风情。

（4）非强制性

消费习俗的影响并非通过强制手段来推行，而是通过无形的社会约束力量发生作用的。这种约束力虽无强制性，但却具有强大的影响力，使生活于该习俗范围内的人们自觉或不自觉地遵守相应的习俗。

3. 消费习俗的分类

（1）物质消费习俗

物质消费习俗主要是由自然、地理、气候等因素影响而形成的习俗，而且主要涉及有关物质生活范畴。物质消费习俗与社会发展水平之间具有反向关系，即经济发展水平越高，物质消费习俗的影响力越弱。这类消费习俗主要包括以下3个方面：

①饮食消费习俗。在我国，除了前面介绍的口味习惯外，还有北方人以面食为主，南方人以大米为主的饮食习惯；沿海居民喜欢鲜活食品，内地居民喜欢冷冻食品。这些饮食习惯基本上是受供应条件限制而形成的，但近年来随着经济发展、科技进步以及运输业的发达，这种地域限制造成的习俗差异越来越小。

②服饰消费习俗。我国地域广阔，大多数少数民族按地域不同而聚居。因此，也形成了各具特色的服饰消费习惯。东南地区与西北地区的服饰就有很大的不同。例如，西北地区人们包头、束腰的习惯其他地区就没有，各少数民族的盛装打扮也是汉民族所没有的。

③住宿消费习俗。受不同地区生活环境及经济发展水平差异的影响，人们住房建造与住宿方式也有很大的不同。例如，在西北牧业地区，人们习惯于住蒙古包。即使随着经济的发展，可移动的蒙古包越来越少，但人们在建造固定住房和室内装修时仍习惯于采用蒙古包的建造装修方式。

（2）社会文化消费习俗

社会文化消费习俗特指受社会、经济、文化影响而形成的非物质消费方面的习俗，这类消费习俗较物质消费习俗，具有更强的稳定性。

①喜庆类消费习俗。喜庆类消费习俗是社会文化消费习俗中最主要的一种形式，是人们为了表达各种美好感情，寄托美好愿望而产生的具有特定意义的消费活动习惯。例如，我国庆贺春归、祝愿收获的春节，祈愿合家团圆的中秋节，西方的圣诞节、情人节、狂欢节等。

②纪念类消费习俗。纪念类消费习俗是为了纪念某个事件或某个人而形成的消费习俗。这类习俗往往与各种重大的历史事物有关，具有较强的民族性。例如，我国人民为纪念战国时期楚国诗人屈原而形成的在端午节吃粽子的习俗，西方人为纪念耶稣诞辰而形成的圣诞节。

③宗教类消费习俗。这类消费习俗是由于某种宗教信仰演化而成的，大多与宗教教义、教规、教法有着密切的关系。因此，宗教色彩深厚、约束力很强。例如，伊斯兰教的斋节、宰牲节，基督教的复活节，犹太教的成年礼等都属于传统的宗教节日。

④文化类消费习俗。这类习俗是社会文化发展到一定水平而形成的，具有深刻的文化内涵。能够流传至今的文化消费习俗一般与现代文化具有较强的相容性。在我国较有影响的文化消费习俗主要是各种地方戏演出以及各具特色的文化活动。例如，以山东潍坊代表的北方地区的放风筝习俗，南北地区风格各异的舞龙、舞狮活动等。

三、消费习俗对消费者的影响

消费习俗对消费者有极大的影响，主要体现在以下 3 个方面：一是消费习俗促成了消费者购买心理的稳定性和购买行为的习惯性；二是消费习俗强化了消费者的消费偏好。在特定地域消费习俗的长期影响下，消费者形成了对地方风俗的特殊偏好，并产生一种自豪感，这种偏好会直接影响消费者对商品的选择，不断强化其已有的消费习惯；三是消费习俗使消费者的心理与行为的变化趋缓。由于遵从消费习俗而导致的消费活动的习惯性和稳定性，将大大延缓消费者的心理及行为的变化速度，并使之难以改变。这对于消费者适应新的消费环境和消费方式会起到阻碍作用。

12.3　文化适应与文化变迁

12.3.1　文化适应

1. 文化冲突

在一个特定的文化环境里，一种特定的文化提供了一套能使其成员妥善处理人与人、人与物、人与社会关系的生活准则。特定的文化培育了其社会成员的独特个性，并使之产生求同排异的心理。由于文化的差异性和复杂性、内敛性特点，消费者对同样的产品设计、同样的广告宣传持有不同的信念，并表现为不同的消费态度。如果不能很好地理解文化差异，并因地制宜地采用不同的营销战略，就可能产生文化冲突，限制消费。我国的古话，"入境而问禁，入国而问俗，入门而问讳"，恰如其分地表达了了解文化差异，避免文化冲突的重要性。

例如，与可口可乐、李维斯牛仔、迪斯尼乐园齐名的美国文化的代言产品之一——万宝路牌香烟，在进入我国的香港地区和日本之初莫名地备受冷落。问题就出在了产品代言人西部牛仔上，这一形象是美国坦诚豪放文化教育的代表，但在推崇"上下有序"的香港地区和日本，牛仔却是低级劳工的象征。两相比较，在这两个地区，高价位与代言人形象不相吻合。如果不能换位思考，将自己的文化取向作为理解当地文化的标准，就可能产生文化冲突。

2. 文化适应

每一种文化都是独一无二的，文化没有对与错、好与坏之分，只有差异。文化适应即企业在制定和实施国际营销决策时，充分考虑目标市场上的语言、宗教、价值观、生活习惯、消费风俗等文化的特点，并比竞争对手更好地满足消费者的需求，取得竞争优势。适应一国的文化，说起来容易，做起来却非常困难。很多跨国经营者难以真正地适应东道国的文化环境，是因为文化环境对人们行为的影响根深蒂固。当我们进入异域文化时，自我参照准则就会发生作用。

美国的詹姆斯·A. 李在 1966 年的《海外经营的文化分析》一文中指出，自我参考价值指的是"经营人员在跨国经营中遇到具体情况，无意识地参照自己的文化价值体系来作为理解这种情况的依据和标准"。

在中国，向客人敬烟是为了表示礼貌和友好往来，然而在外国，特别是在欧美国家，有不少人是反对吸烟者。因此，敬烟被视为不礼貌的表现。1985年我国某烟草公司去美国参加一大型展销会，带去大量的香烟准备在开幕式上做招待用，并进行促销性质的免费散发，结果失败。

为此，在接触一种新文化之前，经营人员应该学会自问几个问题：

①我所了解的东道国文化，特别是商业习惯到底有多少？

②我对东道国公民的看法和观点如何？是持之有据，还是陈旧僵化？

③如何将这些看法和观点与本民族的文化区别开来？

正如一位美国专家所言："国外经营的成败，取决于国际企业管理人员对文化基本差异的理解，取决于他们是否愿意把美国文化观念当作超重行李一样留在美国境内。"为了有效克服自我参考价值对跨国经营者的困扰，詹姆斯·A.李提出一整套解决方法，分为四个步骤：

第一步，按照本国的文化特点、习俗和规范来确定业务问题或目标。

第二步：按照外国的文化特点、习俗和规范来确定业务问题或目标。

第三步，把自我参考价值在该问题中的影响孤立出来，研究自我参考价值如何使问题变得复杂化。

第四步，在没有自我参考价值影响的情况下，重新确定业务问题，确定最适当的业务目标。

如前所述的万宝路香烟，正是发现了中国香港地区消费者和日本消费者对于"产品代言人"形象理解的文化差异，积极改变产品代言人，在中国香港地区以成功的牧场主为其品牌代言人，这完全符合香港人对成功的追求，同时也赋予了该香烟一种明确的产品定位，即成功人士的选择；而在日本，我们看到豪放的牛仔化身为悠闲的小牧童，这无异于日本人紧张生活之余的舒缓音符。

而我国的海尔集团之所以能够成功地开辟国际市场，也与其积极开展文化适应不无关系。在美国，海尔自由式酒柜填补了美国市场的空白，成为中产阶级时尚生活的一部分；在欧洲，海尔变频空调获欧洲"节能之星"美誉，是唯一打入最强行列的中国品牌；在南亚，海尔推出能洗15千克大袍子的洗衣机受到市场的认可；在非洲，海尔推100小时不化冻的制冷产品系列在当地市场销量第一。这些产品的成功推出，正是由于海尔能够根据当地消费者文化的特点，开展本土化产品设计，适应当地文化的结果。

同样，自行车在我国很多家庭依然是一种交通工具，因而结实耐用是消费者主要关注的产品属性，而在欧美等发达国家，很多消费者是将自行车当作一种休闲健身的器材，这样他们关注的是自行车是否具有良好的制动功能和流线型的设计及独特的功能。因而，如果要开辟国外市场，我们就应忘记我国市场上自行车的固有特点，根据消费者的消费文化对产品进行重新的设计，营销的重点也应由实用向休闲转变。

日本很多企业凭借对中国文化的了解，成功开拓了中国市场。例如，丰田汽车成功地改用了"山重水复疑无路，柳暗花明又一村"的古诗，以一则"车到山前必有路，有路必有丰田车"的广告赢得了中国消费者的青睐。

12.3.2 文化变迁

1. 文化借鉴

由于各个国家、地区文化的差异性，在社会发展的过程中，为了更好地解决社会的特殊问题，各种文化会在创新发展的过程中，借用其他文化的有用方法，这就是所谓的文化借鉴。

如果这种借用确实能适合当地需要并被习以为常，它就会融进主体的文化传统之中。例如，今天我们所用的电灯、电话，都是美国人发明的；而欧洲人制作的火枪，又是在中国人发明的火药基础上发展的。通过借鉴，不同文化之间产生了趋同的特点。但是当一种文化被借鉴到另一国后，并不意味着全盘接受，这也正是同源文化在借鉴之后出现差异的原因。例如，英美都说英语，然而英国人属于保守型的"绅士文化"，而美国人则属于开放型的"融合文化"；在使用西班牙语为第一语言的拉美国家，有各自的习惯用语，他们往往出于民族自尊，而对"外国的西班牙语"实行抵制。日本在借鉴中国文化的过程中，亦是有抉择地改变。例如，其国服和服，及其文字，均是既有中国文化的影子，却又保持了独立的风格。

2. 文化变迁

随着时间的推移，一个社会中的价值体系、美学观念、语言、道德规范和生活习惯等都在不断地发生着碰撞、借鉴、接纳，这种文化的变化、吸收和融合即文化变迁。

（1）文化变迁的阻力

人们的习惯、观念、行为及气质等都并非一成不变，而是在不断变化着的。随着科学技术的进步、经济联系的加强、交通通信的发达，以及人的自我意识的复苏，人类社会正逐渐变成一个"地球村"。各种文化正在由对立走向统一，从分离走向融合。

但是，在变化之初，由于传统文化的影响，人们对任何一种新文化、新思想总是难免会经过一番怀疑，才会逐渐接受。通常，人们对新事物的兴趣、新事物对现有价值标准和行为模式的替代程度，是新文化能否被接受的最关键因素。例如，随着工业化进程的推进，许多国家的妇女改变了成家后放弃工作的传统，转而加入了工作者的行列，这在一定程度上造成了快餐、省力节时的设备以及一切有助于工作和省时的产品正在迅速地被接受。

文化对于新思想、新技术或新产品的阻力出自多种原因。即使客观上需要变革，但如果人们没有意识到这种需要，仍然会遇到阻力。例如，中医疗法在我国由来已久，深得患者的信任，但是对于很多外国消费者来说，将花花草草作为治病的良药很难理解，对于拔罐、刮痧、针灸等传统疗法更是难以理解，这就造成了一定的市场阻力。通常情况下，事实性的知识文化容易发生变迁。例如，英语在我国成为很多消费者接纳的第二语言，而在好莱坞电影中，诸如武术、旗袍、太极等中国元素的出现，均是将文化中外显的因素加以应用；但是另外一些解释性的知识文化却因价值标准、习惯或信仰的限制，而呈现出缓慢的、渐进的变迁特点。例如，我国的男女比例一直为远远大于自然比例的106∶100。这表明我国的男女比例正在日益失衡。这种情形的出现是由于中国人传统中养儿防老的思想及计划生育政策共同作用的结果。

（2）文化变迁

在古代，由于交通和通信设备的落后，各国之间的文化保持着相对的封闭，即使有所交融，也仅限于地域上相邻的一些国度。通信手段的日益发达和交通工具的日益先进，极大地缩小了国与国之间的时间和空间距离；文化是服务于人类需要的，随着各国消费者经济收入普遍提高，人们的需要由单纯追求温饱走向了追求多元化的消费；资源禀赋和比较成本的客观存在加速了不同国度之间的经济交往，也带来了异域文化对各国消费者的传统生活的冲击。

随着与外来文化接触者、体验者人数的增多，必然对一国居民的消费文化产生一定的影响，并影响到消费结构。诸如牛仔裤的普及，信用卡消费的热潮，英语培训的兴盛，快餐文化的兴起，圣诞节、万圣节等节日用品的热卖无不与外来文化有关。

12.4 影响消费者行为的主要文化因素

1. 语言

语言是文化的基本要素和主要载体，也是跨文化传播的必备要件。在跨文化传播中，由于文化差异的存在，语言会造成人们新的焦虑和不确定性。因此，对语言在跨文化传播中意义的描述、理解和反思一直是跨文化研究的主要议题。许多营销失误就是由于缺乏对语言跨文化差异的了解。

2. 价值观念

价值观是关于价值的观念，是人们基本的信念、信仰和理想系统。在同一客观条件下，人们对待同一个事物，由于价值观不同会导致不同的态度评价和行为反应。世界上各个国家都有与其特定文化相对应的价值观。在价值观的影响下，各国消费者会形成不同的消费观念和倾向。例如，以美欧为代表的西方价值观主张个人主义，而东方人更强调集体主义价值观；西方人在表达方式上直率、张扬，而东方人往往含蓄、内敛。这些价值观的差别同样会对消费者产生影响。例如，西方消费者在选择品牌时，特别注重自我感觉和标新立异，而东方消费者往往避免与众不同，容易随大流、雷同化。了解不同价值观导致的消费差异，对跨国公司制定营销策略和整合传播策略至关重要。

3. 风俗习惯

风俗习惯是特定社会文化区域内，历经世代而为人们所共同遵守的行为模式或规范。风俗习惯是经长期的社会历史演进而形成的，也是社会道德与法律的基础和相辅部分。因此，对社会成员具有很强的行为制约作用。相应的，风俗习惯对人们的购买行为会产生直接或间接的影响。每个国家和民族都保持着属于自己的风俗习惯，这在节日消费习俗中体现得尤为明显。例如，中国人在元宵节吃元宵、逛灯会，端午节吃粽子、赛龙舟；西方的圣诞节时，人们会装饰圣诞树、赠送礼品。

4. 审美观念

由于文化的长期积淀，每个国家或民族都会形成其特殊的审美观。不同国家或民族的审美观有着相当大的差异。例如，日本人钟爱樱花，视其为国花；俄罗斯人则把向日葵作为国花；荷兰人更钟情于郁金香。企业在跨文化营销中必须重视不同国家或民族审美观的差异，特别应调整品牌名称、包装、广告等的寓意、色彩、造型、音乐表现形式等，以适应当地的审美文化。

5. 宗教

宗教是一种神秘化的信仰，包括宗教思想、宗教组织、宗教礼仪规范、宗教文化等丰富的内容，它是人类在形成社会组织结构后，有意识地发展的一种社会行为。在很多国家，宗教成为维护社会运行的根本性因素。基于此，宗教对人们的生活习惯、消费方式都会产生巨大影响，而不同的宗教信仰也直接导致人们消费观念和消费习惯的明显差异。

本章小结

1. 社会文化是指一个社会的民族性、价值观念、生活方式、风俗习惯、伦理道德、教育水平、语言文字、社会结构的总和。同一文化中的人群根据人口特征、地理位置、宗教信仰等又可以分为若干个不同的亚文化群。亚文化群是指某一文化群体所属次级群体的成员共有的独特信念、价值观和生活习惯。

2. 消费流行是一种通过市场反映出来的经济现象，也是在一定时期和范围内，大部分消费者呈现出相似或相同行为的一种消费现象。消费流行具有突发性、集中性、短暂性和回返性的特征。

3. 消费习俗是指一定地区约定俗成的消费习惯，是社会风俗的组成部分。它是人们在日常生活中，由于自然、社会以及政治经济等方面的原因而形成的。消费习俗具有长期性、社会性、区域性、非强制性的特征。

4. 影响消费者行为的主要文化因素通常包括语言、价值观念、风俗习惯、审美观念、宗教等多方面。

练习与思考

1. 文化的含义是什么？对消费者行为具有哪些影响？
2. 亚文化的含义是什么？对消费者行为具有哪些影响？
3. 消费流行的主要影响因素有哪些？
4. 阐述影响消费者行为的主要文化因素。

技能实训：亚文化与消费者行为

1. 选择某一亚文化群：_____
2. 描述此亚文化群的基本情况：_____

3. 分析此亚文化群的消费特征：_____
_____
_____

4. 查找某一企业满足此亚文化群的具体的营销策略：_____
_____
_____

5. 为相关企业制定营销组合策略提出建议：_____
_____
_____

扩展阅读

亚文化的胜利：B 站跨年晚会

2019 年 12 月 31 日晚，面对各大卫视晚会节目的竞争，首次举办跨年晚会的哔哩哔哩（Bilibili）出人意料地大获成功，以"二零一九最美的夜"命名的晚会不仅人气惊人，当晚直播的观看量超过 8 000 万；而且晚会质量也赢得广泛赞誉，与其他卫视的跨年晚会"就着流量数明星人头"不同，B 站跨年晚会"突破次元壁"的呈现形式与不断唤起年轻人文化记忆的节目策划，让网友纷纷表示其"吊打"其他晚会，《人民日报》也发文赞其"很懂年轻人"。

B 站跨年晚会的成功一方面建立在对年轻人流行文化的精准洞察上，同时又以更多元融合的姿态面向观众。"第一财经"指出，B 站的月均活跃用户为 1.28 亿，最火的视频播放量也不过千万水平；而主流三大视频网站——优酷、腾讯、爱奇艺——的月活路用户数都在 5 亿以上，视频的播放量也动辄上亿，B 站与这些巨头相比，根本不是一个量级。但 B 站的价值在于它清楚年轻人真正的兴趣，并以此为基础运营产品，这次跨年晚会也正体现了这一点：不是以流量明星为重点，也不是靠堆砌破碎的流行热点为噱头，而是将二次元、影视剧、热点事件、童年回忆等一系列贯穿"80""90 后"乃至"00 后"的文化记忆元素综合起来，变成一场泛年轻、泛娱乐的文化晚会。

尽管 B 站一直被认为是青年亚文化的聚集地，但与"亚文化"字面上的反叛意义相反，这场晚会反映了 B 站的年轻用户积极拥抱主流文化，同时也对主流舆论的认可充满了渴望。这一方面体现在晚会中有大量传统艺术与流行文化的融合节目，年轻观众也依然不吝赞美；另一方面，许多 B 站用户在赞美这场晚会时，最爱分享的评价就是自己家长对这场晚会的赞许，也骄傲于B站被官媒点名夸奖。因为晚会的成功，也是对他们所喜爱的二次元的认可，"那些看二次元、玩游戏的孩子好好地长大了"，而主流舆论也不会再将他们的价值观归类为臆想中的"打打杀杀"，而是看到他们对"友情、努力和胜利"的正向精神的歌颂。亚文化此时逐渐与主流文化合流，指向相似的精神内核。这种对主流文化的拥抱，在晚会中展现的顶点，莫过于《亮剑》中扮演楚云飞的张光北领唱的《亮剑》主题曲《中国军魂》，《人民日报》也点名表扬了这个节目的独特设置，指出在其他晚会还是艺人唱歌时，B站的晚会已经"成为向祖国致敬的舞台"。在B站，严肃的爱国情感与话语，早就与具有解构、戏谑与嘲讽意味，且常常是舶来品的亚文化相互融合，这种交汇让前者变得更加有活力，也让后者更具正当性。

（资料来源：https：//baijiahao. baidu. com/s？id＝1654948515197187624&wfr＝spider&for＝pc）

第13章

营销组合因素与消费者行为

学习目标

①理解产品策略对消费者行为的影响。
②理解定价策略对消费者行为的影响。
③理解分销策略对消费者行为的影响。
④理解促销策略对消费者行为的影响。
⑤培养营销伦理与社会责任意识。

引导案例

苏宁的营销模式改变

2013年新春伊始,苏宁在南京举行"2013新模式、新组织、新形象"媒体通报会。会上,苏宁阐述了"云商"新模式的内涵,这标志着苏宁革命性"云商"零售模式全面落地,也开启了苏宁新一年跨越式发展的征程。

苏宁"云商"模式可概括为"店商+电商+零售服务商",它的核心是以云技术为基础,整合苏宁前台后台,融合苏宁线上线下,服务全产业,服务全客群。云商模式不仅是苏宁跨越发展的新方向,也必将成为中国零售行业转型发展的新趋势。

放眼望去,互联网时代的全球零售业近年来正面临深刻变化:需求个性化,商品多样化;时间碎片化,服务智慧化;空间扁平化,渠道复合化。中国是全球增速最快和未来世界最大的零售市场,而苏宁"云商"模式具有全球行业示范效应,将引领世界零售业的模式创新。

围绕"云商"模式,苏宁对组织架构进行了全面调整。专业、垂直、开放、融合、扁平、自主是此次苏宁组织调整的关键词,最大的变化是从原有的矩阵式组织转变为事业群组织。在总部管理层面设立了连锁开发、市场营销、服务物流、财务信息、行政人事五大管理总部,负责战略规划、标准制定、计划管控,协调各经营事业群工作。在总部经营层面,打造线上电子商务、线下连锁平台和商品经营三大经营总部,涵盖了实体产品、内容产品、服务产品三大类28个事业部,形成"平台共享+垂直协同"的经营组合,支撑线上线下融合发展和全品类拓展,强化了专业细分,赋予各业务单元更多的经营自主权和灵活性。在大区层面,扁平化垂直管理、本地化自主经营是苏宁新组织的最大特点。

(资料来源:云商新模式新组织、苏宁新名称新标识 [N]. 销售与市场,2013-03-21.)

13.1 产品策略与消费者行为

产品是消费者满足需求和欲望的基本载体,也是企业进行各种营销活动和决策的基础,是市场营销组合策略中的中心,其他营销策略都是围绕产品策略开展的。它也是消费者的各种心理活动、动机、购买决策和购买行为产生的原因。而企业产品设计的成功与否,主要取决于消费者是否认可和接受。因此,企业必须围绕消费者的心理特点和行为来设计新产品,让消费者接受和喜欢。

13.1.1 产品生命周期

1. 产品生命周期的含义与特点

产品生命周期是指产品从投放市场开始,到它失去竞争能力在市场上被淘汰为止的整个运行过程。产品生命周期一般分为四个阶段:导入期、成长期、成熟期、衰退期。产品生命周期与消费者心理,就是研究各个阶段的产品具有各种不相同的特点,以及这些特点对消费者心理产生影响的规律,同时,研究新产品在消费者中扩散的规律等。

(1)导入期

导入期是产品刚投入市场的试销阶段。在这一时期,由于产品刚刚由设计到制成销售,它在各方面还可能存在一定的缺陷。

(2)成长期

新产品被开发后投放市场,经过导入期的各种营销努力,产品终于站稳了脚跟,并以迅速发展、迅速扩大市场占有率的态势进入产品生命周期的第二阶段。

(3)成熟期

成熟期是产品生命周期中的"鼎盛"时期,指产品的销售达到了顶峰,然后进入销量增加缓慢甚至停滞的时期。在成熟期,产品各方面基本完善,消费者对产品予以肯定的评价,使消费者对新产品的需求猛增,表现在消费行为上,就是对新产品的蜂拥购买。

(4)衰退期

产品的衰退期,是指它在市场上失去竞争能力、陈旧老化、市场销售量下降,并出现被淘汰趋势的时期。消费者对待新产品的态度存在着个体差异,有些人在产品投入市场的导入期就很快接受,另一些人则需要很长时间,进入成熟期才能决定是否接受,还有些人更慢,可能是到了成熟期,甚至是衰退期才购进产品。

2. 产品生命周期心理与设计

产品一旦投入市场,便是产品生命周期的导入期。导入期的消费行为特点是购买人数极少，仅占消费者的较少部分。导入期产品设计策略主要强调以下两点：一是针对导入期消费行为规律，产品的设计应把握一个"新"字，因此导入期的产品设计就有全新型产品、革新型产品、改进型产品和部分改进型产品等；二是导入期产品广告宣传的重点在于介绍新产品的新意所在，以及使用要点等。

成长期消费者消费心理主要体现在趋优心理、选择心理、求廉心理等。成长期产品设计策略主要强调以下几个方面：一是针对成长期的消费规律和行为，设计人员应当清楚，首先要巩固新产品的优越性，提高质量，保证信誉，以满足消费者的趋优心理；二是改进工艺，降低成本，降低价格，以满足消费者的求廉心理；三是加强新产品的宣传攻势，促使新产品扩散速度加快，形成销售量不断增加。

成熟期消费者的消费心理和相应行为表现主要有对产品要求更多、选择性更多，追求性价比等。成熟期产品设计策略：一是针对成熟期消费者的行为规律，产品设计的重点是尽可能地开发产品的新功能，在质量上更加精益求精，并设法改进产品的特色和款式，为消费者提供新的利益；二是增加产品的服务项目，以良好的售后服务来提升产品的形象；三是在产品广告设计中改变形式，采用对比性广告，更多地向基本消费大众介绍本产品的独创性、优越性。产品进入衰退期，在消费者心理上产生了特定的影响，这个影响最典型的就是期待心理。消费者的期待心理主要表现在：期待变化的心理、期待降价处理。

衰退期产品在市场上失去竞争力，绝大多数消费者不愿意买它。衰退期产品设计策略：一是积极开发新产品，满足革新者求新、求胜的心理需求，缩短产品生命周期；二是通过降低产品价格，满足消费大众和守旧者的求廉心理，尽快走出衰退期的低谷。

13.1.2 产品组合决策

1. 制定产品组合决策的方法

针对产品组合的宽度、长度、深度和关联性，为企业确定产品战略提供了依据。企业可以采用4种方法发展业务组合。

（1）增加组合宽度

增加产品组合的宽度，扩大企业的业务范围，实行多样化经营，分散企业投资风险。

（2）增加组合长度

增加产品组合的长度，使产品线丰满充裕，成为更全面的产品线公司。

（3）增强组合深度

增强产品组合的深度，占领同类产品的更多细分市场，满足更广泛的市场需求，扩大总的销售量。

（4）增强组合一致性

增强产品组合的一致性，使企业在某一特定的市场领域内加强竞争，赢得良好的声誉。

因此，产品组合决策就是企业根据市场需求、竞争形势和企业自身能力对产品组合的宽度、长度、深度和相关性方面做出的决策。

2. 具体的产品组合决策

（1）产品线延伸决策

每一企业的产品线一般都会定位于该行业整个范围的某个部分。如果企业超出现有范围来增加它的产品线的长度,即产品线延伸,企业可以向下延伸、向上延伸,或双向延伸。

①向下延伸。

向下延伸是指在原有的产品线下面增加低档产品项目。例如,精工和西铁城的手表最初定位在高价市场,随后则在低档市场推出了手表产品,精工在亚洲市场推出了阿尔巴牌手表,在美国推出了帕萨牌手表;而西铁城则推出了艾得克牌。实行这一决策需要具备以下市场条件:利用高档名牌产品的声誉,吸引购买力水平较低的顾客慕名购买此产品线中的廉价产品;高档产品销售增长缓慢,企业的资源设备没有得到充分利用,为赢得更多的顾客,将产品线向下伸展;企业最初进入高档产品市场的目的是建立品牌信誉,然后再进入中、低档市场,以扩大市场占有率和销售增长率,补充企业的产品线空白。但是,实行这种策略也有一定的风险,如果处理不慎,会影响企业原有产品特别是名牌产品的市场形象。因此,必须辅之以一套相应的营销组合策略,但这样可能会大大增加企业的营销费用开支。

②向上延伸。

在市场上定位于低档产品的企业可能会打算进入高档产品市场。他们也许被高档产品较高的增长率和较高的利润率所吸引,或是为了能有机会把自己定位成完整的产品线的制造商。在原有的产品线内增加高档产品项目,采用这一策略也要承担一定的风险,要改变产品在顾客心目中的地位是相当困难的,处理不慎,还会影响原有产品的市场声誉,并且企业原有的销售代理商和经销商可能没有能力经营高档产品。

③双向延伸。

双向延伸是指原定位于中档产品市场的企业掌握了市场优势以后,向产品线的上、下两个方向延伸,一方面增加高档产品,另一方面增加低档产品,扩大市场阵地。成功的双向延伸战略可使企业成为某类产品市场的领导力量。得克萨斯仪器公司以中等价格和中等质量推出了第一批计数器,然后它逐渐在低端上增加机型,从玻玛公司夺取了市场份额;它又推出了一种价格低于惠普公司的计数器,控制了高档市场。双向延伸战略使得克萨斯仪器公司很快占据了袖珍计数器市场的领导地位。

(2) 产品线填补决策

产品线填补决策是在现有产品线的范围内增加一些产品项目,以强化产品线的策略。采取该策略主要基于以下考虑:通过扩大经营增加利润;满足消费者的差异化需求;防止竞争对手乘虚而入;利用过剩的生产能力等。但进行这一决策时应注意合理调配企业的各种资源,防止企业新旧产品之间的过度竞争;要根据实际存在的差异需求来增加产品项目,使消费者能明显感觉到其产品线内各个产品项目之间的差异;必须使新的产品项目有足够的销量;在决定发展某种产品项目时,一定要考虑此种产品的市场需求状况,而不能仅仅是为满足企业内部产品定位的需要。

(3) 产品线现代化决策

在某些情况下,产品线长度是适当的,但是产品线的生产方式已经落后,并且影响了企业生产和市场营销效率。这种情况下,就必须实施产品线现代化决策,对现有产品线的技术进行更新或改造。这一策略强调把现代化科学技术应用到生产过程中去。

当企业决定实施产品线现代化决策时,有两种方式可供选择:一是逐步实现;二是以最快速度用全新设备更换原有的产品线。选择逐步实现的方式可以节省资金,但也容易被竞争者发现和模仿。而快速实现产品线现代化决策，需在较短的时间内投入大量的资金，但可以快速产生市场效果，并对竞争者形成威胁。

（4）产品线特色决策

产品经理经常在产品线中选择一个或少数几个产品项目进行特别号召。有时，企业以产品线上低档产品型号进行特别号召，使之充当开拓销路的廉价品，吸引顾客购买；有时企业以产品线上高档产品型号进行特别号召，以提高产品线的等级。如人头马推出的路易十三的价格比正常的 XO 要高 10 倍。此种产品起到了"旗帜"或"王冠上的珠宝"的作用，提高了整条产品线的地位。

（5）产品线削减决策

较长、较宽的产品组合会在市场繁荣时为企业带来更多的盈利机会，但在市场不景气或原料、能源供应紧张时期，或者产品线中有大量积压的存货时，企业可以考虑缩减产品线，把更多的资源投入利润率较高的产品线上，以增加产品的获利能力。有时产品线延长的压力较大，如生产能力过剩促使产品经理开发新的产品项目；经销商和销售人员为适应顾客的需要，要求增加产品项目；产品经理为了扩大销售和提高利润增加产品项目等。在这种情况下产品线有不断延长的趋势。但是，随着产品线的加长，营销费用也随之增加，这样会相应减少利润。在这种情况下，需要对产品线的发展进行相应的遏制，剔除那些得不偿失的产品项目，使产品线缩短，以提高获利水平。

13.2　价格策略与消费者行为

13.2.1　消费者常见价格心理

1. 习惯心理

习惯心理是指消费者根据自己以往的购买经验，对某些商品的价格反复感知，从而决定是否购买的习惯性反应。虽然商品价格的制定具有一定的客观标准，但在实际生活中，由于各种因素影响，消费者很难对商品价格的客观标准了解清楚。营销者对那些超出消费者习惯性价格范围的商品要特别慎重，弄清这类商品的价格在消费者心目中的上限和下限。

2. 敏感心理

消费者对价格的敏感性就是价格意识，它是指消费者对商品价格变动的反应程度。对那些与消费者日常生活关系密切的商品价格，敏感性较高；对于一些高档消费品、奢侈品，价格敏感性较低。营销者在对价格敏感性高的商品提价时，要做好必要的宣传，采取渐进式、缓慢的提价方式。

3. 倾向心理

倾向心理是指消费者在购买过程中对商品价格进行选择的倾向。商品的不同价格，标志着商品的不同价值和品质档次。消费者会出自不同的价格心理，对商品价格档次产生不同的选择倾向。营销者位要把握消费倾向心理，明显地呈现出多元化特征。

4. 感受性心理

感受性心理是指消费者对商品价格高低的感受和知觉程度。消费者对商品价格的高与低的认识和判断，不完全基于某种商品价格是否超过或低于他们认定的价格尺度，他们还会通过与同类商品的价格进行比较，以及与购物现场的不同种类商品价格的比较来认识。营销者应加强对销售环境、销售气氛、商品陈列、商品包装的研究。

13.2.2 常见的定价目标

1. 以利润为定价目标

利润是企业从事经营活动的主要目标，也是企业生存和发展的源泉。在市场营销中不少企业就直接以获取利润作为制定价格的目标。

（1）以获取投资收益为定价目标

企业之所以投资于某项经营活动，是期望在一定时期内收回投资并获得一定数量的利润。所谓投资收益定价目标，是指企业以获取投资收益为定价基点，加上总成本和合理的利润作为产品销售价格的一种定价目标。

（2）以获取最大利润为定价目标

获取最大利润是市场经济中企业从事经营活动的最高愿望。但获取最大利润不一定就是给单位产品制定最高的价格，有时单位产品的低价，也可通过扩大市场占有率，争取规模经济效益，使企业在一定时期内获得最大的利润。

（3）以获取合理利润为定价目标

这种定价目标是指企业在激烈的市场竞争压力下，为了保全自己，减少风险，以及限于力量不足，只能在补偿正常情况下的社会平均成本的基础上，加上适度利润作为商品价格，称为合理利润定价目标。

2. 以市场占有率为定价目标

这种定价目标是指企业希望获得某种水平的销售量或市场占有率而确定的目标。提高市场占有率，维持一定的销售额，是企业得以生存的基础。市场占有率是企业经营状况和企业产品在市场上的竞争能力的直接反映，对于企业的生存和发展具有重要意义。所以，有时企业把保持或扩大市场占有率看得非常重要。

3. 以应对市场竞争为定价目标

这种定价目标是指企业主要着眼于在竞争激烈的市场上以应付或避免竞争为导向的定价目标。在市场竞争中，大多数竞争对手对价格很敏感，在定价以前，一般要广泛搜集信息，把自己产品的质量、特点和成本与竞争者的产品进行比较，然后制定本企业的产品价格。如我国通信行业的运营商移动和联通公司，不仅很多产品功能相似，而且价格也非常接近。

4. 以产品质量为定价目标

这种定价目标是指企业要在市场上树立产品质量领先地位的目标，而在价格上做出的反应。优质优价是一般的市场供求法则，研究和开发优质产品必然要支付较高的成本，自然要求以高的价格得到回报。从完善的市场体系看，高价格的商品自然代表着或反映着商品的质量及其相关的服务质量。采取这一目标的企业必须提供高质的产品以及优质的服务。

5. 以维持企业生存为定价目标

当企业遇到生产能力过剩或激烈的市场竞争，或者要改变消费者的需求时，它要把维持生存作为自己的主要目标。为了保持工厂继续开工，使存货减少，企业必然要制定一个低的价格，并希望市场是价格敏感型的。生存比利润更重要，不稳定的企业一般都求助于大规模的价格折扣，为的是能保持企业的活力。对于这类企业来讲，只要它们的价格能够弥补变动成本和一部分固定成本，即单价大于单位变动成本，它们就能够维持住企业。

6. 以保持分销渠道为定价目标

对于那些须经中间商推销的企业来说，保持分销渠道畅通无阻，是保证企业获得良好经营效果的重要条件之一。为了使分销渠道畅通，企业必须研究价格对中间商的影响，充分考虑中间商的利益，保证对中间商有合理的利润，促使中间商有充分的积极性去推销商品。

13.2.3 定价策略

一、新产品的定价策略

1. 取脂定价策略

取脂定价又称撇脂定价法或撇奶油定价法，是指在新产品刚刚进入市场阶段采取高价策略，价格远高于成本，以尽快提取新产品效益的精华，就像在牛奶中撇取奶油一样。取脂定价法不宜任意采用。

2. 渗透定价策略

渗透定价策略又称渐取定价策略，是指企业在新产品投放市场的初期，将产品价格定得相对较低，以吸引大量购买者，获得较高的销售量和市场占有率。这种策略同取脂定价策略相反，是以较低的价格进入市场，具有鲜明的渗透性和排他性。

3. 满意定价策略

当企业面对取脂策略与渗透策略无从选择时，也可以采取满意定价策略。这是一种介于取脂策略与渗透策略之间的一种价格策略。所定的价格比取脂价格低，比渗透价格高，是一种中间价格。这种定价策略由于能使生产者和顾客都比较满意而得名，有时又称为"君子价格"或"温和价格"。

二、产品生命周期定价策略

产品生命周期定价策略是指在"产品经济生命周期"分析的基础上，依据产品生命周期不同阶段的特点制定和调整价格。各类产品在其产品生命周期的某个阶段一般具有共同的特征，但由于不同种类产品的性质、特点及其在国计民生中的重要程度、市场供求状况不同，所以对不同的产品采取的定价策略要实事求是、机动灵活。

三、心理定价策略

心理定价策略指企业针对消费者心理活动和变化定价的方法和技巧。一般在零售企业中对最终消费者应用得比较多。心理定价策略主要有以下几种：

1. 声望定价

该定价法是指企业利用消费者仰慕名牌产品或名店的声望所产生的某种心理来制定产品的价格，故意把价格定成整数或高价。质量不易鉴别的产品的定价最适宜采用此法，因为消费者有崇尚名牌的心理，往往以价格判断质量，认为高价代表高质量。但价格也不能高得离谱，使消费者不能接受。

2. 尾数定价

尾数定价是在商品价格中有意识地留有尾数、避免整数的定价方法。心理学家和销售部门发现，在定价中有意识地使用尾数可以给人以便宜的感觉，而且顾客往往认为有尾数的定价是经过认真核算的，是真实可靠的，消费者更能获得精神上的满足。

3. 招徕定价

招徕定价是指零售商利用部分顾客求廉心理，特意将某几种产品的价格定得较低以吸引顾客。某些商店随机推出降价产品，每天、每时都有一两种产品降价出售，吸引顾客经常来采购廉价产品，同时也选购其他正常价格的产品。

四、折扣定价

折扣定价策略是利用各种折扣吸引经销商和消费者，促使他们积极推销或购买本企业产品，从而达到扩大销售、提高市场占有率的目的。这一策略能增加销售的灵活性，给经销商和消费者带来好处，因而在现实中经常被企业所采用。常见的折扣定价主要有以下几种形式：

1. 现金折扣

这是企业给那些当场付清货款的顾客的一种减价。运用现金折扣策略，可以有效地促使顾客提前支付，从而有助于盘活资金，减少企业的利率风险。折扣大小一般根据付款期间的利率和风险成本等因素确定。

2. 数量折扣

这种折扣是企业给那些大量购买某种产品的顾客的一种减价，以鼓励顾客购买更多的物品。因为大量购买能使企业降低生产、销售、储运、记账等环节的成本费用。一般来说，顾客购买的数量越多或数额越大，折扣率越高。数量折扣还可分为累计数量折扣和非累计数量折扣。

3. 季节折扣

这种价格折扣是企业给那些购买过季产品的顾客的一种减价，使企业的生产和销售在一年四季保持相对稳定。

4. 功能折扣

功能折扣也称业务折扣、贸易折扣，是制造商给某些批发商或零售商的一种额外折扣，促使他们执行某种市场营销功能（如推销、储存、服务），折扣的大小因商业企业在商品流通中的不同功用而各异。

5. 价格折让

这是另一种类型的价目表价格的减价。例如，一辆小汽车标价为4万元，顾客以旧车折价5 000元购买，只需付给3.5万元，这叫作以旧换新折让。如果经销商同意参加制造商的促销活动，则制造商卖给经销商的物品可以打折扣，这叫作促销折让。

五、地区定价

企业在制定价格策略时，针对不同地区的顾客，采用不同的价格策略。特别是运费在变动成本中占较大比例时，更不可忽视。主要的地区定价策略有以下几种：

1. 产地定价

以产地价格或出厂价格为标准，运杂费和运输损失等费用全部由买方承担。这对于卖主是最省事、最方便的定价。一般适用于市场供应较为紧张的商品和地区的买主，对于路途较远、运费和风险较大的买主是不利的。

2. 统一运输定价

也称邮票定价法,就是对所有的买主,不论路程远近,由卖主将货物运往买主所在地都收取同样的运费。这种定价策略适用于商品价值高而运杂费占成本比重小的商品,使买主感觉运送是免费的附加服务,有利于扩大和巩固买主,开拓市场。

3. 基点定价

指卖方选定一些中心城市为定价基点,按基点到客户所在地的距离收取运费。采用这一定价策略对中小客户具有很大的吸引力,能够迅速提高市场占有率,扩大销售。这种定价策略适用于产品笨重、运费成本比例较高、生产分布较广、市场范围较大、需求弹性小的产品。

4. 区域定价

区域定价指卖方把销售市场划分为多个区域,不同的区域实行不同的价格,同区域内实行统一价格。

六、产品组合定价

产品只是某一产品组合的一部分时,企业必须对定价方法进行调整。这时候,企业要研究出一系列价格,使整个产品组合的利润实现最大化。因为各种产品之间存在需求和成本的相互联系,而且会带来不同程度的竞争,所以定价十分困难。

1. 产品大类定价

通常企业开发出来的产品是大类,而不是单一产品。当企业生产的系列产品存在需求和成本的内在关联性时,为了充分发挥这种内在关联性的积极效应,需要采用产品大类定价战略。在定价时,首先,确定某种产品的最低价格,它在产品大类中充当领袖价格,以吸引消费者购买产品大类中的其他产品。其次,确定产品大类中某种产品的最高价格,它在产品大类中充当品牌质量和收回投资的角色。再次,产品大类中的其他产品也分别依据其在产品大类中的角色不同而制定不同的价格。

2. 选择品定价

许多企业在提供主要产品的同时,还会附带一些可供选择的产品或特征。汽车用户可以订购电子开窗控制器、扫雾器和减光器等。但是对选择品定价却是一件棘手的事。汽车公司必须确定价格中应包括哪些产品,又有哪些产品可作为选择对象。

3. 补充产品定价

有些产品需要附属或补充产品。例如,剃须刀片和胶卷。制造商经常为主要产品(剃须刀和照相机)制定较低的价格,而为附属产品制定较高的加成。

4. 分部定价

服务性企业经常收取一笔固定费用,再加上可变的使用费。例如,游乐园一般先收门票费,如果玩的地方超过规定,就再交费。

5. 副产品定价

在生产加工肉类、石油产品和其他化工产品的过程中,经常有副产品。如果副产品价值很低,处理费用昂贵,就会影响到主产品的定价。制造商确定的价格必须能够弥补副产品的处理费用。如果副产品对某一顾客群有价值,就应该按其价值定价。副产品如果能带来收入，将有助于公司在迫于竞争压力时制定较低的价格。

6. 产品系列定价

企业经常以某一价格出售一组产品。例如，化妆品、计算机、假期旅游公司为顾客提供的一系列活动方案。这一组产品的价格低于单独购买其中每一产品的费用总和。

13.3 渠道策略与消费者行为

13.3.1 渠道的概念

分销渠道又称销售渠道，是指商品从生产者向消费者转移过程中所经过的途径。分销渠道的起点是企业，终点是消费者，中间环节指的是各类中间商。中间商包括批发商、零售商、代理商、经纪人和实体分销机构。分销渠道是产品从生产者向消费者转移过程中，所经过的若干中间环节，是产品销售的关键。公司设计一个有效的分销渠道，进行合理的渠道管理，也能成为公司竞争优势的来源。

13.3.2 分销渠道设计

营销渠道的设计是指为了实现营销的目标，对各种备选渠道结构进行评估和选择，从而开发新渠道或改现现有渠道的过程。进行渠道设计，必须在明晰渠道的宽度、长度、中间商类型三个概念的基础上进行。

渠道长度是指商品在流通过程中经过不同类型的中间商数目的多少。长度模式可以分为零级渠道、一级渠道、二级渠道、多级渠道等。

渠道宽度是指同一级别上分销商的多少。可以分为三类：密集分销、选择分销和独家分销。密集分销是指生产者通过尽可能多的批发商和零售商推销产品。选择分销是指生产者在某一地区仅选择少数几个最合适的中间商推销产品。独家分销是指生产者在某一地区仅选择一家中间商推销产品。

中间商是指在制造商与消费者之间专门用于媒介商品交换的经济组织或个人。中间商可以按照不同的标准进行分类。按照中间商是否拥有商品所有权，可将其划分为经销商和代理商；按照销售对象的不同，中间商分为批发商和零售商。

13.4 促销策略与消费者行为

大多数销售部门为打入目标市场而制定促销策略时，一般需要综合使用几种促销工具：广告、公共关系、销售促进、人员推销，这几种工具的结合使用就叫作促销组合。管理人员在判断促销组合是否恰当的时候，应以它能否满足目标市场的需求，能否实现企业总体目的作为衡量的依据。

1. 广告与消费者行为

几乎所有的企业在推销产品或者提供服务的时候都使用某种形式的广告。广告是一种付费的传播方式，用于宣传有关赞助商或企业的信息。传统媒体如电视、收音机、报纸、杂志、书籍、邮件、户外广告牌等,都是最常用的广告传播媒体。随着社会的发展和科技的不断进步,营销人员正在寻找新的途径传播广告信息,如在商场或超市中的互动音像、互联网、电子邮件等方式。广告最主要的优点之一是它能在同一时间内向很多人传递信息,因此,单位接触成本通常很低。

2. 公共关系与消费者行为

公共关系通过积极的努力,树立良好的企业形象,增加和消费者交流和沟通的渠道,让消费者首先在首因效应方面形成对企业和品牌的积极认知。企业通过长期的公关活动、积极参与各种社会公益活动,树立社会公民的公众形象,让消费者根据晕轮效应对企业和品牌美誉度形成共识,并且企业要长期坚持,使得消费者增加对企业和品牌的信任和忠诚。

3. 销售促进与消费者行为

销售促进是企业在某一段较短的时间内采取特殊的手段对消费者实行强烈的刺激,以促进产品销售量迅速提高的一种促销策略。广告与人员推销提供购买理由,销售促进则鼓励人们立即购买,它通常具有迅速的召唤作用、强烈的刺激作用、明显的邀请性。针对消费者的促进形式通常有赠送样品或优惠券、有奖销售、现场示范、组织展销、购物折扣等。

4. 人员推销与消费者行为

人员推销是销售代表与一个或多个潜在购买者间的直接沟通,力图在购买中对彼此产生影响。在这种情况下,买卖双方都希望实现其各自的特定目标。例如,买方很可能要求降低费用或确保产品质量,而卖方则需要实现收益和利润最大化。传统的人员推销方法包括为达成交易向一个或多个买方做有计划的宣传介绍。无论是采取面对面交流的方式还是通过电话交流,人员推销都力图说服买方接受某种观点或采取购买行为。最新的人员推销观念则更强调营销人员和买者之间建立的关系。这在商业品和工业品的买卖中体现得更为典型。这种观念更加重视实现那些在长期的买卖中能够使双方共同受益的目标。它通过与顾客建立长期持久的联系创造参与和忠实的态度,而不是仅仅追求销售速度和暂时激增的销售量。

13.5 整合营销传播过程

有效的整合营销传播过程,要求市场营销者必须做出如下决策:确定目标沟通对象,确定目标沟通目标,设计沟通信息,选择信息沟通渠道,制定沟通预算和建立信息反馈渠道。

1. 确定目标沟通对象

有效的整合沟通过程要求营销沟通者必须首先确定其目标沟通对象。在整合沟通中,目标沟通对象一定是对传递来的产品及其相关信息感兴趣的人或组织,他们可能是企业产品的潜在购买者或现实使用者,可能是购买决策过程的决定者或影响者,可能是特殊公众或一般公众。目标沟通对象是由营销沟通者运用市场细分原理确定的。在确定目标沟通对象的过程中,营销沟通者应该注意寻找目标沟通对象的个人和心理的特点,并据此指导信息与媒体的选择。

2. 确定沟通目标

沟通目标是营销沟通者通过广泛、迅速和连续地传播信息,以期在大量的、多种多样的目标沟通对象中寻求到可能的认识反应、情感反应或行为反应。市场营销沟通者在确定目标沟通对象之后，必须了解目标对象会做出何种反应或行为。

3. 设计沟通信息

信息设计是将营销沟通者的意念用有说服力的信息表达方式表现出来的过程。有效的信息设计必须引起消费者注意，提起其兴趣，唤起其欲望，导致其行动。设计营销沟通信息要解决这样4个问题：

（1）确定信息内容

企业在设计沟通信息时，要考虑诉求或构思问题，即企业必须了解对消费者说些什么才能产生预期的认识、情感和行为反应。

（2）确定信息结构

信息结构包括提出结论、论证方式以及表达次序3个问题。

提出结论，即向接收者提供一个明确的观点或论点，用以诱导消费者做出预期的选择，也可以留待接收者自己去归纳结论。

论证方式可分为单向论证与双向论证，采用哪种论证方式使广告更具说服力，取决于信息接收者对产品的既有态度、知识水准和受教育程度。

表达次序要求在单向论证时，先提出最强有力的论点，可以即刻吸引目标顾客注意并引起兴趣。而在采用双向论证时，应考虑先提出正面论点还是先提出反面论点。

（3）确定信息格式

确定信息格式即是选择最有效的信息符号来表达信息内容和信息结构。信息的表达格式通常受到媒体的制约，例如，有的只能用文字传播，有的则只能用声音传播，而所能传播的又只能是有限的信息内容。信息沟通者必须为信息设计具有吸引力的形式，一般来说，沟通信息的表现形式主要有书面沟通、电话沟通和人员沟通。

（4）确定信息源

营销传播的信息源是指那些直接或间接传递销售信息的人。直接信息源是传递信息或展示产品或服务的代言人；间接信息源并不真正传递信息，只是吸引人们的注意或增加广告出现的频率。设计沟通信息是营销沟通过程中实践性、操作性极强的一个问题，也是差异性、个性极为突出的沟通决策。

4. 选择信息沟通渠道

市场营销沟通者必须选择有效的信息沟通渠道来传递信息。信息沟通渠道可分为两大类：人员渠道和非人员渠道。人员信息沟通渠道是指两个或两个以上的人相互之间直接进行信息沟通。非人员信息沟通渠道是指无须人与人的直接接触来传递信息或影响的媒体。

5. 制定沟通预算

沟通预算是企业为从事沟通活动而支出的费用，关系着沟通活动的实施以及沟通活动效果的大小。企业在决定沟通预算时，普遍采用的方法主要有量入为出法、销售百分比法、竞争对等法和目标任务法。这些方法既适用于编制总的沟通预算，也适用于编制分项预算（如广告预算）。

6. 建立信息反馈渠道

营销沟通者把产品信息传播到目标购买者之后，整个传播过程并未结束，还必须通过市场调研，调查这些信息对目标沟通对象的影响。这种调查通常需要与目标沟通对象中的一组样本人员接触，询问他们对信息的反应、对产品的态度和购买行为的变化等。营销人员根据反馈的信息，再决定是否需要调整整体整合营销传播战略或某个方面的营销策略。

本章小结

1. 产品的生命周期包括导入期、成长期、成熟期和衰退期。可以根据在不同的产品生命周期消费者所体现的不同消费心理，有针对性地开展营销设计。产品组合的宽度、长度、深度和关联性，为企业确定产品战略提供了依据。企业可以采用加大组合宽度、增加组合长度、增强组合深度、增强组合一致性 4 种方法发展业务组合。具体的产品组合决策包括产品线延伸决策、产品线填补决策、产品线现代化决策、产品线特色决策、产品线削减决策等。

2. 消费者常见价格心理通常包括习惯心理、敏感心理、倾向心理、感受性心理。常见的定价目标通常包括利润、市场占有率、应对市场竞争、产品质量、维持企业生存、保持分销渠道等。进行定价策略制定时，通常需要进一步细化为新产品的定价策略、产品生命周期定价策略、心理定价策略、折扣定价、地区定价、产品组合定价等，并分别有针对性地进行具体设计。

3. 分销渠道是指商品从生产者向消费者转移过程中所经过的途径。营销渠道的设计是指为了实现营销的目标，对各种备选渠道结构进行评估和选择，从而开发新渠道或改进现有渠道的过程。进行渠道设计，必须在明晰渠道的宽度、长度、中间商类型三个概念的基础上进行。

4. 大多数销售部门为打入目标市场而制定促销策略时，一般需要综合使用几种促销工具：广告、公共关系、销售促进、人员推销，这几种工具的结合使用就叫作促销组合。

5. 有效的整合营销传播过程，要求市场营销者必须做出如下决策：确定目标沟通对象，确定沟通目标，设计沟通信息，选择信息沟通渠道，制定沟通预算和建立信息反馈渠道。

练习与思考

1. 营销组合策略有哪些？
2. 影响定价的因素有哪些？
3. 购物情境对消费者行为的影响有哪些？
4. 促销组合的含义是什么？
5. 整合营销传播的过程是怎样的？

技能实训：营销组合策略分析

1. 选择某一企业：_____
   阐述其基本情况：_____
   _____
   _____

2. 对其营销组合策略中的某一方面基本情况进行白描：_____

3. 对该策略进行评价：
优点：

不足：

4. 针对该策略提出的建议：

扩展阅读

可口可乐的 CIS

可口可乐从首次出售距今已有一百多年的历史，现在每天销售 3 亿瓶，遍及世界 155 个国家和地区，几乎每天 24 小时中的任何一秒钟，世界上都有人在喝可口可乐。可口可乐获得如此成功，竞争力如此之强，其奥秘得益于该公司的总体形象策划。

（1）神秘的配方强化了可口可乐的神秘性

据说可口可乐的配方至今是个未被解开的谜。世界上掌握这个配方的只有 10 个人，而这 10 个人是绝对保密的。这个绝密的配方藏在美国佐治亚州一家银行的最深的地下室中的一个上着 7 道锁、封着 7 个火胶印的保险柜中，要想打开保险柜，必须经过银行正副行长联席会议批准，并请佐治亚州的官方代表参加，由掌握秘方的 10 个人一齐到场，不能提前一分钟，也不能延后一分钟。所以，至今这个保险柜还不曾被打开过。与其说这是一个故事，倒不如说是一个神秘形象的策划。

（2）商品内在品质迎合了公众嗜好

最初可口可乐仅仅被看作是一种药品，并被指控含有有害药物。因此，很长一段时间销路不畅。公司向社会公众宣布：可口可乐是强壮剂，而不是药物，并相应策划出广告，确立广告标语为"可口，清爽"，成为世界通用的商品用语。

（3）商品的外在形象塑造

可口可乐瓶子设计具有很多优点：瓶子颈部有凸起的花纹，握住瓶颈不会有滑落的感觉；里面所装的液体，看起来比实际的分量多；外观别致，瓶子呈曲线，很像线条优美的裙子。可口可乐的标识也很有特色："COCA COLA"的斯宾塞标准字形，与白色字体形成强烈对比的红色标准色，流动的水线，响亮易记的名字等，都别具一格。可口可乐这个与众不同的包装形象，牢牢印在广大消费者的脑海里。

(4) 热心赞助世界体育事业

作为营利性企业，可口可乐经常做"分外"之事：每当奥运会举办之际，可口可乐公司都出巨资赞助，并且以体育为传媒，利用全世界都关注的奥运会，宣传公司的雄厚实力，树立产品形象和公司热心支持世界和平、进步的良好社会形象。由于可口可乐公司的贡献，1996 年夏季奥运会被确定在可口可乐总部——美国亚特兰大市召开。

(5) 塑造完美的产品形象

可口可乐公司从领导人到普通员工像爱护自己的生命一样爱护产品形象。公司董事长说："我的血管内所流的不是血液，而是可口可乐。"他们把产品信誉看作公司的生命。为保证产品质量信誉，公司始终坚持直接从美国总公司批发原浆到世界各地分公司。

(6) 公司的形象宣传是一流的

一百多年来，可口可乐从未在人们的生活中消失过。它的广告宣传总是以世界青年为主体对象，它的形象总是代表着快乐、和平和未来，代表着年轻人的信心和意志。喝可口可乐确实有"挡不住的诱惑"，这种感觉表现出了青春的活力、丰富多彩的生活和世界的和平。因此，它一直受到全世界青年人的青睐。

（资料来源：王官诚，汤晖，万宏. 消费心理学，北京：电子工业出版社，2013：247 - 248.）

第 14 章

情境影响与消费者体验

学习目标

① 理解情境的构成、类型及情境影响。
② 理解消费者体验。
③ 培养情境敏感性与消费者关怀意识。

引导案例

让消费者从心体验的营销术

宜家家居（IKEA）自1943年成立以来，经过数十年的发展，已成为全球最具影响力的家居用品零售商，占据着不可撼动的市场地位。作为全球增长最快速的市场，其独特的营销策略是成功的关键因素。

（1）视觉影响法

即利用场景。宜家的营销从你踏进店面那一刻就开始，简洁醒目的LOGO，具有艺术气息的装潢，整齐罗列的商品，令人赏心悦目。宜家通过打造出最佳的视觉效果来刺激消费者的眼球神经，激发消费者的购买欲。

（2）听觉影响法

即利用口碑。在大部分情况下，设计精美的家具是为贵族服务的，而宜家却不同，它的目标群体是中等收入的家庭。宜家的出现使人们不必支付昂贵的价格就可以得到精美的产品。在这一点上，宜家打造出口口相传的好口碑，赢得了消费者的持续关注，因此市场更加有保证。

（3）感受影响法

即利用体验，是宜家最大的特点。与国内其他品牌的家具商相比较，部分厂家会在沙发、床垫等产品上标上"损坏赔偿""样品勿坐"等警告标志。相反，宜家则是让消费者可以随心所欲地浏览和感受自己感兴趣的商品，能够触碰所有商品，并且，不会有喋喋不休的导购员推荐，他们通常都是安静地站在一边，除非有消费者需要询问才会上前来。

宜家这种让消费者尽情体验的方式极大地增强了与消费者之间的互动，目的是让消费者感觉到这里的产品不错，产生对品牌的信任感。久而久之，消费者可能会产生宜家卖的不是产品，而是一种文化、一种生活态度的念想。宜家在潜移默化中树立了良好的口碑形象，消费者自然会毫不犹豫地选择购买。

（资料来源：https：//www.sohu.com/a/276701629_100284951）

14.1 情　　境

14.1.1 情境的含义与构成

一、情境的含义

消费者的购物情境是指消费者购物过程中面对的短暂的购物环境，通常与那些个人或刺激物无关，但对消费者现实消费行为具有显著和系统的影响因素。由于购买决策和消费过程总是发生在特定情境下，购物环境的优劣对消费者购买过程中的心理感受具有多方面的影响，消费者的反应和行为通常因情境变化而改变。因此，运用消费者的心理特点，营造良好的购物环境，是企业扩大商品销售的必不可少的条件，也是研究消费者心理与行为的重要内容之一。特定环境是由情景因素的作用、零售环境中的微观零售设计、消费者的流动性、购物环境及其拥挤程度等内容组成的。针对它们的分析、评价、设计、建设、调整，直接关系到消费者购买行为的实现。

二、情境的构成

消费者情境由物质环境、社会环境、时间观、任务目标、先前状态五个因素构成。这些情境因素的研究被越来越多的商家所重视，在不同文化下同样的情境特征可能会产生不同的效果，在进行研究或实际运用中要引起重视。

1. 物质情境

物质环境是情境构成的最为重要的因素。物质环境包括装饰、音响、气味、灯光、气候以及可见的商品形态或其他环绕在刺激物周围的有形物质。物质环境是一种得到广泛认可的情境影响，这方面的研究成果在零售领域已经得到多方面运用。物质环境通常从店外环境、店内环境、POP广告三方面进行考察。

（1）店外环境

店外环境设计必须考虑商店的选址、店面建筑造型与结构、店名与招牌设计、橱窗设计、色彩与照明、外观设计等多方面问题。

①商店的选址。

商店选址通常需要考虑商圈、地理位置与交通状况、店址和周边的行业设置及竞争状况、商店所处地区的基础设施情况、潜在商业价值的评估等因素，其中商圈调查是其中最为重要的内容。

商圈是指商店以其所在地点为中心,沿着一定的方向和距离扩展,吸引顾客的辐射范围,即来店顾客所居住的区域范围。无论大商场还是小商店,它们的销售总是有一定的地理范围。这个地理范围就是以商场为中心,向四周辐射至可能来店购买的消费者所居住的地点。

商圈调查是一个非常重要的问题,不同类型的商圈、不同层次的商圈,适合于不同的业态和不同的经营方式。商圈调查是一项比较需要科学态度和科学方法的工作。商圈调查对于商店选址具有极其重要的作用。第一,商圈调查可以预估商店坐落地点可能交易范围内的消费人群、流动人口量等人口资料,并通过消费水准预估营业额等消费资料。第二,商圈调查可以帮助开店者了解预定门市坐落地点所在商圈的优缺点,从而决定是否为最适合开店的商圈。在选择店址时,应在明确商圈范围、了解商圈内消费分布状况及市场、非市场因素的有关资料的基础上,进行经营效益的评估,衡量店址的使用价值,按照设计的基本原则,选出适宜的地点,使商圈、店址、经营条件协调融合,创造经营优势。第三,全面的商圈调查,可以使经营者了解店铺位置的优劣及顾客的需求与偏好,作为调整商品组合的依据;可以让经营者依照调查资料订立明确的业绩目标。通过商圈分析,制定市场开拓战略,不断延伸触角,扩大商圈范围,提高市场占有率。

②店面建筑造型与结构。

店面建筑造型与结构通常考虑以下几个方面:第一,建筑外观必须体现出与商店经营统一的风格;第二,建筑的形体结构必须体现现代设计思想的最主要趋势——简单,并体现商业设施的特点;第三,建筑外观要考虑到商店内部的格局安排;第四,建筑外观设计要与周边环境相协调;第五,建筑外观装饰材料的选择,要注重时代气息与统一风格,努力做到美观性、实用性与经济性的统一。

③店名与招牌设计。

商店店名与招牌设计通常满足以下几个基本要求:易读、易记、简洁、独特、新颖、响亮、有层次、有气魄,并应有一定的寓意。

④橱窗设计。

橱窗的设计通常要遵循以下几个原则:第一,突出主营商品,传递市场最新商品信息;第二,构思巧妙,动感性强;第三,有创意,能激发联想;第四,注意店外环境与店内经营的统一风格。

⑤色彩与照明。

色彩与照明能够渲染商店气氛,显示美感,引起消费者注意,招徕顾客。店外照明与色彩协调搭配,使消费者感到柔和、明快、有生气,具有实用性。

⑥外观设计。

外观设计能够引起消费者对本企业的兴趣和关注,从而产生进店购物或浏览的欲望与联想。店外整体形象的营造必须遵循以下几个原则:第一,引发消费兴趣原则;第二,适应消费习惯和习俗原则;第三,环境便利消费的原则;第四,经济实用消费原则;第五,稳定、祥和消费原则。

(2) 店内环境

店内环境通常由店内气氛、营业现场布局、商品陈列等构成。

①店内气氛。

店内气氛的营造通常包括店堂色彩的营造、店堂照明的设计、店堂的空气和声音等。

店堂色彩的营造对店内气氛具有重要影响。店堂色彩的营造通常要结合店内的空间特点配置店堂色彩,要结合商店经营类型和商品特点配置店堂色彩,根据服务对象配置店堂色彩。特定的颜色特征可以引发与注意力相联系的兴奋感和刺激。亮色调比暗色调更吸引人;而暖色调也(如红色和黄色)比冷色调(如蓝色和灰色)更能吸引人。哪一种颜色最适合室内装饰?要依据不同情况而定。对于主色调,人们倾向使用冷色调(如蓝色),因为它们能增加销售和顾客满意度。但是,暖色调吸引注意力的作用也不容忽视,它们可以被有效地用在需要强调的地方,从而吸引消费者的注意力,并刺激消费者购买。冷色调则可以让人放松,从而缓减顾客等待的焦虑。

店堂照明的设计对店内气氛具有重要影响。店堂照明的光源通常包括自然光照明和灯光照明两种。店堂照明又分为基本照明、商品照明、装饰照明三种,要综合考虑多方面因素进行设计。

店堂的空气和声音对店内气氛具有重要影响。店内应采用空气净化措施、加强通风系统的建设。气味能对消费者的购物行为产生影响。一项研究发现,有香味的环境会让消费者产生再次造访该店的愿望,提高对某些商品的购买意愿并减少对购物所花时间的感觉。在店堂内适当播放轻音乐,以降低噪声对人们的刺激。音乐能影响消费者的情绪,而情绪又会影响众多的消费行为。慢节奏与快节奏的背景音乐对餐馆而言哪种更合适?慢节奏音乐似乎能够使消费者更为放松并延长在餐馆的用餐时间,从而增加从吧台购买商品的数量。但是对于更为依赖顾客周转的餐馆,快节奏音乐可能更好。背景音乐对餐馆顾客的影响见表14-1。

表14-1 背景音乐对餐馆顾客的影响

变量	慢节奏音乐	快节奏音乐
服务时间/分钟	29	27
顾客用餐时间/分钟	56	45
顾客流失比例/%	10.5	12.0
购买食物数量/美元	55.81	55.12
在吧台购买商品的数量/美元	30.47	21.62
估计总利润/美元	55.82	48.62

(资料来源:[美]德尔·I. 霍金斯,戴维·L. 马瑟斯博. 消费者行为学[M]. 符国群,吴振阳,等译. 北京:机械工业出版社,2011:337.)

店内的拥挤状态会对零售店和顾客产生负面影响。当越来越多的人进入商店或店铺货物铺设过度时,会使购物者感到压抑。很多消费者会觉得这令人不快,并采取办法改变这种处境。最常用也最基本的方法是减少在商店内停留的时间,这会使销量下降,也会迫使消费者更快地做出决策。结果是,消费者满意降低、购买体验不愉快,降低了再次光顾的可能性。

营销者在设计其卖场时,应尽量减少顾客的拥挤感。当然,这实际上是比较困难的,因为消费者通常在特定时间(节假日或周末)进行购物,而在大多数时间里,店面都会超出实际需要的面积，要支付额外的费用。由于在购物黄金时段，顾客会因为拥挤而产生不满情绪，因此也会带来损失。所以，零售商必须在两者之间做出平衡和取舍。聘用更多的职员，增加收银台以及类似的措施都可以在高峰时期增加客流量，并减少拥挤的感觉。此外，音乐的节奏同样十分重要，慢节奏的音乐会抵消由于拥挤而带来的负面情绪。由于相对于扩大店面或人员扩充，调整音乐节奏的成本更为低廉，这对于营销策略来讲是一项重大发现。

营销者必须注意跨文化的区别，因为个人空间和拥挤感会因文化的不同而不同。例如，在举行娱乐活动时，如游园活动或音乐会，不同地区的消费者对能够适应的拥挤环境的认同存在很大差异。

②营业现场布局。

店内面积分配通常遵循一定的比例，比较科学的面积分配是营业面积占店内总面积的60%~70%、仓库面积占15%~20%、附属面积占15%~20%。营业面积通常包括营业员的售货场地和顾客活动场地，可以形成直线式营业场地格局、斜线式营业场地格局和曲线式营业场地格局，并此基础上依据不同的规则进行货位摆布。

③商品陈列。

商品陈列分为货柜商品摆放和陈列商品摆放。货柜商品摆放要注意整洁、齐全、丰满、美观，可以采用系列摆放法、重点摆放法、连带摆放法、规范摆放法、近位摆放法等方法。陈列商品摆放要充分展示商品的全貌，突出展示商品的特点，不同的商品，可在不同的位置采用不同的展示方法，但要求能够使顾客产生美感。

营业现场的设计必须遵循以下几个基本要求：第一，店堂装饰与消费者视觉思维的总体平衡；第二，装饰的品位与消费者心理协调；第三，店堂装饰要体现经营特色；第四，货位摆布要适应消费者意愿；第五，商品陈列要便于引导消费者。

（3）POP广告

POP广告也称店面广告、售点广告，是零售商店、超级市场、百货商场等商品购买场所设置的广告的总称。由文字、图像、色彩、音乐、装饰物以及人物模特等复合传媒形式构成，具有亲近感强、气氛热烈、能够树立商家形象等基本特点，调动消费者注意功能、记忆功能和诱发功能。

2. 社会情境

社会环境是指在消费情境中周围其他人对消费者的影响。社会环境通常涉及购物或消费活动中他人对消费者的影响，如他人是否在场，彼此如何互动等。例如，你一个人去食堂吃饭、和他人一起去一家高级餐厅约会你对自己的穿着是否有不同的要求？

个体倾向于服从群体预期，当行为具有可见性时，情况尤其如此。因此，社会情境对我们的行为而言是一种重要的影响力量。购物以及很多在公众场合使用的商品与品牌，都是高度可见的，它们无疑会受制于社会影响。

作为营销管理者，很多情况下无法控制某种情境下的社会特征。例如，当一则广告通过电视发送给受众时，广告经理不能控制在节目播出时段里到底谁在收看。然而，广告经理还是可以利用有关哪些节目一般被个体单独收看（白天与工作时间播放的节目）、哪些节目是全家人收看以及哪些节目则是一群朋友一起收看的知识，使其能适应上述各种不同的情境。营销者还可以在广告中宣传社交消费的观念，促使消费者在决策时考虑社交因素。例如，广告中名人宣传的品牌个性（有趣和成熟）只有在社交情境被激发时才能影响购买意愿。

3. 时间观

时间观是指时间影响消费者行为的情境特征。时间作为一种情境因素会在很多方面展示其作用，花费在某一购买上的时间数量对消费者购买决策具有重要影响。一般来说，可用的时间越少，信息搜寻就越少，能够运用的信息就比较少，从而使购买更仓促，由此造成次优甚至糟糕的购买决定的可能性增加。

有限的购买时间也会减少所考虑的备选产品的数量。双职工家庭和单身父母所面临的日益增长的时间压力将导致品牌忠诚度，尤其是全国性品牌忠诚度的形成。原因是，时间压力很大的消费者由于没有时间逛商店和对各种品牌进行比较，从而倾向于选择全国性品牌和知名品牌，以此降低风险。

4. 任务定义

任务通常是指消费者具体的购物理由或目的。对同一种产品，购买的具体目的可以是多种多样的。在不同的购物目的支配下，消费者对于买何种档次和价位、何种品牌的商品均会存在差异。任务定义提供了消费活动发生的原因，营销者将购买任务分为自用购买和礼品性购买。购买同样的产品，对于是作为礼品送人还是供自己使用，消费者所采用的购物策略与选择标准完全不同。社会期望和礼节性消费情境（如生日）通常要求送礼，此时并不以送礼者的实际欲望为转移。送礼同时也能以礼品或行动方式获得回馈。当然，送礼也是一种爱和关心的表达。因此，无论是一般性的购买任务（送礼），还是具体的购买任务（送礼的具体场合）都会影响购买行为；而送礼者和受礼者的关系也会影响购买礼品的行为。

5. 先前状态

先前状态是指消费者带入消费情境中的暂时性的情绪（如焦虑、高兴、兴奋等）或状态（如疲劳、没有精神等）。例如，我们每个人都会有情绪高昂和情绪低落的时候，而这并非我们自身长久性格的一部分。

心情是一种不与特定事件或事物相连的暂时性情感状态。心情作为一种情感没有情绪那么强烈，而且能够在个体没有意识的情况下产生。虽然心情可能影响个人行为的所有方面，但通常不如情绪那样对正在进行的行为产生重大的影响。个人通常使用高兴、愉快、平静、悲哀、忧伤、压抑等词汇来描述心情。心情既影响消费过程同时又受消费过程的影响。心情还影响决策过程，影响对不同产品的购买与消费以及对服务的感知。正面、积极的心情能增加消费者逗留的时间，并与冲动性购买相联系。负面的心情也会增加某些类型消费者的冲动性购买。一个解释是某些购买行为既能维持心情（积极的心情）也能改善情绪（负面的心情）。

消费者会主动调节心情状态。也就是说，经常寻找那些能够消除消极心情或强化愉快心情的情境、活动或者事物。消费者调节心情状态的方法之一就是购买产品和服务。因此，当一个人感到悲伤或者闷闷不乐时可能会看情境喜剧电视节目，看一场令人高兴的电影，逛一家有意思的商店，到一家气氛轻松的餐厅大吃一顿，买一张新的影碟、衬衫或者其他有趣的产品。消费者在进行这些心情调节活动时，可能处于一种无意识的状态，也可能处于一种深思熟虑的状态。

营销者还试图影响消费者的心情，并且用能诱发积极心情的事件来安排各种营销活动的恰当时机。很多公司倾向于在轻松的节目中安排或播放广告，因为此时观众在观看这些节目时处于一种更好的心情。餐馆、酒吧、购物中心和其他很多零售场所在设计时就考虑如何激发顾客的正面心情，播放音乐就是基于这一原因。最后，营销者也可以通过摆设产品、提供服务来调节消费者的心情。

14.1.2 情境类型

消费者不会对企业呈现的营销刺激物（如广告和产品）孤立地做出反应，而是对营销影响和情境同时做出反应。为了了解消费者的行为，必须了解使消费者做出反应的目标物（如产品）和反应发生时的情境。

情境影响是指所有那些依赖于时间和地点且与个人或刺激物属性无关，但对消费者现时的行为具有影响的因素。因此，一般而言，情境是处于消费者和刺激物之外的因素，但也有例外，如消费者或刺激物的暂时（相对于稳定）特征，它往往在特定的情境中出现，甚至由这个情境引起。例如，一个消费者可能在大多数时候都是乐观的（稳定的特征），但在看完一个公司的广告后可能变得不开心。这种负面情绪就是由周围媒体环境引起的短暂状态（情境因素），这样的暂时性情境还包括生病和时间压力。消费者的介入度也是一个与情境相关的因素，某些消费者只有在需要购买时才会真正介入。

消费者的反应和行为通常因情境变化而改变。例如，一个原本不错的广告或店内摆设可能在拥挤的环境中就会变得无法吸引顾客，或在非购买情境下，一个极具说服力的广告对顾客的影响要比在购买情境下小得多。图 14-1 表示了情境、营销和个人之间的交互关系。

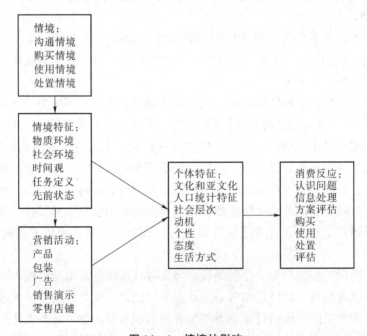

图 14-1 情境的影响

（资料来源：[美] 德尔·I. 霍金斯，戴维·L. 马瑟斯博. 消费者行为学 [M]. 符国群，吴振阳，等译. 北京：机械工业出版社，2011：333.）

消费过程发生在四种广泛的情境下：沟通情境、购买情境、使用情境以及处置情境。

1. 沟通情境

沟通情境是指消费者接受人员或非人员信息时所处的具体情境或背景。独处还是与他人在一起、心情好坏、匆忙与否，都影响着我们接收营销信息的程度。是在一个愉快的电视节目上做广告好还是在一个悲哀的节目中做广告好？抑或是在舒缓的节目中还是在激动人心的节目中播放广告好？这是营销主管们必须回答的涉及沟通情境的一些问题。营销人员通常试着将他们的广告放置在恰当的情境中，以提高广告的有效性。一些公司甚至要求他们的广告在情境对公司或行业不利时能起到正面的"促进"作用。营销人员要使消费者对产品感兴趣并乐于接受宣传时传递有效的信息。然而，发现处于这种状态且具有浓厚兴趣的潜在购买者并非易事。例如，想象某些情境中营销人员在与你沟通时会遇到的困难。

2. 购买情境

各种购买情境同样能影响消费者的行为。和孩子们一起购物比没有孩子陪同时，妈妈的购买决定更易受孩子们的影响。缺乏时间，诸如在课间购物，会影响店铺的选择、所考虑品牌的数量以及购买者愿意支付的价格。从最基本的层面来说，消费者是否处于"购买的状态"会影响他们的一系列行为，其中包括对广告的反应、购物行为等方面。例如，想象一下，你在商店里闲逛和在商店里准备替换坏掉的手机，行为会有多大的不同？为了发展旨在提高产品销售的营销策略，营销主管必须理解购买情境是如何影响消费者的。例如，如果在入店时看见付款处排着长队，你将如何改变购买一种饮料的决定？

3. 使用情境

使用情境指消费者在消费或使用产品时所面临的情境。在各种使用情境下，同一消费者可能会有不同的选择。例如，在你同一个几年未见的朋友一起进餐时、在你感到伤心的时候你分别想喝什么饮料？营销者需要理解他们的产品适合或可能适合哪些使用情境。在对此有些了解后，营销者才能传递有关他们的产品是如何在每种使用情境下适合消费者需要的信息。

4. 处置情境

在产品使用前或使用后，消费者必须经常处置产品或产品的包装。处置情境的决策可能产生备受关注的社会问题，同时也可能给营销者提供机会。一些消费者认为，处置方便是产品本身的一项重要属性，这些人也许只购买那些易于回收的物品。对旧物品的处理通常是在购买新产品之前或与购买新产品同时进行。例如，大多数消费者在使用新床之前必须移开他们的旧床。为了制订出更为有效且符合伦理的产品与营销计划，营销主管需要了解情境因素是如何影响处置决定的。政府和环境保护组织为了鼓励对社会负责的处置决定，同样也需要了解这方面的知识。

14.1.3 情境影响

个体并不会随机地面临各种情境，相反，大多数人"创造"他们所面对的很多情境。例如，选择从事体育运动（如竞走、打网球和羽毛球）的人间接地选择了将自己置身于"疲劳""口渴"等情境。由此使营销者能够以不同生活方式中可能遇到的情境为基础设计产品、广告并进行市场细分。

在确定不同情境对某类产品购买行为所产生的影响之后，营销人员必须确定在某种具体情境下哪些产品或品牌最有可能被选择。理解产品在不同情境下是如何被消费者使用，有助于帮助营销者设计适当的广告和定位战略。例如，对里格利薄荷口香糖，广告可以强调它清爽口腔的能力以及适合在家庭以外社交场合使用。营销者也可以尝试改变一种产品的使用情境。

依据情境制定营销策略，需要遵循5个基本步骤：

第一步，使用观察法、集中小组讨论、深度访谈法和二手数据探测影响产品消费的不同使用情境。

第二步，调查大量的消费者，更好地了解和量化产品是如何使用的以及不同细分市场又是如何使用的。

第三步，构建"个人-情境"细分矩阵，"行"代表使用情境，"列"是根据单一特征或多重特征组合所识别的消费者群体，把关键的利益添入不同空格（见表14-2）。

第四步，评价每个空格的潜力（销量、价格水平、服务成本和竞争力等）。

第五步，针对企业具有一定的能力来为消费者提供充足利益的空格，制定和实施营销战略。

表14-2 防晒霜"个人-情境"细分市场

使用情境	防晒霜的潜在使用者				
	儿童	青少年	成年妇女	成年男子	情境利益
沙滩或划船活动	防止太阳灼晒和对皮肤的损害	防止日晒而使皮肤变黑	防止晒黑、皮肤变化或干燥	防止晒黑	容器能浮出水面
家里或浴池日光浴	防止晒黑和损伤皮肤	沐浴阳光而不晒黑	沐浴阳光而不损伤皮肤或使之干燥	沐浴阳光而不晒黑或不损伤皮肤	防晒油不会在衣服或家具上留下斑点
太阳吧		把皮肤晒成褐色	抹上保湿液并把皮肤晒成褐色	把皮肤晒成褐色	设计太阳灯
滑雪		防止晒黑	防止晒黑、皮肤损伤或干燥	防止晒黑	防冻配方
个人利益	保护		保护、日光浴同时保持肌肤柔嫩	护肤和日光浴	

（资料来源：[美] 德尔·I. 霍金斯，戴维·L. 马瑟斯博. 消费者行为学 [M]. 符国群，吴振阳，等译. 北京：机械工业出版社，2011：344.）

14.2 消费者体验

当下消费者不仅重视产品或服务的功能利益，更关注在购买与使用产品或服务过程中所获得的幸福感和心理需求。一个品牌如果只能唤起消费者相对中立的反应，单纯而被动地被消费，会使它失去自身特点并弱化与同类品牌的差异化，从而沦落为竞争对手的牺牲品，最终导致品牌不相关性的风险。因此，体验式消费的趋势正影响着各个行业。即使是美容、个人护理和洗衣护理这样的日常用品，也进行了全面的体验式改造，而这要归功于产品的包装、原料和社交媒体，最常用的产品也能唤起消费者的感觉。

14.2.1 体验的含义

心理学研究认为，体验是个体对某些刺激所产生的内在反应，它大多来自直接观看和参与某事件，其结果可表现为喜欢、赞赏、刺激、讨厌、憎恨等反应形式。体验的过程涉及人们的感官、情感、情绪等感性因素，虽然也包括知识、智力、思考等理性因素的参与，但是很大程度上带有主观色彩，不容易被精确定义。

就体验的性质而言，体验实质上是在某种特定环境中个人心境与事件的互动，并从互动过程中获得呈现出来的一系列可记忆的体验的原点。体验通常并非自动产生，而是被引发出来的，是主体对客体刺激产生的内在反应，是关于或对某些事物的体验。主体并不是凭空臆造体验，而是需要在外界环境的刺激之下才会有体验。体验具有个体性、主观性、不确定性等特点。一方面，对于同一客体，不同主体会产生体验的差异性；另一方面，同一主体对同一客体在不同时间、地点也会产生不同的体验。

14.2.2 消费者体验的心理基础

美国的伯恩德·H. 施密特提出构成体验营销框架基石的五种客户体验，包括感觉、感受、思维、行动和关联。

1. 感觉体验

感觉体验是指人们的各种感受器官受到刺激而形成的体验，包括视觉、听觉、触觉、味觉和嗅觉等感官体验。感觉往往会直接刺激消费者，激发消费者的购买欲望，并产生溢价，购买行为是最基本的体验形式。

2. 感受体验

感受体验也称情感体验。感受体验主要产生于消费过程之中，根据感受的程度不同，可以将感受体验划分为略微积极和消极的情绪体验和强烈的感情体验等。

3. 思维体验

思维体验是指人们通过运用自己的智力创造性地获得，认识和解决某个问题的体验。思维体验通常包括收敛思维体验和发散思维体验。收敛思维体验是指消费者将思路逐渐集中直至得出一种解决问题的办法的体验过程，发散思维体验是拓宽思路、集思广益的体验过程。

4. 行动体验

行动体验是人们在某种经历之后而形成的体验，这种经历与他们的身体有关，或与他们长期的行为方式、生活方式有关，或与他们与人接触后获得的经历有关。行动体验已超过了情感影响和认知的范畴，这种体验通常包括生理行为体验、生活方式体验、相互作用体验等。

5. 关联体验

关联体验是指消费者在追求自我完善和被他人认同的过程中而获得的体验。关联体验包含着感觉体验、感受体验、思维体验和行动体验的成分。关联体验的外在形式可能是通过感官、感受、思维和行动上的体验来表现，但是关联体验超越了这些增加个人体验的私有体验，它把消费者个人和理想中的自我、他人以及文化联系起来。

14.2.3 体验营销

1. 体验营销的含义

体验营销就是在整个营销过程中，整个营销行为的过程中，充分利用感性信息的能力，通过影响消费者更多的感官感受来介入其行为过程，从而影响消费者的购买决策和结果。体验营销以向顾客提供有价值的体验为主旨，力图通过满足消费者的体验需要达到吸引和保留顾客、获取利润的目的。它不把体验当作一种无定形的、可有可无的东西，而是将其作为一种真实的经济提供物，作为一种有别于产品和服务的价值载体。

2. 体验营销的模式

体验营销根据营销活动的侧重点不同，可以分成很多的模式，根据前文所述的消费者体验的心理基础和体验行为的分类，结合企业开展体验营销的实践，通常可以分为以下几种：

（1）娱乐营销

娱乐营销是企业巧妙地将各种营销活动寓于娱乐之中，通过精心为顾客设计的娱乐体验来吸引顾客，实现促进顾客消费的目的。当今娱乐化的时代，通过电影、话剧、音乐、综艺等消费者喜闻乐见的娱乐形式与消费者进行深度沟通，潜移默化地提升品牌认知度和品牌美誉度，是娱乐营销的精髓。

（2）美学营销

美学营销是以满足人们的体审美体验为重点，经由知觉刺激，提供给顾客以美的愉悦、兴奋与享受。营销人员可通过选择利用美的元素，如色彩、音乐、形状、图案等以及美的风格，如时尚、典雅、华丽、简洁等，再配以美的主题来迎合消费者的审美情趣，引发消费者的购买欲望。

（3）情感营销

情感营销是以消费者内在的情感为诉求，致力于满足顾客的情感需要，消费者在选购、使用商品的过程中，对于符合心意、满足实际需要的产品和服务会产生积极的情绪和情感，它能增强消费者的购买欲望，促进消费者行为发生。

（4）生活方式营销

生活方式营销就是以消费者所追求的生活方式为诉求，通过将公司的产品和品牌演化成一种生活方式的象征，甚至是一种身份地位识别的标志，从而达到吸引消费者、建立起稳固的消费群体的目的。

（5）氛围营销

氛围营销是指围绕某一群体、场所和环境所产生的效果和感觉，好的氛围能够像磁石一样牢牢吸住顾客，使得顾客频频光顾。

本章小结

1. 消费者的购物情境是指消费者购物过程中面对的短暂的购物环境。由于购买决策和消费过程总是发生在特定情境下，消费者的反应和行为通常因情境变化而改变。消费者情境由物质环境、社会环境、时间观、任务目标、先前状态五个因素构成。

2. 情境影响是指所有那些依赖于时间和地点且与个人或刺激物属性无关，但对消费者现时的行为具有影响的因素。消费过程发生在4种广泛的情境下：沟通情境、购买情境、使用情境以及处置情境。

3. 体验实质上是在某种特定环境中个人心境与事件的互动，并从互动过程中获得呈现出来的一系列可记忆的体验的原点。体验营销的模式通常可以包括娱乐营销、美学营销、情感营销、生活方式营销、氛围营销。

练习与思考

1. 简述消费者的购物情境。
2. 简述消费者的情境类型。
3. 举例说明情境对消费者行为的影响。
4. 简述消费者体验的常见模式。

技能实训：情境对消费者购买行为的影响分析

1. 对某一购买行为进行白描：_____

3. 消费决策过程中，涉及的情境类型有：_____

4. 分别对以上情境类型进行描述：_____

5. 阐述该情境对消费者行为的具体影响：_____

6. 对其情境营销进行评价：_____

扩展阅读

最美书店钟书阁

钟书阁2013年4月营业，成为申城引人注目的文化地标，不仅获誉"上海最美书店"，还被视作中国实体书店转型的一个标杆。

钟书阁在上海的有名，不仅在于其装饰形式上的"美"和经营内容上的"活"，更在其理念的创新，敢于突破常规，这才是钟书阁获得众多读者青睐和市场成功的根本原因。

①借助感官体验。感官体验营销基于人类的5个感官器官——视觉、听觉、触觉、味觉和嗅觉。通过全方位地提供兴奋、新奇、愉悦与满足等体验，从而提升消费者的体验价值。视觉：钟书阁被誉为上海最美丽的书店，其将东方美学与西方美学相结合，具有强烈的视觉冲击力。听觉：钟书阁内部没有背景音乐，只有童书馆孩子们与家长的嬉戏声掺杂着读者的翻书声，整个环境既不喧闹又很温馨。触觉：店内设施以木质、玻璃和皮具为主，如书柜、展架、楼梯扶手等都是木质的，座位和书榻是皮质的，让顾客触摸到物品时不会有冰冷的感觉。味觉：钟书阁是书与吧的结合，不仅卖书，而且像星巴克一样，也卖咖啡饮品、零食点心等，提供味觉体验。嗅觉：钟书阁内部提供咖啡、点心、速食等，以及满满的书香，让整个书店内弥漫着咖啡和书香的味道。

②借助情感体验。钟书阁一直坚信"为读者找好书，为好书找读者"这个想法，即读者想要的书籍，书店可以帮助读者购买。强调书店员工与客户的交流，形成相互的情感认同。店员和顾客成为朋友，顾客与顾客也成为朋友，让一个书店成为人际交流的平台和载体。

③借助思考体验。在钟书阁，高穹顶和欧洲装饰带来庄严的殿堂感，从透明圆顶泄漏的太阳成为理想的光源。空间呈"回"字分布，中间的柱子上镶嵌着镜子，白色的空间矗立在白色的架子上，就像云层之间的云。书架上一本本赏心悦目的书，将书取下来拿在手中盈盈一握，随意翻翻看看，所有喜欢书和书店的人都非常享受只有在书店中才能获得的这种体验。

④行动体验。行动营销的目标是影响身体的体验、生活方式和互动。通过增加客户的实际体验，指出其他的做事方式、替代生活方式，丰富客户的生活。钟书阁不仅有年轻人喜欢的文学艺术书籍，还在里面设立了儿童书店。印在地板上的航海地图引导孩子们发现这个充满活力的新世界。墙上带有幼稚线条的不同动物图案是这里的书架。地面上还有各种各样的动物站在地图上。在这里，家长可以与孩子们一起探索书中的世界，亲身参与的活动提升了顾客的行动体验。

（资料来源：曹青松. 民营实体书店的体验式营销突围——以"最美书店"钟书阁为例[J]. 经营者，2018, 32 (18): 39.）

参 考 文 献

[1] [美] 保罗·A. 郝比格. 跨文化市场营销 [M]. 芮建伟,李磊,孙淑芳,译. 北京:机械工业出版社,2000.

[2] [美] 戴维·刘易斯,达瑞恩·布里格. 新消费者理念 [M] 江林,刘伟萍,译. 北京:机械工业出版社,2002.

[3] [美] 德尔·I. 霍金斯,戴维·L. 马瑟斯博. 消费者行为学 [M]. 符国群,吴振阳,等译. 北京:机械工业出版社,2011.

[4] [美] 罗格·D. 布莱克威尔,保罗·W. 米尼德,詹姆斯·F. 恩格尔. 消费者行为学 [M]. 吴振阳,等译. 10版. 北京:机械工业出版社,2009.

[5] [美] 迈克尔·R. 所罗门,卢泰宏,杨晓燕. 消费者行为学 [M]. 8版. 北京:中国人民大学出版社,2009.

[6] [美] 莫温,迈纳. 消费者行为学 [M]. 黄格非,束珏,译. 北京:清华大学出版社,2003.

[7] [英] 迈克·费瑟斯通. 消费文化与后现代主义 [M]. 刘精明,译. 南京:译林出版社,2000.

[8] BLACKWELL, MINIARD, ENGEL. Consumer Behaviour [M]. 10th Ed. Thomson Learning, 2006.

[9] FOXALL G. Understanding Consumer Choice [M]. Baingstoke:Palgrave Macmillian, 2005.

[10] KARDES, FRANK R, CRONLEY, MARIA L, CLINE, THOMAS W, Consumer Behavior [M]. Mason OH:South – Western, Cengage Learning, 2011.

[11] LAERMER, RICHAD; SIMMONS, MARK, Punk Marketing [M]. New York:Harper Collins, 2007.

[12] SCHWARTZ, BARRY. The Paradox of Choice:Why More Is Less [M]. New York:Ecco, 2004.

[13] SHELL, ELLEN RUPPEL, Cheap:The High Cost of Discount Culture [M]. New York:Penguin Press, 2009.

[14] 白玉苓. 消费心理学 [M]. 北京:人民邮电出版社,2018.

[15] 戴亦一,赵鑫全. 消费者行为 [M]. 北京:朝华出版社,2004.

[16] 邓明新. 价值营销:技能案例训练手册 [M]. 北京:北京工业大学出版社,2008.

[17] 多米尼克·夏代尔, 拉祖. 消费者行为学——概念、应用和案例 [M]. 北京: 中国财政经济出版社, 2007.

[18] 费明胜, 杨伊侬. 消费者行为学 [M]. 北京: 人民邮电出版社, 2017.

[19] 冯丽云, 孟繁荣, 姬秀菊. 消费者行为学 [M]. 北京: 经济管理出版社, 2004.

[20] 冯英健. 实用网络营销基础 [M]. 北京: 清华大学出版社, 2012.

[21] 冯英健. 网络营销基础与实践 [M]. 2版. 北京: 清华大学出版社, 2004.

[22] 符国群. 消费者行为学 [M]. 2版. 北京: 高等教育出版社, 2010.

[23] 符国群. 消费者行为学 [M]. 北京: 高等教育出版社, 2001.

[24] 龚振, 荣晓华, 刘志超. 消费者行为学 [M]. 大连: 东北财经大学出版社, 2002.

[25] 顾文钧. 顾客消费心理学 [M]. 上海: 同济大学出版社, 2002.

[26] 郭梅雨. 婴幼儿用品市场, 消费升级正当时 [J]. 销售与市场（管理版）, 2011 (5): 59-60.

[27] 江林. 消费者心理与行为 [M]. 北京: 中国人民大学出版社, 2011.

[28] 李东进. 消费者行为学 [M]. 北京: 经济科学出版社, 2001.

[29] 李晴. 消费者行为学 [M]. 重庆: 重庆大学出版社, 2003.

[30] 李晓霞, 刘剑. 消费心理学 [M]. 北京: 清华大学出版社, 2006.

[31] [美] 利昂·G. 希夫曼, 莱斯利·拉扎尔·卡纽克, 约瑟夫·维森布利特. 消费者行为学 [M]. 江林, 等译. 10版. 北京: 中国人民大学出版社, 2011.

[32] 林建煌. 消费者行为 [M]. 北京: 北京大学出版社, 2005.

[33] 刘鲁蓉, 孙顺根. 消费心理学 [M]. 北京: 科学出版社, 2007.

[34] 卢泰宏. 消费者行为学——中国消费透视 [M]. 北京: 高等教育出版社, 2006.

[35] 罗纪宁. 消费者行为研究进展评述: 方法论和理论范式 [J]. 山东大学学报: （哲学社会科学版）, 2004 (4): 98-104.

[36] 荣晓华. 消费者行为学 [M]. 大连: 东北财经大学出版社, 2005.

[37] 容俨. 舒耐校园行: 用创意打动年轻 [J]. 销售与市场（评论版）, 2011 (12): 84-85.

[38] 孙喜林, 荣晓华. 营销心理学 [M]. 大连: 东北财经大学出版社, 2005.

[39] 王冬菊. 网络消费者行为建模 [D]. 江门: 五邑大学, 2012.

[40] 王官诚, 汤晖, 万宏. 消费心理学 [M]. 北京: 电子工业出版社, 2013.

[41] 王曼, 白玉苓, 熊威汉, 王智勇. 消费者行为学 [M]. 北京: 机械工业出版社, 2011.

[42] 王长征. 消费者行为学 [M]. 武汉: 武汉大学出版社, 2003.

[43] 吴泗宗. 市场营销学 [M]. 2版. 北京: 清华大学出版社, 2005.

[44] 徐萍. 消费心理学教程 [M]. 上海: 上海财经大学出版社, 2001.

[45] 杨洪涛. 现代市场营销学: 超越竞争, 为顾客创造价值 [M]. 北京: 机械工业出版社, 2009.

[46] 杨中昭. 消费者行为学 [M]. 成都: 电子科技大学出版社, 2012.

[47] 姚飞. 营销前沿与技能实训 [M]. 大连：大连理工大学出版社, 2013.

[48] 叶敏, 张波, 平宇伟. 消费者行为学 [M]. 北京：北京邮电大学出版社, 2016.

[49] 阴双喜. 网络营销基础 [M]. 上海：复旦大学出版社, 2001.

[50] 余再东. 网络营销基础 [M]. 北京：中国科学技术出版社, 2006.

[51] 张冠凤. 网络营销基础与应用 [M]. 北京：北京大学出版社, 2008.

[52] 张奇. 学习理论 [M]. 武汉：湖北教育出版社, 1999.

[53] 张雁白, 张建香, 赵晓玲. 消费者行为学 [M]. 北京：机械工业出版社, 2011.

[54] 赵文清. 网络营销基础 [M]. 北京：人民邮电出版社, 2011.